Bernd Wegner

Ottos Spur

Bernd Wegner

Ottos Spur

Streifzüge durch die Kulturgeschichte Finnlands im ›goldenen Zeitalter‹

Heiner Labonde Verlag

FSC
www.fsc.org
MIX
Papier aus verantwortungsvollen Quellen
Paper from responsible sources
FSC® C105338

Für Anneli

ISBN 978-3-937507-79-8

Umschlagfoto: Otto Tuomi 1897 – der Redaktionschef mit ›seiner‹ Zeitung
(Kulturhistorisches Museum Kuopio / Foto: Victor Barsokevitsch)

Gestaltung: Pada ri GmbH, Essen
Printed in Germany

Inhalt

Vorwort

Mein Leben erscheint mir nicht wichtig genug, um es mit allen seinen Einzelheiten auf den Markt zu bringen [...]. Ich werde vielmehr nur erzählen, wo die Geschichte ihren Durchzug durch mich hielt. Da aber werde ich auch Kleines und anscheinend Geringfügiges nicht verschmähen; denn die großen Ereignisse entspringen zwar nicht selten in einem großen Haupte oder Herzen, ihren Leib aber bekommen sie immer nur aus den Elementen und Infinitesimalteilchen.

Karl Leberecht Immermann (1796-1840)[1]

Was macht man mit einem Karton voller hundert Jahre alter Privatbriefe, Tagebücher und Manuskripte? Man wird neugierig auf die Person, die sich dahinter verbirgt und beginnt zu recherchieren. Und was man findet, lässt eine längst vergangene Welt neu erstehen.

Als mein finnischer Schwiegervater im Jahr 2001 starb, hinterließ er einen solchen Karton aus dem Besitz seines früh verschiedenen Vaters Otto Tuomi. Bekannt war mir dieser bis dahin durch kaum mehr als eine größere Porträtskizze im Schlafzimmer und ein schmales Bändchen seiner Erzählungen im Bücherschrank des Schwiegervaters. Auch war mir nicht verborgen geblieben, dass dieser durchaus ein Interesse an der Person seines Vaters hatte, damit aber im weiteren Kreis der Familie auf wenig Gegenliebe stieß. Der Grund dafür war bald klar: Als Otto Tuomi 1930 sechzigjährig starb, ließ er nicht nur eine schwangere Ehefrau und fünf Kinder zurück, sondern auch erhebliche Schulden. Die überforderte Witwe gab daraufhin alle ihre vier Söhne entfernt lebenden armen Bauersleuten zur Pflege und kümmerte sich in der Folge nur noch wenig um deren Schicksal. Vom Vater als Urheber des Unheils wurde fürderhin lieber geschwiegen.

Mein Interesse an Otto Tuomi wäre wohl rein familiengeschichtlicher Art geblieben, hätte ich nicht bald bemerkt, wie viel ich durch die Beschäftigung mit ihm über die Geschichte und Kultur Finnlands lernte. Mit der Person Ottos hatte dies nur indirekt zu tun. Denn Otto Tuomi muss man nicht kennen. Er gehört nicht zu den Großen der finnischen Geschichte, wenngleich auch nicht zu jenen sprichwörtlich ›kleinen Leuten‹, für deren Arbeits- und Lebenswelt sich die jüngere Sozial- und Alltagsgeschichte interessiert. Er war – auch zu seinen Lebzeiten – nicht berühmt und doch keineswegs namenlos. Als Journalist, Schriftsteller und *homo politicus* hat er durchaus Spuren hinterlassen, aber man muss nach ihnen suchen. Sein Name findet sich in kaum einem der gängigen Lexika, allenfalls in Spezialverzeichnissen finnischer Schriftsteller und Journalisten[2], vor allem aber in alten Zeitungen und Kompendien, in privaten Nachlässen und in den Beständen finnischer Provinzialarchive. Dass Otto Tuomi vor Jahren zur Hauptperson eines finnischen Romans wurde[3], war eher zufällig und entsprang keinem historisch-biographischen Interesse der Autorin. Warum also jetzt ein Buch über eine ganz offenbar nachrangige Gestalt der finnischen Kulturgeschichte?

Eine Antwort gibt Karl Immermann in seinen eingangs zitierten ›Memorabilien‹. Ganz wie im Falle dieses deutschen Dichters nämlich hat auch durch Otto Tuomi die Geschichte »ihren Durchzug« gehalten. Wer wissen will, wie sich ein hoffnungslos rückständiges Land seinen Weg in die Zukunft bahnt, wie gleichsam aus dem Nichts ein nationales Bildungsbürgertum erwächst, wie sich mittels Belesenheit und Bildung eine Nation erfindet, dem begegnen in Ottos Leben zahllose Hinweise. Zu den ersten finnischen Kindern gehörend, denen das Glück zuteil wurde, eine Volksschule besuchen zu dürfen, erobert er sich schon in frühen Jahren die Welt und wird zu einem hochgeachteten Bürger seiner Stadt. Bekannt mit vielen der führenden Literaten und Publizisten seiner Zeit, nimmt er aktiv teil am finnischen Projekt der Moderne. Sein Jugendtraum, ein Shakespeare Finnlands zu werden, scheitert. Aber als Journalist kämpft er für die Meinungsfreiheit und gegen die drohende Russifizierung. Als Abgeordneter des letzten finnischen Ständetages trägt er dazu bei, sein Land – eine rückständige Provinz im Verbunde des russländischen Reiches – zur modernsten parlamentarischen Demokratie Europas zu machen. Indem wir Ottos Spur über einige Jahrzehnte hinweg verfolgen, werden wir der Grundlagen dessen gewahr, was uns heute – ein Jahrhundert nach Etablierung einer unabhängigen Republik Finnland – als finnisches Zivilisationswunder erscheinen will.

Dank

Die Biographie eines weitestgehend unbekannten Menschen zu rekonstruieren ist mühselig. Je weniger über ihn bekannt ist, desto aufwendiger gestaltet sich die Suche nach aussagekräftigen Quellen über sein Leben und die Lebensumstände seiner Zeit. Ich war daher auf die Hilfe vielerlei Institutionen und Privatpersonen angewiesen. In diesem Sinne geht mein besonderer Dank zunächst an drei Einrichtungen einer Stadt, welche ich erst im Zuge meiner Recherchen kennen und lieben gelernt habe: an das Stadtarchiv Kuopio, an die Stadtbibliothek sowie an das ihr benachbarte Archiv des Kulturhistorischen Museums. Mit größter Geduld und nicht nachlassender Freundlichkeit haben die dortigen Mitarbeiter, insbesondere Pekka Kankkunen, die Wünsche ihres der finnischen Sprache nur unvollkommen mächtigen deutschen Besuchers zu erfüllen gesucht. Für Einsichtnahme in seine Bestände danke ich auch dem Landesarchiv Joensuu und dem Archiv der Arbeiterbewegung in Helsinki. Bei meiner Spurensuche geholfen haben mir mit Auskünften und Dokumenten ferner die Firmenarchive des Otava-Verlages sowie der Zeitung ›Helsingin Sanomat‹.

In besonderer Weise verpflichtet fühle ich mich dem Archiv der Finnischen Literaturgesellschaft (SKS), dessen frühere Leiterin, Dr. Anna Makkonen (heute: Anna Kuismin), mir in der Anfangsphase meiner Forschungen mit einer Fülle wichtiger Hinweise den Weg ebnete. Auch die einzigartigen Bestände der SKS-Bibliothek in Helsinki habe ich mit Gewinn nutzen dürfen.

Hauptanlaufstelle für meine Literaturrecherchen war Sommer für Sommer die unweit unseres ›Mökki‹ gelegene Gemeindebibliothek in Mäntyharju. Nicht zuletzt dank der Hilfsbereitschaft ihrer Mitarbeiter erscheint sie mir immer wieder als ein Musterbeispiel lebendiger Bibliothekskultur in Finnland. Außerhalb des Sommers war es dann die Bibliothek meiner *alma mater*, der Helmut-Schmidt-Universität (HSU Hamburg), die in bekannter Generosität meine bisweilen exzentrischen Buchwünsche erfüllte.

Abseits aller Institutionen gibt es einige Privatpersonen, denen zu danken mir am Herzen liegt. Genannt sei hier allen voran Frau Noora Zech, M.A. (Hamburg), die mir als wissenschaftliche Hilfskraft nicht nur bei der Übertragung und Übersetzung bisweilen schwer lesbarer finnischer Handschriften und anderer Texte wertvolle Dienste leistete, sondern sich auch als einfühlsame Gesprächspartnerin erwies, wenn es darum ging, die Persönlichkeit Otto Tuomis zum Leben zu erwecken. In dieser Hinsicht hilfreich waren mir auch die Gespräche, die ich mit Prof. Dr. Leena Räsänen (Helsinki) führen durfte sowie die Hinweise, die mir Angehörige der Familie Tuomi, insbesondere Ottos Enkeltochter Merit Tuomi, zukommen ließen. Herrn Dr. Raimo Jauhola (Rovaniemi) bin ich für Hinweise zu medizinischen Fragen verbunden.

Simo und Anniina, unsere Nachbarn in der finnischen Wildnis, versorgten in ungezählten Sommern meinen Laptop mit jener Spannung, ohne die es mir kaum möglich gewesen wäre, fern jeder Stromquelle ganz entspannt an meinem Manuskript zu basteln. Und Kirsten Neumann (HSU Hamburg) schließlich war es, die meinen diversen Entwürfen einmal mehr jene äußere Form gab, die einem Buch angemessen ist. All ihnen gilt mein Dank.

Alle Anstrengungen freilich hätten nichts genutzt, wenn sich am Ende nicht ein kleiner Verlag gefunden hätte, der das Risiko auf sich nahm, ein doch recht spezielles Buch wie das vorliegende zu publizieren. Dafür bin ich Heiner Labonde von Herzen dankbar.

Antero Tuomi (1926-2001) hat mein Interesse an der Geschichte seines Vaters einst angeregt. Im Gedenken an ihn wurde das Buch geschrieben. Gewidmet ist es meiner Frau Anneli, die es zuließ, dass ich meine Zeit allzu oft mit ihrem Großvater statt mit ihr verbrachte.

Erster Teil
Eine Kindheit in Iisalmi

1. Hungerjahre

Das Jahr 1869 – jenes Jahr, in dem in Rom das Vatikanische Konzil das Dogma der päpstlichen Unfehlbarkeit verkündete und in Eisenach Bebel und Liebknecht die Sozialdemokratische Arbeiterpartei gründeten – war sicherlich keine Wendemarke der europäischen Geschichte. Gleichwohl symbolisierten damals zwei Ereignisse außerhalb des alten Kontinents schon für die Zeitgenossen den Aufbruch der Welt in eine neue Zeit: die pompöse Eröffnung des Suezkanals und die Fertigstellung der ersten transkontinentalen Eisenbahn in den Vereinigten Staaten von Amerika ließen Erdteile zusammenrücken und beflügelten die Hoffnungen auf ungeahnte Möglichkeiten der modernen Technik.

Kaum ein Land Europas war von dieser Aufbruchstimmung weiter entfernt als Finnland, wo in jenem Jahr Otto Häggblom geboren wurde, dessen Lebensweg uns im Folgenden als Wegweiser durch bekannte und weniger bekannte Gefilde der finnischen Kulturgeschichte dienen soll. In Finnland nämlich war 1869 das Schlimmste eben erst vorüber: Erstmals seit drei Jahren fielen die Sterbeziffern wieder unter die Geburtenrate. Die letzte große Hungersnot der finnischen Geschichte, – ja, die letzte in der Geschichte ganz Nord- und Westeuropas – schien überwunden. Noch ein Jahr zuvor, auf ihrem Höhepunkt, hatte die Sterbequote im Lande etwa neunmal höher gelegen als heute. Rund 140.000 Menschen, fast jeder zwölfte Finne war in jenem Jahr 1868 gestorben, zugrunde gegangen am Hunger oder, häufiger noch, an der grassierenden Typhus-Epidemie.[4] Vergleichbare Ernährungskrisen hatte es in der Geschichte Finnlands wiederholt gegeben; zum Ende des 17. Jahrhunderts war gar jeder dritte Finne dem Hunger und seinen Begleiterkrankungen zum Opfer gefallen. Wie damals war auch diesmal eine Reihe von Missernten Auslöser der Katastrophe. Seit den frühen 1860er Jahren hatten sie für stetig steigende Sterberaten gesorgt. So etwa starben bereits 1867 in Finnland mehr als doppelt so viele Menschen wie im Jahr zuvor und im Vergleich zu 1864 über dreimal mehr.[5] Als sich dann auch noch der Sommerbeginn um einen Monat verspätete, fielen die Getreide-

wie auch die Kartoffelernte fast völlig aus. Die neue Aussaat verzögerte sich, und das Getreide konnte nicht reifen, bevor es der ungewöhnlich früh – schon Anfang September – hereinbrechende Frost vernichtete. Wie seit jeher in Zeiten der Not, behalf man sich, indem Stroh und Baumrinde, bisweilen auch Flechten ins Brot gebacken wurden. Überdies fehlte es an Futtermitteln für das Vieh, das nun in Massen verendete, sofern es nicht rechtzeitig notgeschlachtet wurde. Arbeitslosigkeit und Armut breiteten sich aus. Hatten in den Jahren zuvor noch staatliche Beschäftigungsprogramme, etwa im Wege- und Kanalbau, die schlimmsten Auswirkungen eindämmen können, so waren die öffentlichen Kassen nun leer. Ströme von hungernden Wanderarbeitern und Bettlern zogen durch das Land. Migration und mangelnde Hygiene wurden zum Nährboden für die Ausbreitung von Typhus und anderen Infektionskrankheiten.

Zu sagen, dass die Katastrophe der Jahre 1866 bis 1868 eine Folge vorangegangener Missernten gewesen sei, ist freilich allenfalls die halbe Wahrheit. Missernten gab es auch in anderen Ländern, doch führten sie im Europa des fortgeschrittenen 19. Jahrhundert fast nirgends mehr zu einem vergleichbaren Massensterben. Kaum ein anderes Land Europas nämlich hinkte dem technischen Fortschritt ähnlich hinterher wie Finnland. Längst hatte sich unter dem Druck des Bevölkerungswachstums, von England ausgehend, auch auf dem Kontinent die Landwirtschaft grundlegend modernisiert. Industrialisierung und Urbanisierung veränderten stetig die Rahmenbedingungen landwirtschaftlicher Produktion. Wo es zu Krisen kam, fungierte überdies die Auswanderung nach Übersee als eine Art Überdruckventil.
All dies gab es im Finnland der 1860er Jahre (noch) nicht oder nur in Ansätzen. Hinzu kamen wohl, wie die neueste Forschung nahelegt[6], schwere Versäumnisse der finnischen Administration. Demnach wären die schlimmsten Auswirkungen der Katastrophe vielleicht zu verhindern gewesen, hätte man sich nur rechtzeitig um Hilfen aus Russland bemüht. Genau dies wollte die Autonomieregierung unter Johan Vilhelm Snellman aber offenbar um jeden Preis vermeiden. Stattdessen suchte man die Krise aus eigener nationaler Kraft zu meistern, um so die Autonomie des Großfürstentums zu stärken und dessen erst unlängst eingeführte eigene Währung, die finnische Mark, stabil zu halten.

Auch in den folgenden Jahren sollte sich die Lage zunächst nur wenig bessern. Die Not blieb für große Teile der Bevölkerung ein täglicher Begleiter. Zwar waren, um dem Schlimmsten zu wehren, nach dem großen Hunger in den städtischen Zentren vermehrt Armenhäuser (›vaivaistaloja‹) eingerichtet worden, doch waren die Lebensbedingungen für die dort untergebrachten Männer, Frauen und Kinder weder zum Leben noch zum Sterben geeignet. So etwa sah der tägliche Speiseplan im Armenhaus der mittelfinnischen Stadt Kuopio noch 1882 mittags eine Suppe, als Frühstück und Abendessen nur jeweils Brot, Salzwasser und kaljaa (finnisches Malzbier) – sonntags bisweilen auch Salzfisch – vor; erst im Laufe der Jahre sollte sich der Speiseplan um Kartoffeln, Brei und Milch erweitern.[7]

In vielerlei Hinsicht stand Finnland während der zweiten Hälfte des 19. Jahrhunderts dem europäischen Mittelalter näher als der Gegenwart. Aus der Rückschau von anderthalb Jahrhunderten, während derer sich das Land zu einem der prosperierendsten Wohlfahrtsstaaten der Welt entwickelt hat, mag dies schwer begreiflich scheinen, für die Zeitgenossen hingegen war Finnlands Armut eine als unabänderlich und gottgegeben hingenommene Tatsache. Woher sollte Wohlstand auch kommen in einem Lande, das, am nördlichen Rande der bewohnbaren Welt gelegen, über keinerlei andere natürliche Reichtümer verfügte als seine unwirtlichen Wälder? Die steinigen Äcker, dem Wald durch Brandrodung mühsam abgerungen, waren über weite Teile des Jahres gefroren und boten während der kurzen Sommer nur eine karge Ernte. Die Entschlossenheit, dieses Land trotz all seiner Kargheit und Armut zu lieben, wurde damals zum Angelpunkt eines sich entwickelnden Nationalbewusstseins. Auf die Natur des eigenen Landes bezogen, konnte dieser Nationalstolz spezifisch finnisch sein, ohne als antirussisch und damit als politisch gefährlich verdächtigt zu werden:

Arm ist dies Land, bleibt ewig arm
für den, der Gold begehrt.
Stolz fährt vorbei der Fremden Schwarm;
wir aber lieben's treu und warm,
für uns, trotz Fels und karger Erd',
ist's dennoch Goldes wert.[8]

Die Verse des Dichters Johan Ludvig Runeberg, zwanzig Jahre vor der großen Hungersnot entstanden, bilden noch heute die zweite Strophe der finnischen Nationalhymne. Schon in einem anderen, noch früheren Stück (›Saarijärven Paavo‹) hatte Runeberg die Gestalt des Ödwaldbauern gefeiert, der mit unermüdlichem Fleiß und ungebrochenem Gottvertrauen dem stets drohenden Hunger trotzt. Und in Ilmari Kianto sollte auch Otto Häggbloms Generation einen Schriftsteller finden, der das Elend finnischen Bauerntums zu seinem Thema machte. ›Lied des Hungerlandes‹ (›Nälkämaan laulu‹) heißt bezeichnenderweise eines seiner bekanntesten, schon bald von Oskar Merikanto vertonten Gedichte aus dem Jahre 1911.[9]
Was sich heute eigentümlich fremd liest, galt noch bis weit ins 20. Jahrhundert hinein als selbstverständlich. Mit Recht habe Runeberg, so heißt es zum Beispiel in einem deutschsprachigen Reiseführer von 1928, von Finnlands ewiger Armut gesprochen, doch biete das Land eben auch »unendlich Lockendes und Schönes«.[10]

Tatsächlich gehörte Finnland selbst zu dieser Zeit noch immer zu den wirtschaftlich rückständigsten Ländern des Kontinents. Erst nach dem Zweiten Weltkrieg stieg hier zum Beispiel der Anteil der industriell Beschäftigten auf jenes Niveau an, welches das schwedische Nachbarland bereits am Vorabend des Ersten Weltkriegs erreicht hatte. Und doch setzte auch in Finnland eine bescheidene Modernisierung schon im letzten Drittel des 19. Jahrhunderts ein. Die Bevölkerungszahl wuchs spürbar. Hatte sie noch 1850 bei nur wenig mehr als 1,6 Millionen gelegen, so erreichte sie um die Jahrhundertwende 2,7 Millionen und überschritt 1950 die Viermillionengrenze. Zugleich erhöhte sich dank landwirtschaftlicher Reformen, eines Aufschwungs der holzverarbeitenden Industrie, einer Belebung des Handels und eines Ausbaus des Dienstleistungswesens das Bruttosozialprodukt pro Kopf im halben Jahrhundert von den Hungerjahren bis zum Ersten Weltkrieg um rund das Doppelte. Ohne Übertreibung wird man sagen dürfen, dass die Geschichte des vormodernen Finnland mit der Hungersnot von 1866 bis 1868 langsam zu Ende ging.[11]
Als Otto Häggblom 1869 in Iisalmi geboren wurde, stand das Land im Begriff, in ein neues Zeitalter einzutreten.

2. Iisalmen Kauppala

Dreihundertvierzig Kilometer Luftlinie nördlich von Helsinki, ungefähr dort, wo die mittelfinnische Seenplatte endet, liegt Iisalmi und befindet sich damit ziemlich genau auf halbem Wege zwischen der Hauptstadt und dem Polarkreis. Das freundliche Provinzstädtchen mit seinen heute fast 23.000 Einwohnern gehört sicherlich nicht zu den touristischen Höhepunkten einer Finnlandreise, verspricht in seinem ansprechend gestalteten Hochglanzprospekt dem Reisenden unserer Tage jedoch – zumindest im Sommer – mancherlei Abwechslung und in seiner reizvollen Umgebung »noch die echte Ruhe der Natur ohne Menschengedränge.« Tatsächlich wurde die Landschaft zwischen Iisalmi und Kuopio bereits im ersten Baedeker von 1888 ob ihrer Schönheit als »Paradies Finnlands« gepriesen.[12]

Und dennoch: Auch Otto Häggbloms engere Heimat blieb von der Katastrophe der sechziger Jahre nicht unberührt. Ähnlich wie andernorts auch, konnte im Kreis Iisalmi 1867 an Roggen und Gerste nur ein Viertel dessen geerntet werden, was das Vorjahr erbracht hatte, und schon damals hatte es zur Anlage von Vorräten nicht gereicht. So wurde das Frühjahr 1868 auch für die rund dreizehntausend Bewohner dieses Landkreises zur Schreckenszeit. Auf deren Höhepunkt, im Mai, starben binnen einer einzigen Woche dreiundneunzig Menschen, im ersten Halbjahr insgesamt über achthundert, mithin sechs Prozent der Gesamtbevölkerung.[13] Der Schriftsteller Juhani Aho[14], der seine Kindheit im Pfarrhaus von Iisalmi verbrachte, wo sich die Verzweifelten in der Hoffnung auf eine warme Suppe einfanden, erinnerte sich später:

> *Ich sehe den großen Kessel von morgens bis abends auf dem Küchenherd kochen. Es ist eine Art braune Milchsuppe darin, von der jeder der Ankömmlinge, die den ganzen Tag lang ein- und ausgehen, eine Tasse voll erhält. Auf dem Küchentisch sind Holztassen aufgereiht, in deren Nähe sich die Bittsteller nacheinander niederlassen. Wer versorgt ist, wird auf den Schlitten gesetzt und auf den Weg geschickt. Wenn der Knecht zurückkommt, warten die Nächsten auf ihn. [...] Einmal steht auf der Türschwelle eine Frau, auf dem Schoß ein großes Mädchen. Ihr Rücken ist erbärmlich gebeugt und krumm durch das Tragen des Kindes. Sie kann es nicht absetzen, denn krank und hungrig wie es ist, tragen*

Hof eines Kleinpächters im Kreis Kuopio 1892
(Kulturhistorisches Museum Kuopio / Foto: Karl Granit)

> *es seine Beine nicht mehr. Das Mädchen starrt mit großen stumpfen Augen vor sich her. Ich stehe an der Herdecke und wippe mit den Füßen. Meine Mutter kommt aus dem Esszimmer, meine Schwester auf dem Schoß, die ein Butterbrot, das sie gerade bekam, in Händen hält. Das Wasser läuft auch mir im Munde zusammen, denn auch ich habe Hunger, immerzu Hunger, obwohl ich einigermaßen genug zu essen bekomme. Das an der Türschwelle auf dem Schoß seiner Mutter sitzende Mädchen sagt nichts, aber ihre Augen beginnen zu leben und zu brennen. Ich sehe noch immer diesen Ausdruck vor mir. Meine Schwester will das Butterbrot zu Munde führen. Da flüstert ihr meine Mutter etwas ins Ohr. Meine Schwester streckt ihre Hand vor, meine Mutter macht einen Schritt zur Tür und die Bittstellerin einen Schritt hinein. Als das Mädchen sieht, dass man ihr ein Butterbrot hinhält, stürzt sie mit ihrem Oberkörper so weit sie nur kann vor, sodass der Ruck die Mutter fast umwirft, fasst mit beiden Händen das Brot, öffnet ihren Mund rückwärts wie ein Vogeljunges, und gleichzeitig verschwindet das Butterbrot über die Zunge in den Mund, einen wilden Erstickungsanfall auslösend, der in elendem Husten endet.*[15]

Wenngleich auch Iisalmi unter der Not der sechziger Jahre schwer zu leiden gehabt hatte, so hatte doch im Ort Iisalmen Kauppala selber, anders als auf dem Lande, von den gut zweihundert Bewohnern offenbar niemand Hungers sterben müssen. Zwar sank die Bevölkerungszahl vorübergehend, begann aber schon bald umso kräftiger wieder anzuwachsen.[16] Bereits 1869 wusste die Zeitung ›Tapio‹, deren Redakteur Otto später werden sollte, zu berichten, dass in der Gemeinde wieder eine muntere Baulust ins Auge steche: Nicht weniger als sechs Kaufleute gebe es, dazu eine Apotheke. Auch ein Vogt, ein Ortspolizist und ein Amtsschreiber wohnten hier, desgleichen einige Beamte, Facharbeiter und ein Dutzend Handwerker. Schlimm sei nur, dass ein Arzt am Ort fehle.[17]

Zu den Handwerkern der Gemeinde zählte seit 1871 auch der Dorfschuster Johan Evert Alexander Häggblom. Die Schuhmacher, insgesamt vier an der Zahl, bildeten die größte Handwerkergruppe in Iisalmi, – kein Wunder, denn der Beruf galt als krisenfest. Kaum ein anderes Handwerk in Finnland konnte auf eine ähnlich alte, aus dem frühen 17. Jahrhundert datierende Zunftordnung zurückblicken. Vor allem auf dem Lande waren Schuhmacher, ähnlich wie Schneider oder Hufschmiede, hoch angesehen. Da sie in die Häuser gingen, um Schuhe anzumessen, kamen sie weit umher und wussten manch Neues zu berichten. Entlohnt wurden sie mit Essen und Kleidung, daneben auch mit Geld.

Wie im Schuhmachergewerbe nicht unüblich, hatte Johan seinen Beruf bereits vom Vater, Ottos Großvater, ererbt. Dieser war 1838 im Alter von 21 Jahren aus der Gegend von Kuopio in den Kreis Iisalmi gezogen, um sich dort als Dorfschuster niederzulassen. Seinen ursprünglich finnischen Familiennamen Heiskanen hatte er bei dieser Gelegenheit aus nicht näher bekannten Gründen zugunsten des schwedischen Häggblom abgelegt. Die Ausübung eines ehrbaren Handwerks dürfte für die Familie einen bescheidenen sozialen Aufstieg bedeutet haben, hatten die Vorfahren doch, wie die Kirchenbücher ausweisen, über Generationen hinweg das beschwerliche Leben von Kleinpächtern gefristet. Kleinpächter (›torpparit‹), auch als Kätner oder Häusler bezeichnet, bildeten in der frühmodernen finnischen Gesellschaft, welche die Leibeigenschaft nicht kannte, eine charakteristische Schicht formal selbständiger, aber zumeist besitzloser und daher abhängiger Bauern. Den Pachtzins entrichteten sie durch Arbeitsleistung, zum Teil auch durch Lieferung von Naturalien für den Gutsherrn oder Bauern, dessen Land sie gepachtet hatten.[18] Ihre Zahl stieg von etwa tausend zu Beginn des 18. Jahrhunderts auf über zwanzigtausend hundert Jahre später und über sechzigtausend zu Beginn der 1860er Jahre.[19] Die durch wirtschaftliche Abhängigkeit und ungesicherte Rechtsverhältnisse immer prekärer werdende Lage der ›torpparit‹ begünstigte schließlich die Entstehung eines ausgedehnten Landproletariats, das seinerseits zur Genese des finnischen Bürgerkrieges im Jahre 1918 wesentlich beitragen sollte.

Johan Häggblom war 1871 – wie offenbar viele andere – mit seiner Familie aus dem Umland nach Iisalmen kauppala gezogen. Die Gründe sind nicht klar; vielleicht hofften er und seine Frau Brita Stina, eine vier Jahre ältere ehemalige Magd, künftige Notzeiten im Ort leichter als auf dem flachen Lande überstehen zu können. Sicher ist, dass die Familie zuvor schwere Jahre durchlebt hatte. Zwei Söhne waren schon in frühester Kindheit verstorben, – zumindest einer von ihnen noch im Säuglingsalter an Typhus. Ein jüngerer Bruder des Vaters starb im Hungerjahr 1868 achtzehnjährig.

In welchen Verhältnissen die Familie lebte, wissen wir nicht so genau. Finnische Freilichtmuseen vermitteln jedoch einen lebhaften Eindruck davon, wie die einfache finnische Landbevölkerung seinerzeit wohnte. Der Bericht eines britischen Missionars, der die Gegend im Winter 1817 bereist hatte, ergänzt das Bild, das auch ein halbes Jahrhundert später, in den Jahren um Ottos Geburt, im Wesentlichen noch dasselbe gewesen sein dürfte:

> *Richtige finnische Häuser sind beileibe nicht gemütlich, vor allem nicht im Winter. Sie bestehen gewöhnlich aus nur einem sehr großen Raum mit Bänken entlang den Wänden, auf denen man tagsüber sitzt und des nachts schläft, jung und alt, Männer und Frauen. Es gibt keine Fenster, nur ein paar rechteckig in die Wand geschnittene Löcher, durch die am Tage ein wenig Licht fällt. Durch sie zieht, da es keine Schornsteine gibt, auch der Rauch ab. Für Wärme sorgt ein um die Raummitte herum gebauter großer Stein- oder Ziegelofen, geheizt mit Feuerholz, das es überall zuhauf gibt. Da die Wandöffnungen etwa vier Fuß oberhalb des Bodens angebracht sind, sinkt der Rauch nicht tiefer, während er oberhalb der Öffnungen eine dichte Wolke bildet. Wo wir saßen, war die Luft klar und erträglich rein, aber als wir aufstanden, steckten unsere Köpfe in der Wolke. Der Rauch bleibt, so er nicht durcheinandergewirbelt wird, genau auf einer Höhe, aber ein Wedeln mit der Hand setzt alles in Bewegung. Es bot dies ein schönes Beispiel für die Wolken am Himmel und schien denselben Gesetzen zu gehorchen.*[20]

Es war ganz sicherlich nicht diese eine Wohn-/Schlafstube, in der Otto am 13. November 1869 als viertes Kind der Familie das Licht der Welt erblickte, – eher, wie wir vermuten dürfen, in der Rauchsauna, womöglich aber auch im Wald, im Kuh- oder Pferdestall. Nur im entwickelteren Südfinnland sowie in den Städten nämlich wurde es zunehmend Sitte, dass Frauen in der Küche, in der Schlafkammer oder in der ›guten Stube‹ gebaren; Geburten in Krankenhäusern und Kliniken setzen sich hingegen erst im Laufe des zwanzigsten Jahrhunderts, in Nordfinnland gar erst nach dem Zweiten Weltkrieg durch.[21] Die Vorliebe für Saunageburten rührte einerseits von jener Selbstverständlichkeit her, derer sich das Dampfbad (obgleich ursprünglich wohl keine finnische, sondern eine slawische Erfindung) als Teil des bäuerlichen Haushalts schon im alten Finnland erfreute. Auf die Bedeutung der Sauna für seine Landsleute hatte bezeichnenderweise bereits Michael Wexonius, der erste Geschichtsprofessor des Landes, anlässlich der Eröffnung der ›Königlichen Akademie‹, also der Universität zu Turku, im Jahre 1640 hingewiesen: »Sogar bei hartem Frost kommen sie aus der Sauna gestürzt und schöpfen begeistert und lachend Wasser aus Brunnen, Flüssen oder Seen, das sie auf ihre nackte Haut schütten. Und davon werden ihre Körper abgehärtet und gegen Anstrengungen gefeit.«[22] Hinzu kamen praktische Gründe. Ob die Sauna wirklich, wie oft zu hören ist, der vergleichsweise keimärmste Raum des Gehöfts war, mag für damalige Zeiten bezweifelt werden; wichtig freilich war, dass dort heißes Wasser verfügbar war. Auch ließen sich in der Sauna am bequemsten Stroh, alte Decken und verschmutzte Teppiche ausbreiten, deren Wäsche ohnehin nicht mehr lohnte, die aber als Unterlage für eine Gebärende noch allemal tauglich schienen. An einen Beistand von Arzt oder Hebamme bei der Geburt war nicht zu denken, denn noch gab es sie kaum im Lande. Zwar existierte seit 1816 zunächst in Turku, später in Helsinki eine Ausbildungsstätte für Hebammen, doch belief sich deren Zahl selbst noch um Mitte des Jahrhunderts auf landesweit wenig mehr als einhundert, und auch von diesen lebten die meisten im schwedischsprachigen Westen. So waren es denn bestenfalls die ›weisen Frauen‹, die bei der Niederkunft helfende Dienste leisteten. Gute Dienste leistete allen Beteiligten aber auch der Schnaps, den der Vater rechtzeitig zu besorgen pflegte, auf dass die werdende Mutter bei der Niederkunft leichter entspanne und alle Anderen das Ereignis gebührend feierten.

3. Die Schlacht von Koljonvirta

Auch wenn der kleine Marktflecken zeitgenössischen Reisenden als nicht weiter erwähnenswert erschien, so war es doch ein höchst geschichtsträchtiger Boden, auf dem Otto Häggblom das Licht der Welt erblickte. Einundsechzig Jahre zuvor nämlich hatte unweit der heutigen Stadt Iisalmi eine Schlacht getobt, die schon bald zu einem Erinnerungsort für Finnen, Schweden und Russen gleichermaßen werden sollte. Wer dem Lehrpfad folgt, der den Besucher unserer Tage gefahrlos über das Schlachtfeld von Koljonvirta (schwedisch: Virta Bro) führt, stößt dort auf ein Denkmal, das, aus dem Gusseisen schwedischer Kanonen errichtet, in kyrillischer Schrift an den frühen Tod des Fürsten Michail Petrowitsch Dolgoruki erinnert, der hier, von einem schwedischen Dreipfünder getroffen, am 27. Oktober 1808 – kaum achtundzwanzigjährig – sein Leben gelassen hatte.[23] Seine sterblichen Überreste wurden nach St. Petersburg überführt, wo sie in Anwesenheit seiner Majestät, Zar Alexander I., dessen Generaladjutant der Fürst gewesen war, im Alexander-Newski-Kloster beigesetzt wurden. Das Leichenbegängnis sei, wie ein Zeitgenosse bemerkte, von solcher Pracht gewesen, dass viele Russen sich fragten, was man für Alexander Suworow, den einige Jahre zuvor verstorbenen Generalissimus und legendären ›Retter des Vaterlandes‹ in zahlreichen Kriegen, wohl mehr getan hätte.[24]

Als Spross eines der ältesten russischen Adelsgeschlechter – ein Vorfahre gilt als Gründer Moskaus – war Michail Petrowitsch schon als Vierjähriger in den Regimentsdienst eingereiht worden und kurz vor seinem Tode zum Generalleutnant avanciert. Eine glänzende militärische Karriere schien ihm zu winken. Bereits in der ›Drei-Kaiser-Schlacht‹ von Austerlitz gegen die Franzosen am 2. Dezember 1805 von einer Kugel durch die Brust verwundet, hatte er eineinhalb Jahre später, im Juni 1807, in Tilsit an der Seite seines Kaisers an den Friedensverhandlungen mit Napoleon teilgenommen, später dann persönlich die Friedensbotschaft in die russische Hauptstadt überbringen dürfen.

In Tilsit hatten die beiden Imperatoren ihre Einflusssphären in Europa abgesteckt. Alexander verpflichtete sich, Napoleons Handelsblockade gegenüber Großbritannien zu unterstützen. Napoleon seinerseits sicherte dem Zaren freie Hand gegenüber den halsstarrigen Schweden zu, die ihre engen Wirtschaftsbeziehungen mit England nicht zu opfern bereit und daher nicht gewillt waren, sich der Blockade anzuschließen. Diese Konstellation führte im Februar 1808 zum Schwedisch-Russischen Krieg, dem dritten mittlerweile.[25] Weil es in ihm vor allem um Finnland und die Herrschaft im östlichen Ostseeraum ging, wurde er auch als ›Finnischer Krieg‹ (›Suomen sota‹) bekannt. Es sollte Schwedens letzter Krieg überhaupt werden. Sein Ergebnis besiegelte den sich schon seit langem abzeichnenden Abstieg des Landes aus dem Kreise der europäischen Großmächte.

Das Gefecht von Koljonvirta änderte daran nichts, mochte auch das Gemetzel um die kleine Brücke über das Flüsschen Virta mit einem taktischen Sieg der zahlenmäßig weit unterlegenen schwedisch-finnischen Verteidiger enden. Mehr als tausend, überwiegend russische Tote und Verwundete – es traf jeden Sechsten, jeden Siebten – zeugen von der Härte der Kämpfe. Doch der Sieg des geschickt operierenden schwedischen Befehlshabers, Oberst Johan August Sandels, blieb ohne strategische Bedeutung. Ihre entscheidende Niederlage hatten die Verteidiger nämlich bereits sechs Wochen zuvor in der Schlacht von Oravais im westfinnischen Österbotten erlitten.[26] So wurde Koljonvirta denn zum letzten nennenswerten Sieg Schwedens auf finnischem Boden. Nur drei Wochen später erklärte sich die schwedisch-finnische Armee bereit, ganz Finnland endgültig zu räumen. Schweden gab damit rund ein Drittel seines Staatsgebietes preis.[27]

Für Finnland wiederum begann nun eine ganz neue Phase seiner Geschichte: aus der östlichen Provinz Schwedens, die es seit über sechs Jahrhunderten gewesen war, wurde ein autonomes Großfürstentum im Verbande des russländischen Reiches. Noch vor Abschluss des Friedensvertrages mit Schweden rief Zar Alexander I. die finnischen Stände in der kleinen Bischofsstadt Porvoo (schwedisch Borgå) zu einem ersten eigenen Landtag zusammen, den er am 29. März 1809 in der steinernen Domkirche höchstpersönlich feierlich eröffnete. Während die Stände – Adel und Geistlichkeit, Bürgertum und Bauernstand – ihrem neuen Herrscher huldigten, versprach dieser seinen finnischen Untertanen die Bewahrung ihres lutherischen Glaubens sowie der aus schwedischer Zeit überkommenen Gesetze und Sonderrechte des Landes. Nach Meinung späterer Generationen finnischer Politiker, Staatsrechtler und Historiker war dies die Geburtsstunde des finnischen Verfassungsstaates.[28]

4. Runeberg

In den folgenden Jahrzehnten wurde der Finnische Krieg von 1808/09 wiederholt zum Gegenstand historischer und literarischer Darstellungen. In Deutschland zum Beispiel widmete ihm der frühe Demokrat Theodor Mügge einen dickleibigen, heute freilich kaum noch bekannten Roman.[29] Anders in Finnland: Hier wurde der Krieg – neben der Natur des Landes – zum zentralen, bis heute lebendigen Bezugspunkt eines sich allmählich herausbildenden finnländischen Nationalbewusstseins. Johan Ludvig Runeberg, der wie kein zweiter gefeierte finnlandschwedische Nationaldichter[30], dessen Denkmal noch heute den Mittelpunkt der Esplanade in Helsinki ziert, machte den Krieg zum Hauptthema seines berühmtesten Werkes, der ›Erzählungen des Fähnrich Stål‹ (›Fänrik Ståls sägner‹). In dieser, in Teilen erstmals 1848 veröffentlichten und schon bald auch ins Deutsche übersetzten Sammlung volkstümlich gestalteter Balladen erfuhr der zum Heldenepos verklärte Krieg seine über hundert Jahre hinweg maßgebliche Deutung.[31] Es war eine Deutung im Geiste einer neuen vaterländischen Romantik: Von großen Taten und kleinen Begebenheiten, von Führer- und Opferhelden, aber auch von Schurken und Schwächlingen weiß der alte

Johan Ludvig Runeberg, der Dichter der ›Erzählungen des Fähnrich Stål‹

Kriegsveteran Stål, das lyrische Ich des Werkes, zu berichten. Dabei lässt er keinen Zweifel daran, wer für ihn die Schuldigen am Desaster von 1808 sind: der unfähige König Gustav IV. Adolf im fernen Stockholm (der in der Tat bald nach Kriegsende gestürzt wurde und 1837 im Schweizer Exil unter fremdem Namen starb), sein Oberbefehlshaber in Finnland, Mauritz Klingspor, sowie vor allem der verräterische Kommandant Carl Olof Cronstedt, der die ihm anvertraute Seefestung Sveaborg (finnisch: Suomenlinna) vor den Toren Helsinkis ohne Not und ohne Kampf dem Feinde überlassen habe.

Sven Dufva in der Schlacht von Koljonvirta 1808 (Zeichnung von Albert Edelfelt, um 1890)

Als wahre Lichtgestalten nehmen sich vor solch düsterem Hintergrund die eigentlichen Helden des Krieges aus. Es sind Männer und Frauen aus allen Schichten des Volkes: kühne und souveräne Heerführer wie der General von Döbeln und Oberst Sandels (dessen Name heute für eine finnische Biermarke herhalten muss) ebenso wie die liebevoll porträtierte alte Marketenderin Lotta Svärd (die im 20. Jahrhundert Namensgeberin einer einflussreichen patriotischen Frauenorganisation wurde). Besondere Wertschätzung wurde auch dem geistig beschränkten, aber aufopferungsbereiten Soldaten Sven Dufva zuteil. Er gerät bei Runeberg zum eigentlichen Retter von Koljonvirta. Auf sich allein gestellt, trotzt er am Fuße der Brücke dem feindlichen Ansturm, bis Sandels Verstärkungen heranzuführen vermag. Erst dann trifft den braven Mann die feindliche Kugel:

Die Kugel wusste, wie sie flog, fürwahr, das sieht man hier!
So sprach gedämpft der General, die wusste mehr als wir;
Der Stirne, die so schwach und arm, der tat sie keinen Schmerz,
Sie suchte das, was besser war, sein edles, tapfres Herz.[32]

Runebergs patriotische, freilich auch ganz biedermeierlich-unpolitische Kriegsromanze wurde in den folgenden Jahrzehnten zum rechten Stoff für ein sich langsam formierendes finnisches Bürgertum. Begierig nach Identifikation, erkor dieses sich die Gestalten der Erzählungen schon bald zu seinen Idolen, ihre Sätze zu geflügelten Worten. Zu den eifrigsten Lesern des ›Fähnrich Stål‹ gehörte – eine Generation nach deren Erscheinen – auch der junge Otto Häggblom. Wie seinem sorgfältig geführten Tagebuch zu entnehmen ist, hat Otto Runebergs Werk erstmals 1881 als gerade Elfjähriger und danach »viele Male« immer wieder verschlungen. Als Zwölfjähriger schrieb er ein Gedicht zum Andenken an den wenige Jahre zuvor verstorbenen Dichter.[33] Auch war ihm das Schlachtfeld von Koljonvirta persönlich wohl vertraut. Wenn der Junge entlang des Seeufers die Wälder von Mansikkaniemi durchstreifte, wo heute ein Campingplatz mit Hinweisen auf das blutige Geschehen von einst um Touristen wirbt, waren ihm der unglückliche russische Prinz und der kühne schwedische General, der selbstlose Sven Dufva und die beherzte Lotta Svärd selbstverständliche Begleiter. Unweit des Schlachtfeldes nämlich war Otto zuhause.

5. Die Volksschule

»Usein suuret miehet syntyvät köyhässä kodissa.« (»Oft werden große Männer in armen Verhältnissen geboren.«) In steiler Schönschrift malte der junge Otto den Satz in sein Schulheft. Seit seinem zehnten Lebensjahr besuchte er die neu erbaute Volksschule von Iisalmi. Dies war beileibe keine Selbstverständlichkeit. Im Unterschied zu Mitteleuropa nämlich, wo die Anfänge des staatlich organisierten Schulwesens bis ins 18., teils gar 17. Jahrhunderts zurückreichten[34], steckte das öffentliche Volksbildungswesen in Finnland ganz in den Anfängen. So besuchten selbst noch im Jahre 1900 von den insgesamt etwa 460.000 Kindern des Landes im Alter zwischen

Eine vormoderne ›Wanderschule‹ (›kiertokoulu‹) unweit Kuopio, 1892 (Kulturhistorisches Museum Kuopio / Foto: Karl Granit)

sieben und fünfzehn Jahren nicht einmal zwanzig Prozent die staatliche Volksschule, während die große Mehrheit in kirchlichen Sonntags- und Wanderschulen oder aber im Elternhaus unterrichtet wurde. Der Anreiz zum Lernen war freilich trotz fehlender Schulpflicht seit alters her groß, war doch bereits im schwedisch-finnischen Kirchengesetz von 1686 bestimmt worden, dass Konfirmation und Abendmahl jenen zu verweigern seien, die den Katechismus nicht zu lesen bzw. wichtige Passagen auswendig herzusagen vermöchten. In hartnäckigen Fällen von Bildungsverweigerung passierte es auch, dass der Betreffende sonntags zur Gottesdienstzeit so oft vor der Kirche an den Pranger gestellt wurde, bis er seine Lektion gelernt hatte. Auf diese Weise wurde der Leseeifer der Bevölkerung nachhaltig gefördert.[35] Ein deutschsprachiger Bericht aus dem Jahre 1903 gibt einen Eindruck, wie man sich den häuslichen Unterricht im späten neunzehnten Jahrhundert vorzustellen hat:

> *Während der langen dunklen Winterabende sitzt das 6- bis10jährige Kind neben der spinnenden oder nähenden Mutter und liest in lautsingendem Tone*

in seinem Buche. Zeile für Zeile, Stück für Stück, Seite für Seite wird das ABC-Buch durchbuchstabiert, dann Luthers kleiner Katechismus memoriert, bisweilen auch der große Katechismus mit seinen weitläufigen Erklärungen. Jährlich einmal kommt der Geistliche ins Dorf oder in den Bezirk, um eine Prüfung anzustellen. Sowohl Erwachsene wie Kinder werden in der geräumigen Wohnstube irgend eines Bauern zusammengerufen. Die Kinder werden im Lesen und in den Hauptstücken des Christentums geprüft, und die älteren müssen nachweisen können, dass auch sie Fortschritte gemacht. Inzwischen hat der Küster die großen Kirchenbücher auf den Tisch gebracht, in denen jedermanns Name sich findet; der Pastor notiert mit Zeichen, die nur dem Eingeweihten verständlich sind, den jedesmaligen Bestand der Lesefertigkeit und der übrigen Kenntnisse.[36]

Ob auch Ottos Eltern das Lesen und Schreiben bereits daheim erlernt hatten, wissen wir nicht; ihren späteren Briefen an den Sohn nach zu urteilen, beherrschten sie es jedoch ganz passabel, auch wenn mancherlei Fehler und ein ungelenker Stil darauf hindeuten, dass ihnen das Schreiben keine alltägliche Verrichtung war. Konfirmandenunterricht und Sonntagsschule, wie sie vom Küster oder von Bauersleuten organisiert zu werden pflegten, förderten Lese- und Schreibfertigkeiten. So mancher, der den Unterricht als Kind versäumt hatte, musste ihn als Erwachsener mühsam nachholen, war doch an eine Heirat ohne vorherige Konfirmation, wie auch Ottos Vater erfahren musste,[37] nicht zu denken. Eine köstliche Schilderung der mit solchem Bemühen bisweilen einhergehenden Qualen bietet Aleksis Kivi in seinem 1870 erschienenen, für die Entwicklung der finnischsprachigen Literatur bahnbrechenden Roman ›Die sieben Brüder‹, dessen Titelhelden, zu jungen Burschen herangewachsen, sich gleichfalls mit Heiratswünschen tragen:

Um den Tisch in des Küsters Gesindestube sitzen die Brüder und stottern das ABC nach, das ihnen bald der Küster selbst, bald sein achtjähriges Töchterchen vorsagt. In der Hand die aufgeschlagene Fibel, Schweißperlen auf der Stirn, üben sie mit verbissenem Eifer das Lesen. Doch sind nur fünf der Jukola-Brüder auf der Bank hinterm Tisch zu sehen. Wo sind Juhani und Timo? Dort in der Eselsecke bei der Tür stehen sie, und ihr Haar, das der Küster gerade mit harter Hand gezaust hat, steht ihnen wild zu Berge.

Sehr träge ging es mit dem Lesenlernen voran. Selbst die furchteinflößende Strenge des Lehrers förderte es nicht, sondern nahm im Gegenteil den Burschen jeden Funken williger Lust. Juhani und Timo konnten kaum mehr als das A; die anderen waren mit ihrer Kunst schon ein paar Buchstaben weiter. Aber eine lobenswerte Ausnahme bildete unter ihnen allen Bruder Eero, der das Alphabet schon hinter sich hatte und munter drauflos buchstabierte.[38]

Im Vergleich zur hier geschilderten pädagogischen Praxis arbeiteten die ebenfalls von kirchlicher Seite betriebenen ›Wanderschulen‹ (›kiertokoulut‹) schon professioneller. Zwar hatte man ursprünglich auch hier auf unausgebildetes Personal – oft alte Handwerker, die ihre Arbeit nicht mehr ausüben konnten – zurückgegriffen, bildete im Laufe der Zeit aber in immer größerer Zahl eigene Lehrer, zumeist Lehrerinnen, heran. In einjährigen Kursen wurden ihnen zumindest die rudimentären methodischen und fachlichen Grundlagen für einen kindgerechten Unterricht vermittelt. Gleichwohl waren auch die Wanderschulen Relikte vormoderner Bildungsferne: Ohne jede staatliche Unterstützung erteilten die über Land reisenden Lehrer mit denkbar einfachsten Lehrmitteln für jeweils sechs bis zehn Wochen ihren Unterricht, bevor sie in den Nachbarort weiterzogen. Als Schule dienten ihnen geräumige Bauernhäuser, wo sich die Kinder aller Altersstufen aus der Umgebung versammelten, um sich auf notdürftig zusammengezimmerten Bänken um ihren Lehrer zu scharen.

Uno Cygnaeus, der Begründer des modernen Schulwesens in Finnland

Gegenüber solchen, bis ins frühe zwanzigste Jahrhundert fortbestehenden Formen der Volksbildung stellte das in den 1860er Jahren von Uno Cygnaeus begründete, in den folgenden Jahrzehnten schrittweise eingeführte öffentliche Volksschulwesen einen gewaltigen Fortschritt dar.[39] Theologe von Ausbildung, war Cygnaeus schon in frühen Jahren weit herumgekommen, hatte unter anderem in Diensten einer russisch-amerikanischen Handelsgesellschaft als Pfarrer in Alaska gewirkt, später dann als Lehrer in St. Petersburg. Als solcher hatte er schon früh die kirchliche Bildungsarbeit in seinem Heimatland kritisiert, die sich damit begnüge, den Kindern Grundfertigkeiten im Rechnen, Schreiben und Lesen zu vermitteln. In den Jahren 1858/59 bereiste Cygnaeus Skandinavien und Mitteleuropa, von wo er reformpädagogische Anregungen von Pestalozzi, Fröbel, Diesterweg und anderen mitbrachte. In den folgenden Jahren arbeitete er seine Ideen aus: das Konzept einer ganzheitlich-harmonischen, Geist, Körper und Seele gleichermaßen berücksichtigenden Erziehung, die Idee der Koedukation von Jungen und Mädchen, Unterrichtsformen, die auf Anschauung statt auf reiner Abstraktion basierten, eine Ablehnung aller sozialen Privilegien, die Forderung nach einer professionellen Lehrerbildung.

Vom Senat mit der Reorganisation des Elementarschulwesens beauftragt, konnte Cygnaeus bald schon wesentliche Teile seines Konzepts umsetzen: Im mittelfinnischen Jyväskylä, wo bereits 1858 die erste finnischsprachige Schule ihren Unterricht aufgenommen hatte, öffnete 1863 unter seiner Leitung ein erstes finnischsprachiges Lehrerseminar seine Pforten, dem bald weitere folgen sollten. Lehrer konnte jetzt nur werden, wer dort eine vierjährige Ausbildung durchlaufen hatte. Und diese Ausbildung war hart: Der Arbeitstag begann um fünf Uhr morgens mit einer halbstündigen Andacht und schloss mit einer solchen um halb zehn Uhr am Abend.[40] Dafür durfte, wer sein Studium erfolgreich absolviert hatte, sich einem von christlich-vaterländischer Gesittung durchdrungenen Bildungsadel zurechnen, war – auch und gerade als Volksschullehrer – Leitbild des modernen Staatsbürgers.

Das ganze finnische Seminarwesen sei, so befand ein dänischer Besucher auch drei Jahrzehnte nach Gründung der Anstalt, »durchweht von einem erhebenden Glauben und einer außerordentlichen Liebe für den Lehrerberuf, und diese teilt sich natürlich den Kandidaten mit, wenn sie im letzten Studienjahr das Katheder betreten und ihre Tätigkeit innerhalb der Schulwände beginnen.«[41] Und eine englische Reisende jener Jahre gewann den Eindruck, dass vom Beruf des Schullehrers jeder in Finnland nur mit dem größten Respekt spreche, – ja dass diesen Beruf auszuüben für jeden

Mann und jede Frau so etwas wie die größtmögliche Ehre überhaupt darstelle.[42]

Entsprechend groß war die Zahl der Bewerber, die sich nach vollendetem 18. Lebensjahr mit einem Volksschulabschluss zur Aufnahmeprüfung meldeten. Die Prüfung war streng und stellte vor allem auf die charakterliche Eignung für das Lehramt ab.[43] Otto Häggbloms Bruder Janne gelang es Mitte der 1880er Jahre zum Stolz seiner Eltern, zum Studium am Seminar angenommen zu werden. Über seine Lebensverhältnisse in Jyväskylä berichtet der Neunzehnjährige, nachdem er in seinem zweiten Jahr gemeinsam mit zwei anderen Seminaristen eine neue Unterkunft gefunden hatte, in einem Brief an Otto:

> *Wir haben eine gute Kammer, wo es drei Gläser gibt, jeder seinen eigenen Tisch hat und im Tisch zwei verschließbare Schubladen, einen Schaukelstuhl, Stühle, Betten und so weiter. (...) Der Mieter zahlt 6 Mark[44] pro Mann im Monat, und wir bekommen dazu Kaffee morgens und tagsüber, Bettwäsche, Seife und ein Handtuch. Die Suppe ist gut und kostet nur 4 Mark im Monat. Über die Frau des Hauses dürfen wir Butter und Brot usw. kaufen, sodass wir nicht selbst einkaufen gehen müssen. Wenn man ihr nur das Geld gibt, so bringt sie alles. Um einiges besser ist diese Herberge als im letzten Jahr. Ich schaffe es gut, mit 20 Mark im Monat auszukommen. [...] Die neuen Schüler hatten eine harte Prüfung. In allen Volksschulfächern wurden sie geprüft, und 26 wurden als Schüler angenommen. Anwärter gab es 37, von denen 32 eingeladen worden waren, d.h. nur sechs wurden abgelehnt; im letzten Jahr aber wurden 54 Schüler abgelehnt.*[45]

Sechs Jahre nach Gründung des Lehrerseminars in Jyväskylä wurde in Helsinki auch eine staatliche Oberschulbehörde geschaffen. Ihrer fachlichen Aufsicht unterstanden nun die neuen, finanziell von den Gemeinden getragenen Schulen; der Kirche oblag nur noch die Beaufsichtigung des Religionsunterrichtes. Auch Lernziele und Fächerkanon orientierten sich an den liberalen europäischen Bildungsidealen der Zeit. Neben Muttersprache und Nationalliteratur hatten die sogenannten Realfächer (Geschichte, Geographie, Naturkunde) ebenso ihren festen Platz wie die sportliche und musische Erziehung. Besonders gepflegt wurde der Chorgesang; in kaum einem der nun vielerorts errichteten festen Schulhäuser fehlte ein

Orgelharmonium. Eine Besonderheit des finnischen Systems war überdies der Werkunterricht: Nach dem Willen Cygnaeus' sollten durch Holz- und Handarbeiten auch die praktischen Fähigkeiten der Schüler – Mädchen ebenso wie Jungen – ausgebildet werden, – eine Idee, die unter dem Begriff des »slöjd« schnell Eingang in die Schulpädagogik des übrigen Skandinavien finden sollte.[46]

Die staatliche Volksschule konnte die älteren kirchlichen und häuslichen Bildungsformen gleichwohl nur sehr allmählich verdrängen. Das hatte vor allem zwei Gründe: Zum einen war der Schulbesuch freiwillig; die Gemeinden waren lediglich gehalten, bei einer hinreichenden Zahl von Anmeldungen Schulen einzurichten. So gab es denn zunächst, also in den 1870er und 1880er Jahren, landesweit nicht mehr als wenige hundert Volksschulen, deren Zahl freilich rasch zunahm. In den ländlichen Gemeinden der Provinz Savo zum Beispiel, zu der auch Iisalmi und Kuopio gehörten, wuchs die Zahl der Volksschulen zwischen 1877 und 1910 um das Neunfache; 1906 endlich gab es in jeder finnischen Gemeinde wenigstens eine Schule. Eine allgemeine Schulpflicht aber wurde erst 1921 gesetzlich eingeführt.[47] Leidtragende in den frühen Jahren waren die finnischsprachigen Kinder. Von ihnen konnte z.B. im Jahre 1870, wie eine zeitgenössische Statistik ausweist, nur jedes Einhundertachtzigste eine öffentliche Schule eigener Sprache besuchen, während dies unter den schwedischsprachigen jedem zehnten Kind möglich war. Zum anderen beschränkte sich der Unterricht – zumindest auf dem Lande – auf nur vier Jahre, d.h. in der Regel auf das neunte bis dreizehnte Lebensjahr. Dabei wurde vorausgesetzt, dass die Kinder, wenn sie eingeschult wurden, dank häuslichen Unterrichts des Lesens bereits kundig waren. Lediglich in den Städten war dieser vierjährigen sog. ›oberen‹ Volksschule noch eine zweijährige ›untere‹ Volksschule vorgeschaltet. Berücksichtigt man zudem, dass nur etwa jeder zehnte Schüler die Schule mit einem Abgangszeugnis verließ[48], verwundert nicht, dass die Folgen unzureichender Bildung noch lange spürbar blieben. So gab es 1890 unter der erwachsenen Bevölkerung Kuopios zwar praktisch keine Analphabeten mehr, doch waren noch vier von fünf Einwohnern lediglich des Lesens, nicht aber des Schreibens mächtig. Erst in den folgenden Jahren und Jahrzehnten sollten sich die Verhältnisse spürbar bessern.[49] Gleichwohl dürfte wohl stark übertrieben sein, wenn ein englischer Pädagoge, der am

Vorabend des Ersten Weltkriegs Finnland bereist hatte, gleichsam im Vorgriff auf Pisa-Studien unserer Zeit befand, dies sei wohl die gebildetste Nation der Welt (»the best educated nation in the world«).[50]

6. Erste Schulerfahrungen

Otto Häggblom hatte Glück. Er gehörte zu jenen etwa siebzehntausend Kindern in Finnland, die eine staatliche Volksschule besuchen durften. Das war weniger als ein Prozent der Bevölkerung. In Iisalmi zum Beispiel ging, anders als in den Städten, während der 1880er Jahre kaum jedes fünfundzwanzigste schulfähige Kind in die Volksschule.[51] Obschon Ottos Glück nur vier Jahre währte – von 1879 bis 1883 – lassen sich die wohltuenden Wirkungen der finnischen Volksbildungsreform an seinem Beispiel doch leicht nachvollziehen:

Sein Lehrer war Oskar Julian Braxén. Dieser war erst 1878, ein Jahr vor Ottos Einschulung, auf Vorschlag des von der Gemeinde Iisalmi eingesetzten Schulvorstandes als erster und zunächst einziger Lehrer der neu eröffneten Volksschule eingestellt worden. Ein festes Jahresgehalt in Höhe von 1350 Finnmark (zuzüglich diverser Naturalleistungen), für das etwa je zur Hälfte Staat und Gemeinde aufkamen, sicherte ihm den Lebensunterhalt. Braxén hatte das Lehrerseminar in Jyväskylä absolviert und bereits erste Erfahrungen an anderen Schulen gesammelt, bevor es ihn, den gerade fünfundzwanzigjährigen, nach Iisalmi verschlug. Er sollte die nächsten einundvierzig Jahre dort unterrichten[52], – ein Glücksfall für den jungen Otto und manch anderen seiner etwa fünfzig Mitschüler, machte sie der umtriebige und mitreißende Pädagoge doch mit einer Welt bekannt, die den Vätern und Großvätern verschlossen geblieben war: der Welt der Bücher. Vom ABC-Buch, der Bibel und dem Katechismus abgesehen, hatten Bücher für jene Generationen, die seit Jahrhunderten all ihre Energien darauf verwenden mussten, in unwirtlicher Natur ihr Überleben zu sichern, keine Bedeutung gehabt. Und die wenigen Privilegierten, die sich überhaupt mit Literatur abgaben, waren zumeist auf die – mittlerweile zunehmend auch in finnischer Übersetzung vorliegenden – Werke ausländischer Klassiker verwiesen. Dank der Volksschule und Lehrern wie O. J. Braxén wuchs mit Otto und seinen Altersgenossen nun erstmals eine Generation heran, die von Kindesbeinen an mit einer eigenen finnländischen Nationalliteratur, sei sie nun schwedisch- oder finnischsprachigen Ursprungs, gefüttert wurde.

Natürlich standen Runeberg und seine romantischen Kriegserzählungen dabei ganz oben an, übertroffen nur von einem Werk, das die finnische Identität vielleicht noch nachhaltiger prägen sollte: dem ›Kalevala‹. 1835 in einer ersten, vierzehn Jahre später in einer zweiten erweiterten Fassung veröffentlicht, stellt das Kalevala eine aus insgesamt über zweiundzwanzigtausend Versen kompilierte Sammlung ursprünglich nur mündlich überlieferter Helden- und Hochzeitslieder, mythischer Legenden und abenteuerlicher Berichte dar. Der finnische Arzt Elias Lönnrot – auch er übrigens ein Kind der Armut, das in jungen Jahren bettelnd durchs Land gezogen war – hatte sie während der zwanziger und dreißiger Jahre des Jahrhunderts auf ausgedehnten Reisen vor allem durch Karelien gesammelt, später dann ergänzt, umgedichtet und auf ein einheitliches Versmaß gebracht. So war

Karelische Runensänger (1894) in typischer Vortragshaltung (Foto: I.K. Inha)

ein geschlossen wirkendes Epos aus fünfzig Gesängen entstanden, das unter den Gebildeten Europas allein schon darum Aufsehen erregte, weil es hinter den so fremden Lauten der finnischen Sprache eine unvermutete poetische Kraft erkennen ließ und der bislang weitgehend im Dunkeln liegenden Geschichte des finnischen Volkes mythische Tiefe verlieh. Zur Bekanntheit von Lönnrots Werk auch im deutschsprachigen Raum trug im übrigen kein geringerer als Jacob Grimm bei. An finnischer Volksdichtung schon seit längerem interessiert, hielt er 1845 vor der Berliner Akademie der Wissenschaften einen vielbeachteten Vortrag »Über das finnische Epos«. Eine erste deutschsprachige Ausgabe des Werkes in der Übersetzung des deutsch-baltischen Volkskundlers Franz Anton von Schiefner erschien 1852.[53] Seitdem ist das Kalevala in rund fünf Dutzend Sprachen übersetzt worden; allein im Deutschen existieren an die zwanzig Ausgaben.

In Finnland selbst wurde das Kalevala für die wachsende Zahl der sogenannten ›Fennomanen‹, zu denen sich trotz seiner schwedischen Muttersprache auch Lehrer Braxén rechnete, schon bald zu einem nationalen Heiligtum. Es war die Grundlage aller Hoffnungen auf eigene kulturelle Größe. In einem bezeichnenden Vergleich mit der Literatur und Ideenwelt der alten Griechen schrieb einer der tonangebenden jungen Schriftsteller der Zeit:

> *Haben wir nicht unsere Schären so wie sie ihr Archipel hatten? – Sie hatten Homeros und wir haben das Kalevala! Aber unsere Helden kämpften für etwas Größeres als ihre! Agamemnon, Menelaos und Achilles kämpften um eine geraubte Frau, aber Väinämöinen, Ilmarinen und Lemminkäinen kämpften um das geraubte Sampo*[54]*. Die haben eine Stadt erobert und verloren, diese hier befreiten das Licht aus Pohjolas Felsenhöhle. Die da gebrauchten das Schwert, diese hier die Kraft des Wortes! – Die finnische Sprache ist kraftvoll und männlich und erklingt hell wie die griechische Sprache! Und mit ihrer Hilfe schaffen wir die Literatur, die alles andere aus dem Weg drängt, wir schaffen die finnische Bildung, eine nagelneue Kultur, die das Alte und Verbrauchte besiegt.«*[55]

Vieles spricht dafür, dass nicht allein die Protagonisten einer finnischen Nationalliteratur vom Kalevala schwärmten, sondern auch die Volksschulkinder von Iisalmen Kauppala. Tatsächlich eröffnete ihnen das Epos näm-

lich ein ganzes mythologisches Universum, das der kindlichen Phantasie keine Grenzen setzte. Allzu aufregend, dramatisch, magisch und geheimnisvoll war, wovon berichtet wurde. Da entsteht zum Beispiel die Welt aus dem zerbrochenen Ei einer Taucherente: Aus dem unteren Teil seiner Schale bildet sich die Erde, aus dem oberen der Himmel, aus dem Eigelb die Sonne, aus dem Eiweiß der Mond. Auch durchleben die Helden der Gesänge schier unglaubliche Abenteuer und blutige Kämpfe. So etwa muss der uralte Väinämöinen tagelang durch das offene Meer schwimmen, bevor ihn ein Adler auf seinem Rücken ans Ufer trägt. Später wird er sogar von einem Riesen verschlungen, in dessen Bauch er Zauberformeln und Bannsprüche erfährt, die er sich im weiteren Verlauf der Ereignisse zunutze macht.
Lemminkäinen, ein anderer der Kalevala-Helden, hat schiere Herkulestaten zu vollbringen, um die Nordlandtochter freien zu dürfen. Als er bei der letzten seiner Aufgaben ermordet und sein Leichnam zerstückelt in den Fluss des Totenreichs geworfen wird, harkt seine Mutter die Leichenteile aus dem Wasser, fügt sie zusammen und erweckt ihren Sohn zu neuem Leben. Und dann ist da noch jener geheimnisvolle Sampo, ein vom Zauberschmied Ilmarinen gefertigtes Gerät, über dessen Identität und Funktion die Literaturwissenschaftler unserer Tage nicht weniger rätseln als die Schulkinder des Lehrers Braxén. In Dutzenden von Theorien wird er bis heute bald als Himmelsachse oder Weltenbaum gedeutet, um den sich der Sternenhimmel drehe, bald als eine Art Glücks- oder Zaubermühle interpretiert.[56] Im Kalevala berichtet wird nur, dass der Sampo für dermaßen wichtig gehalten wurde, dass man um seinen Besitz unablässig kämpfte, bis das Objekt der Begierde schließlich zerbrach und für immer im Meer versank.
Angesichts solch gewaltiger Geheimnisse, Abgründe und Wunder überrascht nicht, dass der zwölfjährige Otto seinem Schulheft in einer Handschrift so schön und so sauber, als ob sie der Größe und Würde des Themas gerecht werden müsse, anvertraut: »Die Finnen sagen vom Kalevala, dass es ihnen das teuerste Buch nach der Bibel sei, darum weil es ihnen die Götter, die Runengesänge und Zauberkünste der heidnischen Finnen vor Augen führt.« Otto schreibt nicht nur, was der Lehrer den Schülern vermutlich in die Feder diktierte. Er ist selbst tief ergriffen von dem im Kalevala geschilderten Geschehen und verleiht seiner Begeisterung in eigenen, kalevalesk anmutenden Gedichten Ausdruck. Darin träumt er sich in uralte Zeiten

und besingt deren Helden, allen voran »Wanha Wäinämöinen, ikuinen tietäjä«, den alten Väinämöinen, den ewig Weisen, der durch seinen Gesang die Berge erzittern lässt.[57]
Wie Ottos Schulhefte zeigen, begnügte sich sein Lehrer nicht damit, den Kindern Leben und Werke Runebergs, Lönnrots und anderer zeitgemäßer Dichter nahe zu bringen. Vielmehr hielt er sie auch zum eigenständigen Schreiben an, indem er sie kleine Aufsätze verfassen hieß, deren Themen ihrer konkreten Lebens- und Erfahrungswelt entnommen waren: Über den »Frühling« ließen sich die Schüler aus und über die »Kiefer« als typischen Baum des kargen Nordens, aber auch über gemeinschaftsstiftende Einrichtungen des täglichen Lebens wie den »Ofen« oder die »Lampe«. Deren zunehmende Verbreitung in den früher zumeist nur durch flackernde Holzspäne spärlich erleuchteten Wohnstuben veränderte das Familienleben und beförderte die Lesekultur. Auch über den Sinn überlieferter Sprichworte und Volksweisheiten sollten sich die Kinder Gedanken machen. Alles in allem freilich stand, sieht man sich die Lehrpläne der Zeit an, das Lesen im Mittelpunkt des Unterrichts, dicht gefolgt vom Religionsunterricht sowie den Holz- und Handarbeiten. Auch dem Unterricht in Geschichte – finnischer Geschichte allzumal – kam ein besonderer Stellenwert zu, ferner dem Rechnen und Turnen. Auch der Gesang wurde gepflegt, während Erd- und Naturkunde ebenso wie das Zeichnen eine nachgeordnete Rolle spielten.[58]
Die Aufzeichnungen Ottos lassen Ziel und Zweck des Unterrichts, der ihm zuteil wurde, klar erkennen: die Liebe zur Muttersprache sollte gefördert und der Blick für die Naturschönheiten des Landes geschärft werden. Die Kenntnis von Sitten, Gebräuchen und Geschichte des eigenen Volkes sollte die Kinder mit Achtung und Respekt, ja mit Stolz erfüllen und sie – dies vor allem – in ihrer Vaterlandsliebe stärken. »Das Vaterland ist dort, wo man geboren und aufgewachsen ist«, so lernte es Otto. »Jeder liebt sein Vaterland.«

Was aber hieß es in jenen Jahren, ein ›Finne‹ zu sein? Und was war es, das man an seinem eigenen Land lieben sollte? Auch auf diese Fragen gab es mittlerweile eine – landesweit verbindliche – Antwort. Im Jahre 1875 nämlich, nur vier Jahre vor Ottos Einschulung, war das Lesebuch ›Unser Land‹ (›Maamme kirja‹) erschienen, das über ein halbes Jahrhundert die maßgebliche Schullektüre in Finnland bleiben sollte. Sein Autor war Zacharias

Topelius[59], ein volkstümlicher Dichter, Journalist und Historiker, der vom Zaren 1854 auf den Lehrstuhl für Finnische Geschichte an der Kaiserlichen Universität in Helsinki berufen worden war, mithin für ein Fach, an dessen schierer Existenzberechtigung Viele damals noch zweifelten. In Maamme Kirja nun entwarf Topelius ein Bild von Finnland, das bis heute die Klischees über das Land und seine Bewohner befeuert: ein Land der Seen, der Schären und der klaren Sommernächte, bewohnt von einem Volk, das hart und beständig, gottesfürchtig und opferbereit ist, der Obrigkeit treu und doch voller Freiheitsliebe. Auch die verschiedenen Landschaften und Stämme Finnlands erhielten durch Topelius ihre Farbe: Wortkarg seien die Bewohner von Häme, jovial und schlitzohrig jene von Savo, fröhlich die Karelier, jähzornig die Ostrobottnier, eingebildet die Nyländer.

Mit dem Bemühen, seine Schüler für das Vaterland und dessen Geschichte, für die Mythen des finnischen Volkes und seine Literatur zu begeistern, verfolgte Ottos Lehrer Braxén nicht zuletzt auch ein ganz praktisches Ziel. Nicht wenigen Kindern nämlich bot er so einen Ausweg aus der Tristesse ihres Alltags. Als engagierter Anhänger der gerade in jenen Jahren im Aufschwung befindlichen ›Mäßigungsbewegung‹ (›raittiusliike‹), deren sozialpolitische Reformbestrebungen uns noch an späterer Stelle beschäftigen werden, hatte Braxén sich den Kampf gegen den allerorten grassierenden Alkoholismus zur Aufgabe gemacht. Dass hierzu durchaus Anlass bestand, bezeugt ein gewisser, uns nicht näher bekannter Johan Härkönen, ein Mann, der seinerzeit selbst am Schnapsverkauf verdient hatte. In seinen Erinnerungen aus dem Jahre 1884 lesen wir: »Das ganze Volk von Iisalmi und Umgebung steht am Rande des Verderbens und ist dabei, im Alkohol zu versinken, weil selbst im billigsten Laden eine Saufbude ist und in allen Hinterzimmern eine Kneipe. Männer und Frauen trinken um die Wette, die Häuser werden versoffen.«[60]

Der Knabe Otto Häggblom kannte das Problem. Einige Briefe und Tagebuchblätter aus den achtziger Jahren gestatten uns einen flüchtigen, undeutlichen Blick in die Familienverhältnisse: Wir sehen eine frömmelnde Mutter, die bei jeder Gelegenheit den unschuldigen Tod des geliebten Herrn Jesus beschwört und sich nicht verzeihen kann, dass sie ihren Sohn nicht zu Jesus hat führen können.[61] Wir sehen den Vater, der bald nicht mehr genug Arbeit hat, um die Familie zu ernähren. Immer häufiger greift er zur Flasche, immer häufiger auch muss er die Familie verlassen, um irgendwo im Lande eine bezahlte Tätigkeit anzunehmen. Bis nach Oulu im Norden und Suonenjoki im Süden verschlägt es ihn. Die Nähe der Orte zur Bahnlinie legt die Vermutung nahe, dass er zeitweise im Eisenbahnbau sein Auskommen fand. Auch einen Umzug der Familie nach Savonranta in die Nähe von Kuopio erwägt er, um sich dort wieder als Schuster niederzulassen.[62] Eine spätere Notiz Ottos verdeutlicht in verklärender Rückerinnerung die Mischung aus Liebe, Verzweiflung und schlechtem Gewissen, die das Verhalten des Vaters prägte:

> *Ich denke mit Liebe und Sehnsucht an Vater. Er ist so gut zu mir. Immer bin ich sein Lieblingssohn gewesen. [...] Ich ritt auf seinen Knien. Und wenn er betrunken nach Hause kam, beruhigte er sich und legte sich hin, wenn ich nur darum bat, und ich legte mich neben ihn. Betrunken war seine Empfindsamkeit außerordentlich. Mich auf den Knien haltend, weinte er, weinte seiner Jugend nach und den früheren Zeiten, und weinte, weil er jetzt schlecht sei und seinen Kindern kein gutes Beispiel. »Ihr Kinder, nehmt Euch kein Beispiel an mir. Ich bin so schlecht...«, sagte er dann.[...] Und obwohl sein Atem nach Schnaps roch, war ich sehr gern neben ihm, denn er fühlte sich für mich so gut an, und ich bemitleidete ihn und seine Sauferei und sein Weinen.*[63]

An den Erfahrungen der Kindheit wird sich wenige Jahre später der Jugendliche schreibend abarbeiten. Der Alkohol wird zu einem der immer wiederkehrenden Themen in den Gedichten und Erzählungen des jungen Mannes. Es bietet ihm Gelegenheit, den Menschen in seinen Schwächen wie auch seinen Stärken zu porträtieren. Beides liegt für Otto, der sich allen Erfahrungen zum Trotz ein letztlich optimistisches Menschenbild bewahrt, eng beisammen. Gern zeigt er daher, dass sich auch der Gefallene, vermittelt oft durch ein Schlüsselerlebnis, von seinen schlechten Gewohnheiten wieder befreien kann. In der Erzählung ›Juhani-setä‹ zum Beispiel wendet sich der Protagonist erfolgreich vom Alkohol ab, nachdem ihm bewusst wurde, dass er im Zustand von Trunkenheit seinen Bruder und sogar die eigene Mutter geschlagen hat.[64]

Auch der Institution der Volksschule, der er so viel zu verdanken hatte, sollte Otto in späteren Jahren in Form von Kurzgeschichten immer wieder kleine Denkmäler setzen. 1891, acht Jahre nach seinem Schulabschluss, veröffentlichte er zum Beispiel eine kleine – entfernt an Rostands ›Cyrano von Bergerac‹ erinnernde – Geschichte über einen Mann, der das Herz eines Mädchens mit Liebesbriefen erobern möchte, aber des Schreibens nicht kundig ist. So bedient er sich denn erfolgreich der Hilfe eines Schuljungen, der dank seiner Schreibkünste zum Ehestifter wird.[65] In einer anderen, ein Jahr zuvor erschienenen Kurzgeschichte[66] kontrastiert Otto den Weitblick staatlich gebildeter Lehrer mit der Kurzsichtigkeit der örtlichen Bauernschaft: Ein aus der Stadt kommender ehemaliger Lehrer erwirbt ein Stück Land und beginnt es – zur Verwunderung der ansässigen Bauern und unter Inkaufnahme erheblicher Schulden – mithilfe moderner Gerätschaften nach neuesten Anbaumethoden zu bewirtschaften. Seine Kinder schickt er auf eine staatliche Schule, zu deren Errichtung er selber die Gemeinde erst bewegen muss. Erst als Jahrzehnte später einer der Lehrersöhne die Landwirtschaftsschule absolviert hat, den väterlichen Hof übernimmt und ihn zu einem prosperierenden Unternehmen macht, fangen die Bauern an, das Wesen des Fortschritts und die Bedeutung der Bildung für ihn zu begreifen. Mit seiner Geschichte beabsichtigte der zweiundzwanzigjährige Autor offenkundig, auf dem Lande nach wie vor bestehende Vorurteile gegen den allgemeinen Schulbesuch abzubauen. Zugleich dürfte man seine Zeilen kaum überinterpretieren, wenn man in ihnen auch eine Parabel jener Entwicklung erkennt, in der Otto die Zukunft ganz Finnlands beschlossen sah.

7. Pfarrer Brofeldt

Kehren wir noch einmal zurück zum Schlachtfeld von Koljonvirta. Hart an dessen Rande war in den Jahrzehnten nach dem denkwürdigen Zusammenstoß finnisch-schwedischer und russischer Truppen ein Pfarrhaus errichtet worden, dessen Bewohner den Geist Ottos ähnlich beflügelt haben dürften wie Runebergs Helden seine Phantasie. Als Hausherr herrschte dort nämlich seit 1865 der Pfarrer Henrik Gustaf Theodor Brofeldt. Er entstammte einer alten Pastorendynastie, hatte in Kuopio das Gymnasium besucht und war 1859 als Zweiundzwanzigjähriger ordiniert worden. Über ein halbes Jahrhundert prägte dieser höchst eigenwillige Mann, der sich von den pietistischen Einflüssen seiner frühen Jahre zunehmend frei machte, das geistliche Klima weit über die Grenzen von Iisalmi hinaus. Bodenständige Lebensweise und christliche Gesittung verbanden sich in ihm mit Humor und Wortgewalt. Seine frei gehaltenen, in tiefem Dialekt vorgetragenen Predigten waren alsbald in der ganzen Provinz Nord-Savo berühmt. Von biblischer Geschichte pflegte er in einer Weise zu erzählen, dass die Gemeinde annehmen mochte, sie habe sich in ihrer Nachbarschaft zugetragen. Wie außerordentlich sein Ansehen war, zeigte sich, als er 1881 mit überwältigender Mehrheit zum Propst gewählt wurde: selbst die Pferde hätten, so hieß es, »für Brofeldt gewiehert«.[67]

Tatsächlich vereinte der neue Propst in sich eine Reihe nicht alltäglicher Eigenschaften, die den halbwüchsigen Otto Häggblom tief beeindruckt haben dürften. Zum Einen galt er als »ein unabhängiger, scharfer Denker, das radikale Gegenteil einer Massenseele«[68]:

> *Schon sein Aussehen und Auftreten taten ihre Wirkung. Die stillen, stets beherrschten Bewegungen; seine tiefe, gleichsam bedeckte Stimme; die dünnen, etwas zusammengepressten Lippen und das zwischen den Mundwinkeln kaum erkennbare, nach innen gewandte vergnügte Lächeln; ein fester Blick; der deutliche Abdruck harter Arbeit in den hageren, furchigen Gesichtszügen; die Genauigkeit, mit der er langsam, um jedes Wort bedacht, wie unter einer Last sprach; all dies gab zu erkennen, dass dieser Mann nicht anders konnte, als seine Gedanken und Erfahrungen von einem eigenen Standpunkt herzuleiten und die alten Werte von neuem schätzen zu lernen.*

Brofeldts intellektuelle Redlichkeit und moralische Authentizität verbanden sich mit einem ausgeprägten Sinn fürs Praktische. Es habe, so erinnerte sich einer seiner Söhne, kein noch so sonderbares Ding gegeben, das der Vater nicht zu reparieren gewusst hätte: »Er ist ein Tischler, Klempner, Gießer, Schuster und Drechsler; er malt, poliert, klebt, tränkt, und er flickt die Spinnräder der Frauen im Dorf ebenso wie die Uhren der Männer. Es ist ihm eine Freude, alles zu tun, worum er gebeten wird; noch mehr freut es ihn, jemanden zu überraschen. Vater hat uns allen geschnitzt, was uns das Wunderbarste war: unsere Holzpferde, unsere Schlitten, Windräder und Wassermühlen, Holzmännchen, Kreisel, Skier, Rodelschlitten und was man sich sonst wünschte, erhoffte oder gar nicht zu erträumen wagte.«[69]

Die hier erkennbare Menschenfreundlichkeit beschränkte sich nicht auf Haus und Hof. ›Wer bittet, dem wird gegeben, und wer klopfet, dem wird aufgetan‹ – das waren für Brofeldt keine leeren biblischen Floskeln, sondern Maximen seines Alltagslebens. Im Ertragen eigener Schicksalsschläge von stoischer Ruhe[70], war er nach vielfältigem Zeugnis zugleich von zupackender Anteilnahme, wo immer es darum ging, fremde Not zu lindern. Legendär war das Engagement des jungen Pastors während der Hungerkatastrophe von 1868, als, wie erwähnt, das Pfarrhaus für so manchen zur letzten Zuflucht wurde. Aber auch in späteren Jahren fand, wer immer bedürftig war, dort Aufnahme. Nicht selten bürgte er für Menschen, die selber mittellos waren, und verzichtete auf die Rückzahlung ihrer Schulden. Dass er auch Säufer und andere selbstverschuldet in Not Geratene bedachte, blieb nicht ohne Kritik und trug ihm bisweilen den Vorwurf ein, ein reiner »Brotgeistlicher« zu sein.[71] Dabei war Brofeldt selbst keineswegs begütert. Mit dem denkbar bescheidenen Gehalt eines Landpfarrers eine vielköpfige Familie zu ernähren, war an sich schon ein Kunststück, – einigen seiner zehn Kinder überdies eine gründliche Bildung zukommen zu lassen, ein entsprechend größeres, vor allem solange es noch keine Schule in Iisalmi gab. Ein Brief Brofeldts von 1869 an seine Schwester gibt einen Eindruck von den häuslichen Lebensverhältnissen und davon, wie der aufrechte Pfarrer seine Kinder erzogen sehen wollte:

> *Denke Dir nicht Wunder was von ihnen, denn sie sind eher alltägliche und hinterwäldlerische Kinder verglichen zu denen, die Du in Deiner großen Welt zu sehen gewohnt bist; sie sind an Höflichkeit nicht gewöhnt und auch nicht auf die moderne Art herausgeputzt, sondern in hausbackene Wolle gekleidet, ungefähr so wie wir zu Hause unter dem ernsten Blick unserer vernünftigen Mutter. Wenn man einen Knecht und drei Mägde dazutut, außerdem ein Pferd und zwei Kühe, zwei Schweine und eine Katze sowie einen Hammel, so hast Du ein Bild von unserem lebendigen Haushalt.*[72]

Im selben Brief beschrieb der Vater auch seinen ältesten Sohn Johannes als »großes, kümmerliches und dünnes achtjähriges Geschöpf«, das freilich schon lese und schreibe, »denn wir haben als Hauslehrerin für sie [=die Kinder, B.W.] die Tochter meines ehemaligen Vorgesetzten aus Lapinlahti, das zwanzigjährige Fräulein Hanna Weisell«, verpflichtet. Nur drei Jahre später sollte der Pfarrer Johannes mit dem Pferdewagen eigenhändig zum Lyzeum ins gut achtzig Kilometer entfernten Kuopio kutschieren. Schließlich konnte der Junge sogar die Universität im fernen Helsinki besuchen. Ein seltenes Privileg, wenn man bedenkt, dass ein Universitätsstudium während der zweiten Hälfte des 19. Jahrhunderts im Jahresdurchschnitt kaum einem einzigen jungen Mann aus dem ganzen Kreis Iisalmi vergönnt war. Auch in diesem Fall konnte dies nur gelingen, weil dem Vater die hierzu fehlenden fünfhundert Mark von seinem vorgesetzten Propst ungefragt zur Verfügung gestellt wurden.[73] Auf diese Weise profitierte H. G. Th. Brofeldt wenigstens in einem Fall von der Großherzigkeit auch eines anderen.
Die Investition sollte sich lohnen, wurde doch Johannes, den die Eltern eigentlich zum Pfarrer bestimmt hatten, unter dem Namen Juhani Aho zu einem der bis heute berühmtesten Schriftsteller des Landes. Tatsächlich wurde er dermaßen populär, dass er als erster finnischsprachiger Autor allein vom Ertrag seiner Bücher leben konnte. Dank zahlreicher Übersetzungen war er zeitweise auch in Deutschland der meistgelesene finnische Autor. Aber auch Juhanis jüngere Brüder Pekka und Kalle brachten es, wie wir noch sehen werden, zu erheblichem Ansehen. Sie alle – Juhani, Pekka und Kalle Brofeldt – sollten schon bald für Otto Häggbloms Leben auf jeweils eigene Weise Bedeutung erlangen.

Und nicht nur sie. Noch mindestens zwei weitere Burschen, die im Brofeldt'schen Pfarrhaus anzutreffen waren, würden den Lebensweg unseres Protagonisten immer wieder kreuzen. Der eine hieß Heikki Kauppinen und war der uneheliche Sohn einer verwitweten Dienstmagd. Ihr Fehltritt mit einem ›torppari‹ kam die Mutter teuer zu stehen, hatte ihr verstorbener Mann ihr sein Haus doch nur hinterlassen, solange sie »der Unzucht widerstehe«. Noch lange sollte Heikki sich des Makels seiner Herkunft schämen. Sieben Jahre älter als Otto, musste er als Kind zudem die Schrecken der Hungerjahre am eigenen Leibe erfahren. Doch er überlebte. Als seine

Mutter später erneut heiratete, schuftete der Elfjährige im Hause seines Stiefvaters. Er entkam dem häuslichen Elend, als vier Jahre später, im Jahre 1877, Pfarrer Brofeldt den Jungen als Hausknecht bei sich aufnahm.[74] Angeregt vom Geist seiner neuen Umgebung, begann der Halbwüchsige schon bald, Gedichte und Erzählungen zu verfassen. Das Schreiben hatten ihm die Pfarrerssöhne Pekka und Kalle beigebracht, die auch seine frühen Manuskripte lasen und korrigierten. 1884 erschien seine erste Erzählung (›Äidin kuoltua‹)[75]. Zehn Jahre nach seinem Eintritt ins Pfarrhaus hatte er einen ersten Band humoristischer Kurzgeschichten[76] sowie seinen ersten Roman[77] veröffentlicht. Unter dem Namen Kauppis-Heikki wurde er, der nichts als eine Sonntags- und Wanderschule besucht hatte, zu einer der großen literarischen Hoffnungen seines Landes.[78]

Eine große literarische Hoffnung war auch der andere junge Mann, dem Otto im Brofeldtschen Pfarrhause anlässlich eines Besuchs begegnet sein mochte: Arvid Järnefelt. Fast altersgleich mit Kauppis-Heikki war Arvid, von dem an späterer Stelle noch die Rede sein wird, in mancherlei Hinsicht doch geradewegs dessen Gegenbild. Sein Vater war der spätere Provinzgouverneur in Kuopio, General Alexander Järnefelt, seine Mutter Elisabeth, aus baltischem Adel stammend, literarisch und künstlerisch hoch interessiert. Großes in diesem oder jenem Sinne anzustreben war Arvid mithin in die Wiege gelegt. Tatsächlich sollten es etliche der insgesamt neun Järnefelt-Kinder später als Literaten, Maler, Wissenschaftler zu großem Ansehen bringen.

Bezeichnend für den Ruf, in dem das einsame Pfarrhaus von Iisalmi und sein Hausherr Theodor Brofeldt standen, ist, was Elisabeth Järnefelt im November 1883 schrieb: Sie habe das Pfarrhaus schon liebgewonnen, bevor sie selbst dort gewesen sei und brenne darauf, den Pastor selbst kennenzulernen. »Auch für Dich ist es gut, bei ihm zu sein«, beschied die weltläufige Frau ihren immerhin schon erwachsenen Sohn Arvid: »Lerne von ihm, hör ihm zu und schreib dir alles auf!«[79]

8. Abschied von Iisalmi

Wir wissen nicht, wer den Vorschlag machte, den kaum vierzehnjährigen Otto Häggblom nach Abschluss seiner Schulzeit zur weiteren Ausbildung in die Stadt zu schicken. Pfarrer Brofeldt? Lehrer Braxén? Ein Verwandter vielleicht? Otto selbst scheint späteren Andeutungen zufolge der Gedanke jedenfalls behagt zu haben. Den Eltern hingegen dürfte die Zustimmung nicht leicht gefallen sein. Zwei ihrer Kinder hatten sie bereits durch den Tod verloren. Nun standen sie vor der Entscheidung, ihre beiden verbliebenen Söhne in die Fremde zu geben. Sie taten es offenbar in der Hoffnung, den Kindern auf diese Weise jene gesicherte berufliche Zukunft zu geben, die sie selbst nie gehabt hatten. So wurde denn Juhani (»Janne«), Ottos zwei Jahre älterer Bruder, wie erinnerlich, für vier Jahre auf das Lehrerseminar ins über zweihundert Kilometer entfernte Jyväskylä geschickt, dorthin also, wo zuvor bereits Oskar Braxén seine Ausbildung genossen hatte. Während er dort sein Lehramtsstudium erfolgreich absolvierte, um dann, nach einer Probezeit von zwei Jahren, auf Dauer in den Staatsdienst eingestellt zu werden, kam sein jüngerer Bruder Otto nach Kuopio, in die Provinzhauptstadt, um eine Ausbildung als Schreibgehilfe zu absolvieren. Ob bereits an den späteren Besuch einer weiterführenden Schule gedacht war, ist unklar. Auch wann genau Otto sich auf die Reise nach Kuopio machte, ist nicht bekannt; es muss im Laufe des Jahres 1883 gewesen sein.

Die Stadt, die für die nächsten Jahrzehnte Ottos Heimat werden sollte, lag nur gut achtzig Kilometer in südlicher Richtung von Iisalmi entfernt. Gleichwohl war die Reise, die heute kaum eine Stunde in Anspruch nimmt, lang und mühselig. Ein halbes Jahrhundert vor Ottos Geburt hatte sie nichtsdestotrotz – in umgekehrter Richtung – kein geringerer als Zar Alexander I. unternommen, als er im August 1819 auf seiner Rundfahrt durch Finnland zunächst Kuopio, dann auch Iisalmi passierte.[80] Allein die Tatsache, dass der Kaiser gerade einmal zehn Jahre nach Ende des Krieges in und um Finnland ohne militärischen Schutz mit nur kleinem Gefolge durchs Land reisen konnte, zeigt, wie leicht sich die finnische Bevölkerung mit der neuen Herrschaft versöhnt hatte. Als hätte es dafür noch eines weiteren Beweises bedurft, hatte der russische Zar und Großfürst von Finnland seinerzeit in Kuopio Quartier im Hause des örtlichen Gouverneurs Gustaf Aminoff bezogen, mithin im Hause jenes Mannes, der in etlichen Gefechten besagten Krieges die karelischen Jäger gegen die russischen Angreifer befehligt hatte. Auch Alexanders Quartier in Iisalmi war nicht ohne symbolische Bedeutung, wohnte der Schirmherr der russischen Orthodoxie doch im Pfarrhaus des örtlichen lutherischen Propstes (eines Vorgängers des uns schon bekannten Theodor Brofeldt) und seiner hochschwangeren Frau, deren wenig später geborener Sohn denn auch den Namen des hohen Gastes erhielt.

Wer nicht Kaiser war und sich keine der vergleichsweise bequemen, weil gefederten Privatkutschen leisten konnte, hatte zwischen Iisalmi und Kuopio auch zwei Generationen nach Alexanders Reise noch immer eine recht beschwerliche Strecke vor sich. Da eine Eisenbahnverbindung zwischen beiden Orten erst um die Jahrhundertwende eingerichtet wurde,[81] blieb, so man sich für den Landweg entschied, nur die Fahrt mit dem Postkarren. Wie anderswo auch, war in Finnland die Post eines der ältesten Verkehrsmittel und meist das einzige dort, wo Schiffsverbindungen nicht existierten. Von seinen Anfängen in den 1630er Jahren, während der Regierungszeit des legendären Generalgouverneurs Per Brahe, bis zur zweiten Hälfte des 19. Jahrhunderts hatte es sich wenig verändert. Ein zeitgenössischer deutscher Reisebericht[82] gibt einen anschaulichen Eindruck davon, was es hieß, sich im Finnland der 1880er Jahre der Post anzuvertrauen:

> *Man denke aber dabei nicht an einen jener schwerfälligen und friedlichen Kasten, die bei uns noch hier und da in der Provinz die Landstraße daherschwanken, noch weniger an eine elegante Equipage, von deren Vorderseite der »Schwager« seine lustigen Reime ertönen lässt. Die Post in Finnland ist noch heutzutage nichts als ein zweirädriger Bauernwagen, über dessen Achse sich gewöhnlich unmittelbar, ohne irgendwelche Federn, ein von Flechtwerk oder niedrigen Brettern eingefasster Boden mit einem Sitze (für 2 Personen) erhebt. Das Gefährt ist nur für 2 Personen berechnet; der Kutscher setzt sich stets an die rechte Seite des Reisenden. Im Notfall muss jeder sonst irgendwo unterzukommen suchen und begnügt sich meist mit der harten Wagenkante vor dem Sitze. Die Bauern unter sich benutzen den letzteren freilich auch zu Dreien, und einen spaßhaften Anblick gewährt es, wenn sie in langer Reihe von der Kirche gefahren kommen, Wagen für Wagen besetzt mit 2 Männern und – in ihrer Mitte – eine sehr ausstaffierte und daher recht umfangreiche Weibsperson; natürlich müssen sich beide in die süße Last teilen. […] In Finnland, wo Vergnügungsreisen nicht an der Tagesordnung sind, und die Armut oft eine große ist, muss man sich mit jener noch aus früheren Jahrhunderten stammenden Art*

der Beförderung begnügen, wenn man nicht eine eigene Chaise benutzt und nur die Pferde auf den Stationen wechselt. Immerhin wird man dem Staate für diese Regelung des Postwesens Dank wissen. Die Verpflichtung, Pferde und Wagen zu stellen, ist freilich für die Bauern oft eine sehr drückende und selten mit besonderen Vorteilen verbunden. Die Fahrstraßen werden, in kleine Strecken eingeteilt, von den Bauern in leidlichem, manchmal sogar in recht gutem Stande erhalten. Die kleinen, aber kräftigen finnischen Pferde bringen den Reisenden schnell weiter, im Durchschnitt eine nordische Meile[83]*, oft noch mehr in der Stunde. Der Fahrpreis beträgt pro Pferd nur eine finnische Mark [...] für die Meile, wozu noch einige Pfennige für den Wagen kommen. Einfach wie das Fuhrwerk sind auch die in einer Entfernung von 10 bis 20 Werst*[84]* voneinander errichteten Stationshäuser, meist ärmliche Baracken aus verwittertem Holz. In einer Art von Vorzimmer liegt das Tagebuch aus, in das man seinen Namen und Stand, die Richtung der Reise, sowie die Anzahl der Pferde, die man nimmt, einzeichnet. Auch fehlt es nicht an einem vom Gouverneur der Provinz ausgefertigten Preiskourant für eine ganz stattliche Anzahl von Speisen und Getränken; doch wird der Reisende sich meist mit Brot und Salzfisch, mit guter Milch und frischer Butter und ein wenig Tee begnügen müssen. Selten ist ein ordentlicher Raum zum Übernachten vorhanden. [...]*

Mehr als die Gegend nahmen unsere Rosselenker mein Interesse in Anspruch, alles echte Typen des finnischen Volkes. Kräftig gebaut, von starken eckigen Zügen und gelblicher Gesichtsfarbe, tragen die Bauern meist einen groben selbst gefertigten Rock aus Schafswolle. Die Hosen stecken in langen Stiefeln, die eine Glanzperiode nie gehabt haben. Das blonde Haar, das in der Jugend fast schneeweiß gewesen, mit den Jahren aber immer dunkler geworden ist, ist hinten ganz gleichmäßig verschnitten – mit Hilfe eines über den Kopf gestülpten Topfes, wie mein Begleiter mir versicherte. Denkt man sich in der Hand dazu eine Peitsche mit kurzem, aber gedrungenem Stil, die den Gaul oft zu rasender Eile antreibt, und im Munde eine kleine Tonpfeife, so ist das Bild eines finnischen Kutschers fertig. Den Tabak kann der Bauer so wenig entbehren wie das liebe Brot. Wie er in schlimmen Zeiten Baumrinde unter den Teig mischte, so greift er zur Befriedigung seines Rauchbedürfnisses oft zu den schrecklichsten Surrogaten des schon an sich schrecklichen Krautes. Mit der Cigarre, die in Finnland überhaupt sehr teuer ist, weiß er selten umzugehen; ohne Bedenken stopft er die Hälfte in seine Pfeife. Der Branntwein soll unter dem Volke eine sehr große Rolle spielen. Für Trinkgelder ist natürlich auch der finnische Postkutscher sehr empfänglich; doch genügen 10 bis 20 Penniä von einer Sta-

tion bis zur anderen. Zum Dank empfiehlt er den Reisenden dann gewiss seinen Nachfolger, was einen nicht geringen Einfluss auf die Schnelligkeit der Beförderung ausübt.

Ottos Eltern entschieden sich gegen den Landweg. Preiswerter und komfortabler nämlich als mit dem Postkarren war die Fahrt mit dem Schiff, die seit einigen Jahren möglich war. Lange Zeit war der Wasserweg von Iisalmi nach Kuopio nur für kleine Boote passierbar gewesen. Erst nachdem man in den 1870er Jahren durch einige Landengen Kanäle gestochen hatte, verkehrten zwischen beiden Städten drei kleine Dampfschiffe[85], für deren acht- bis zehnstündige Passage je nach Klasse vier bis sechs finnische Mark – etwa sechszehn bis vierundzwanzig Euro nach heutigem Kurs – zu entrichten waren. Für Johan und Brita Stina Häggblom war auch das viel Geld, doch hatte der Vater, wie bei anderer Gelegenheit deutlich wurde, für die Ausbildung der Kinder offenbar ein wenig zurückgelegt.

Der Abschied aus Iisalmi war, das wussten alle, ein Abschied auf lange Zeit. Entsprechend schwer fiel die Trennung. Otto vermerkt dazu in seinen Erinnerungen: »Am Abend standen wir um sechs auf. Vater war schon früher wach und hatte heimlich geweint, das merkte ich. Während die Sachen gepackt wurden, wurde nicht viel geredet, am wenigsten von Vater. Mutter gab mir nützliche Ratschläge für den Weg. Und als der Augenblick des Abschieds kam, drängte sich eine Träne sowohl in Vaters als auch Mutters Auge.«[86]

Man hielt sich nicht lange auf mit dem Lebewohl. Während Mutter und Bruder Otto zum Hafen begleiteten, blieb Vater Johan unter dem Vorwand, daheim nach dem Rechten sehen zu müssen, zu Hause. Auf diese Weise blieb ihm erspart, vor den an der Pier versammelten Menschen seine Rührung zu zeigen. Große Worte und Gesten nämlich waren des Vaters Sache nicht: das Gefühl »wohnt im Herzen, von starken Mauern umgeben.« Der väterliche Blick beim Abschied freilich werde, wie Otto noch Jahre später vermerkte, »nie vergessen« sein.[87] Auch im Hafen fasste man sich kurz. Ein Wort, ein Blick, ein Händedruck. Otto ging an Bord und winkte mit dem Hut:

Vom Bug des Schiffes sahen die Menschen und der Steg und die ganze Gemeinde so klein aus! Aber es war ein sehr zu Herzen gehendes Gefühl. Meinen Bruder und meine Mutter erkannte ich selbst von weitem noch auf dem Steg. Auch sie wirkten so klein, als sie mir nachsahen. Ich schaute nach ihnen, bis das Schiff um den Flusslauf bog. Dann trocknete ich meine Augen und fing an, nach vorne zu schauen. Dort malte ich mir vor meinen Augen die Freiheit, die Welt und die Gesellschaft aus, die mich erwarten würden. Ich war kaum 14 Jahre alt.[88]

Zweiter Teil
Kuopio – die Geburt der Nation aus dem Geiste der Provinz

9. Kuopio

Den größten Teil seiner Geschichte hindurch war Finnland menschenleeres Land gewesen. Noch 1815 hatte die Bevölkerungsdichte in seiner gesamten Nordhälfte nirgends bei mehr als zwei Menschen pro Quadratkilometer gelegen. Mehr als sechs waren es nur im Süden und Westen, wo sich entlang der Küste und einiger Binnengewässer Siedlungen und vereinzelt sogar Kleinstädte gebildet hatten.[89] So verwundert denn auch nicht, dass man sich auf dem Kontinent über viele Jahrhunderte hinweg von Finnland kaum ein Bild hatte machen können. Soweit ein solches überhaupt existierte, war es ebenso undeutlich wie abstoßend gewesen, hatte kaum auf Kenntnissen und seltener noch auf eigener Anschauung beruht, sondern meist nur auf jener frühesten und berühmtesten Schilderung, die gegen Ende des ersten nachchristlichen Jahrhunderts der römische Geschichtsschreiber Tacitus vom Leben der ›Fenni‹ gegeben hatte:

> *Die Fennen leben ungemein roh, in abstoßender Dürftigkeit. Sie kennen keine Waffen, keine Pferde, kein Heim; Kräuter dienen zur Nahrung, Felle zur Kleidung und der Erdboden als Lagerstätte. Ihre einzige Hoffnung sind Pfeile, die sie aus Mangel an Eisen mit Knochenspitzen versehen. Und von derselben Jagd nähren sich die Frauen ebenso wie die Männer; denn überall sind sie dabei und fordern ihren Anteil an der Beute. Auch gibt es für die Kinder keinen anderen Schutz vor wilden Tieren und Regengüssen, als dass man sie in einem Geflecht von Zweigen birgt; dort suchen auch die Männer ihr Heim, dort haben die Greise ein Obdach. Sie halten jedoch dieses Leben für glücklicher, als ächzend das Feld zu bestellen, sich mit Häuserbau zu plagen, in Furcht oder Hoffnung über eigenen und fremden Wohlstand nachzudenken. Sorglos vor den Menschen, sorglos vor den Göttern, haben sie das Schwerste erreicht: nicht einmal einen Wunsch zu kennen.*[90]

Auch wenn Tacitus' ›Fennen‹ gar keine Finnen gewesen waren, sondern ihre wohl samischen Vorläufer:[91] Wer immer in der frühen Neuzeit aus den deutschsprachigen Ländern, aus Frankreich oder von den britischen Inseln kommend, Finnland bereiste, fühlte sich irgendwie an die Schilderung des römischen Historikers erinnert. Das Reisen wurde winters wegen der ungewohnten Kälte, sommers wegen der Belästigung durch Mücken und Ungeziefer als extrem beschwerlich empfunden. Die Häuser erschienen wenig einladend, und noch weniger einladend ihre Bewohner. Die Manieren der Leute, schrieb ein britischer Finnlandreisender des frühen 19. Jahrhunderts, seien dermaßen empörend, dass man zögere, derart Ekelhaftes überhaupt zu beschreiben.[92] Einem Anderen kamen die Finnen zehnmal wilder vor als selbst die grimmigsten Russen, denen er begegnet sei. Verstärkt wurde dieser Eindruck ganz offenbar durch die Fremdartigkeit der Sprache. Die finnischen Bauern sprächen, so urteilte ein Dritter, einen so barbarischen Jargon, dass er den Schweden wie den Russen gleichermaßen unbegreiflich sei.[93] Als »der Welt trauriges Stiefkind« tritt uns der Finne denn auch im Werk des russischen Nationaldichters Alexander Puschkin entgegen.[94]

Selbst jene europäischen Reisenden, welche die wenigen kulturellen Zentren Finnlands besuchten, zeigten sich nicht notwendigerweise beeindruckt. Turku, so etwa schrieb vor zwei Jahrhunderten Madame de Staël über die damalige Hauptstadt Finnlands, besitze zwar eine Universität und »man versucht sich dort ein wenig in der Bildung, aber Bären und Wölfe sind im Winter so nahe, dass die Notwendigkeit, sich ein erträgliches physisches Leben zu sichern, das Denken ganz in Anspruch nimmt.«[95] Das war natürlich maßlos übertrieben, und die berühmte Pariser Salonnière, die 1812, gegen Ende ihres mehr als elfjährigen antinapoleonischen Exils (1802-1814), Schweden und Finnland persönlich bereist hatte, hätte es besser wissen können. Und doch ist das Urteil der vielgelesenen Reisenden höchst aufschlussreich, zeigt es doch, welche Vorstellung sich das gebildete europäische Publikum – von wenigen Ausnahmen abgesehen[96] – immer noch von den Verhältnissen an der nordöstlichen Peripherie seines Kontinents zu machen gewillt war. »Für die meisten ist Finnland wohl ein reines Märchenland, von Zauberei, Kälte und Dunkelheit geprägt«, hieß es denn auch im 1847 erschienenen ersten Reiseführer über Helsinki.[97]

Aus Sicht der fernen Millionenmetropole Paris, die zu Beginn des 19. Jahrhunderts im Begriff stand, sich zur Hauptstadt Europas aufzuschwingen, musste in der Tat als armselig erscheinen, was immer Finnlands Städte zu bieten hatten. Dabei war Turku, das schwedische Åbo, mit seinen rund fünfzehntausend Einwohnern (1815) noch immer das mit Abstand bedeutendste Zentrum des Landes, bevor es 1827 in einem der größten Stadtbrände der nordeuropäischen Geschichte zu drei Vierteln zerstört wurde. Obwohl sich in den folgenden Jahrzehnten das offiziell schon 1812 zur neuen finnischen Hauptstadt erhobene Helsinki (Helsingfors) zur Metropole des Landes mauserte, blieb die Urbanisierung in Finnland doch noch lange ein denkbar bescheidener Prozess, vergleicht man ihn mit der stürmischen Entwicklung in anderen Teilen Europas. Hatte 1830 nur jeder Siebzehnte der insgesamt knapp 1,4 Millionen Einwohner des Landes in einem irgendwie ›städtischen‹ Umfeld, das heißt in durchweg kleinen und kleinsten Landstädtchen gelebt, so war es auch zu Ende des Jahrhunderts noch nicht mehr als jeder Achte. Damit lag Finnland weit hinter dem europäischen Durchschnitt.

Und doch ist dies nur die eine Seite der Medaille. Deren andere zeigt eine in absoluten Zahlen durchaus beträchtliche Zunahme von Städtern auch in Finnland. Dank der allgemeinen Bevölkerungszunahme wuchs deren Zahl im genannten Zeitraum von 1830 bis 1900 von landesweit gut 80.000 auf etwa 340.000. Damit vervierfachte sich die Zahl jener, welche die Chance hatten, an den zunächst kaum zweifelhaften Segnungen der Moderne – von der Bildung und Gesundheitsfürsorge bis hin zu bescheidenen Konsum- und Freizeitangeboten – teilzuhaben, wie sie allein Städte boten. Zugleich verbreiterte sich die soziale Trägerschicht des anstehenden Modernisierungsprozesses. Ein öffentlicher Raum entstand, in dem produziert und konsumiert, kommuniziert und politisiert wurde. Fürs erste freilich beschränkte sich diese Entwicklung auf nur wenige urbane Zentren. Selbst am Vorabend der finnischen Unabhängigkeit noch, einhundert Jahre nach Madame de Staëls denkwürdigem Besuch, gab es in ganz Finnland mit Helsinki nur eine einzige Stadt von mehr als einhunderttausend Einwohnern und nicht mehr als acht weitere von mehr als je zehntausend.[98]

Eine von ihnen war das mittelfinnische Kuopio. Seine Geschichte hatte sich über lange Zeit wechselhaft gestaltet: 1653 durch Finnlands legendären schwedischen Statthalter Per Brahe gegründet, hatte Kuopio noch im siebzehnten Jahrhundert seine Stadtrechte wieder verloren, um dann knapp

hundert Jahre später, 1775, auf Weisung König Gustavs III. wiedergegründet zu werden. Um die Mitte des 19. Jahrhunderts dann hatte das in schachbrettartigem Grundriss auf einer Halbinsel inmitten des Kallavesi malerisch gelegene Städtchen schließlich Stapelrechte erhalten und sich seitdem rasch zum regionalen Zentrum von ganz Nord-Savo entwickelt. Dabei profitierte Kuopio erheblich von der Fertigstellung des Saimaa-Kanals, der bis heute das ostfinnische Seengebiet an die Ostsee anschließt. Nach elfjähriger Bauzeit am Krönungstag des neuen Zaren Alexander II. 1856 eröffnet, war der Kanal, der über (damals) achtundfünfzig Kilometer Länge[99] und sechsundsiebzig Meter Höhendifferenz Lapeenranta mit Wyborg verband, ein technisches Meisterwerk. In fast poetischen Worten beschreibt ein zeitgenössischer Reiseführer seine insgesamt achtundzwanzig, je vierzig Meter langen Schleusen »als eine Art langsamen Katarakts [...]. An jeder Stufe desselben hält ein doppelflügeliges Thor das Wasser solange auf, bis die tiefer liegende Schleuse gefüllt ist, worauf das zugleich mit dem Wasser sinkende Schiff durch das geöffnete Thor in diese tiefere Schleuse fährt.«[100]
Der Kanal sollte die wirtschaftliche Lage ganz Ost- und Mittelfinnlands nachhaltig beeinflussen. Nun konnten Schiffe von Kuopio direkt nach St. Petersburg fahren und belieferten die Metropole mit Teer und Erzen, Holz und Getreide. Der Butterhandel florierte, und Kuopio wurde zum wichtigen Umschlaghafen für Lebensmittel. Seit den 1880er Jahren gab es während der Sommermonate Direktverbindungen bis Stettin und Lübeck, später gar bis Frankreich und Spanien. Gegen Ende des Jahrhunderts passierten jährlich bereits an die dreizehntausend Schiffe den Kanal und transportierten weit mehr als eine halbe Million Tonnen Güter.[101] Es gab reichlich Arbeit; Geld kam in die Stadt, und es kamen Menschen. Hatte Kuopio 1872 nicht einmal sechstausend Einwohner, so wurde noch vor der Jahrhundertwende die Grenze von zehntausend überschritten. Handwerk, Kleinindustrie und Handel, Beamte und Freiberufler prägten das Bild der Stadt.[102]

Dass uns dieses Bild des alten Kuopio heute anschaulicher, lebhafter und eindringlicher vor Augen steht als das fast jeder anderen finnischen Gemeinde, hat mit einem von jenen zu tun, die damals in die Stadt kamen,

Blick vom Rathausturm über Kuopio, um 1890
(Kulutrhistorisches Museum Kuopio / Foto: Karl Granit)

um hier ihr Glück zu machen. Victor Barsokevitsch war der Sohn eines polnischen Musikers, den es um die Jahrhundertmitte aus dem weißrussischen Witebsk nach Finnland verschlagen hatte, wo er sich zunächst als Bataillonsmusiker in Turku verdingte. Als Vierundzwanzigjähriger kam Victor 1887, wohl den Spuren der Liebe folgend, nach Kuopio und fand in einem Fotoatelier Anstellung. Heute gilt er zusammen mit dem Landschaftsfotografen I. K. Inha und dem vor allem als Porträtist berühmt gewordenen Daniel Nyblin aus Helsinki als einer der wichtigsten Begründer der Fotokunst in Finnland.

In den fünfundvierzig Jahren, die Barsokevitsch in Kuopio wirken sollte, wurde er zu einem einzigartigen visuellen Chronisten der Stadtgeschichte.[103] Er dokumentierte lokalgeschichtliche Begebenheiten und den Wandel des Stadtbildes, arbeitete für Zeitungen und Zeitschriften und porträtierte vieltausendfach mehr oder weniger prominente Mitbürger (darunter wiederholt auch Otto Häggblom), wobei der Stil und Witz seiner Atelierarrangements Maßstäbe setzten. Ungewöhnlicher noch war, dass er von sich aus Orte aufsuchte, die zu fotografieren als nicht lohnenswert, wenn nicht gar als unschicklich galt. Dank solcher Neugier wissen wir heute zum Beispiel, wie es in den Tischlerwerkstätten und Wäschereien, den Maschinenfabriken und auf den Werften Kuopios aussah, und wie die Gefängnisinsassen der Stadt ihr Leben fristeten.

10. Lehrjahre

Vier Jahre vor Barsokevitsch war 1883 auch Otto Häggblom nach Kuopio gekommen. Die Reise von Iisalmi mit dem täglich verkehrenden kleinen Dampfer dauerte damals einen knappen Tag und führte durch eine abwechslungsreiche, von Kanälen unterbrochene Seenlandschaft: vom Porovesi über den Nerkkojärvi und Onkivesi, weiter dann durch den Ahkionlaks-Kanal zum Maaninkavesi, von dort zum Ruokovirta mit seinen Kanalanlagen, vorbei am Kirchspiel Maaninka, bis schließlich der Turm der steinernen Kathedrale in den Blick kam, die sich seit 1815 auf einer Anhöhe im Zentrum Kuopios, unweit des Hafens erhebt.[104] Dass der dreizehnjährige Häggblom die Schönheiten der gemächlich vorbeiziehenden Landschaft ähnlich entspannt genossen hätte wie der Tourist unserer Tage, darf freilich, auch wenn wir über die Umstände seiner Überfahrt nichts Näheres wissen, bezweifelt werden. Zu ungewiss, vielversprechend und beängstigend zugleich war, was die neue Umgebung für ihn bereithielt.

Seine ersten Jahre in Kuopio verbrachte der Junge im Hause des Stadtkämmerers Herckman, der ihn für ein schmales Entgelt als Schreibgehilfen beschäftigte. Es sollten wichtige Jahre für Otto werden, obwohl, ja vielleicht gerade weil er sich im Hause des Kämmerers nicht wohl fühlte. Bald schon spürte er, dass die Bearbeitung und Niederschrift von Verwaltungsvorgängen nicht sein Beruf sei. »Es sollte eine Maschine geben, die die Arbeit erledigte, solange sie nur zu essen bekäme. Des öfteren werden Beamte zu Arbeitsmaschinen. Ich muss lachen, wenn ich mir vorstelle, so zu werden.«[105] Herckman, so glaubte Otto festzustellen, sei bereits zu einer solchen »Dienstmaschine« geworden: »Er ist jetzt ganz weiß und dünn und, obwohl erst neunundvierzigjährig, ein durch und durch unansehnlicher Mann. Räuspert sich und rülpst immerzu. Richtig schauderts mich davor, auch solch eine Maschine werden zu müssen. Ich habe auch schon Rotz in der

Brust und es tut weh.«[106] Was Otto an seinem Chef abstieß, waren vor allem dessen grenzenlose Sachlichkeit und sein Mangel an Empathie. Im Gegensatz dazu achtete er die Frau des Kämmerers durchaus ob ihrer Gutherzigkeit, hielt sie jedoch für schwach und bar eigenen Charakters.[107] Nicht weniger als sein Tagebuch verraten einige seiner Gedichte, wie sehr Otto in Ermangelung jeglicher emotionaler Zuwendung sich nach den nun glücklich erscheinenden Zeiten in Iisalmi zurücksehnte. »Bei Herckmans« ist eines von ihnen überschrieben, das der Vierzehnjährige im Jahr nach seiner Ankunft in Kuopio verfasste:

Mä olen poika köyhä	*Ich bin ein Junge, arm*
Ja yksin jätetty	*Und allein gelassen,*
Mutt‹ käsi vahva pitää	*Doch hält eine starke Hand*
Minua hylättyy.	*Mich Verstoßenen.*
Se käsi onpi Luojan,	*Es ist die Hand des Schöpfers,*
Jok mua pitelee,	*Die mich hält,*
Se myöski onpi Luojan,	*Es ist der Schöpfer auch,*
Johon mä pakenen.	*Zu dem ich mich flüchte.*[108]

Tatsächlich flüchtete sich Otto Häggblom in jenen Jahren weniger zu Gott als vielmehr in die Welt der Bücher. Schon daheim hatte er sich das Lesen angewöhnt und sich als Zwölf-, Dreizehn-, Vierzehnjähriger vor allem über die finnischen Klassiker hergemacht. Die großen Volksdichtungen des ›Kalevala‹ und des ›Kanteletar‹[109] waren seine Lektüre gewesen, der schon erwähnte Runeberg und der volkstümliche Topelius, aber auch zum Beispiel M. A. Castréns aufsehenerregende Reiseberichte von den finnisch-ugrischen Völkern Westsibieriens sowie populäre Überblickswerke zur Geschichte der Menschheit.

Schon bald nach seiner Ankunft in Kuopio verschärfte Otto sein Lesetempo. Da er sich tagsüber pflichtgemäß an Meldelisten, Abrechnungen und Protokollen abarbeitete, blieben ihm nur die Abende und die Sonntage zur Lektüre. Also schlug er sich halbe Nächte um die Ohren, bis ihm, wie er nicht ohne Selbstgefallen registrierte, die Augen rot wurden. An die einhundertfünfzig Werke dürfte er auf diese Weise verschlungen haben; neunzig Titel sind allein für die Jahre von 1885 bis 1887 belegt.[110]

Otto Häggblom nach seiner Ankunft in Kuopio (Privatbesitz)

Kaum eines der Bücher freilich konnte der junge Schreibgehilfe sich zu kaufen leisten. Dass er überhaupt die Möglichkeit hatte, sie zu lesen, war allein der Tatsache zuzuschreiben, dass seit den 1850er Jahren die finnische Provinz von einer zivilisatorischen Errungenschaft zu profitieren begonnen hatte, für die Finnland bis heute weltberühmt ist: das öffentliche Bibliothekswesen. Parallel zur Ausbreitung einer geregelten Schulbildung schossen allerorten kleine Volksbibliotheken aus dem Boden; waren es 1849 nicht einmal zwanzig, so sollten es bis zur Jahrhundertwende rund zweitausend werden.[111] Was Kuopio angeht, so hatten die Geldspende eines ortsansässigen Apothekers in Höhe von vierhundert Mark und das Engagement des Stadtkaplans es möglich gemacht, dass 1872 auch hier eine Volksbücherei ihre Pforten öffnete. Ihr zunächst bescheidener Bestand von wenig mehr als zweihundert Bänden wuchs in den ersten zehn Jahren auf achthundert, bis 1914 dann auf über siebentausend Werke an.[112] Heute verfügt die Stadtbibliothek Kuopio über ein Hundertfaches an Bänden und die jährliche Ausleihe liegt bei weit über zwei Millionen Vorgängen.[113]

Im Jahre 1887 wurden insgesamt 3.316 Ausleihen registriert, und wir dürfen mit gutem Grund davon ausgehen, dass ein erklecklicher Anteil hiervon auf den Namen Otto Häggblom erfolgte. Was in den Regalen der Volksbücherei nicht zu finden war, mochte der junge Mann privat oder auch, wie seinerzeit üblich, in einer der beiden Buchhandlungen der Stadt entliehen haben, in denen er zweifellos ein regelmäßiger Gast, wenngleich mangels Geld zunächst noch kein eifriger Käufer war.

Vor dem Hintergrund eines sich gerade erst entfaltenden Buchmarktes und eines noch ganz in den Anfängen steckenden Bibliothekswesens war das Leseverhalten Häggbloms zweifellos von mancherlei Zufällen geprägt. Er verschlang an Literatur, was gerade modern oder in finnischer Übersetzung verfügbar war. Gleichwohl las er nicht planlos, war doch sein unbändiger Lesehunger vor allem ein unbändiger Bildungshunger. Überzeugt, dass die Welt, in Sonderheit die Welt der Literatur, ihm mehr zu bieten habe als sein vierjähriger Volksschulunterricht ihm hatte vermitteln können, ging er systematisch daran, sich im Rahmen seiner Möglichkeiten die Grundlagen der Weltliteratur zu erarbeiten. Wir finden Goethe und Schiller auf Häggbloms Leseliste, Shakespeare gleich mit einem halben Dutzend seiner Dramen, dazu die großen Russen des Jahrhunderts (Gogol, Puschkin, Turgenew), aber auch z.B. Walter Scott, Alfred de Vigny sowie – besonders bewundert – Émile Zola.[114] Parallel dazu verfolgte er aufmerksam die literarische Szene im eigenen Land und las die aktuellen finnischen Autoren, angefangen vom erst unlängst verstorbenen Aleksis Kivi über die im Zenith ihres Ruhmes stehende Minna Canth bis hin zu Juhani Aho, Teuvo Pakkala und den anderen ›jungen Wilden‹.
Otto Häggblom war entschlossen, baldmöglichst zu ihnen zu gehören.

»Ach, könnte ich doch so einer sein!« Ottos Ausruf im Gedanken an Goethe, Schiller und Shakespeare, dessen ›Macbeth‹ er gerade gelesen hat, ist die eitle Pose eines Siebzehnjährigen und doch absolut aufrichtig gemeint.[115] Denn Otto will unter allen Umständen Schriftsteller werden! Warum auch nicht? Hatten nicht unlängst erst zwei Bekannte aus Iisalmi, beide nur wenig älter als er, als Schriftsteller auf sich aufmerksam machen können? Warum sollte ihm nicht gelingen, was Kauppis-Heikki mit seinem Erzählband ›Tarinoita‹ (1886), Pfarrer Brofeldts Sohn Juhani Aho mit seiner Eisenbahn-Novelle (›Rautatie‹, 1885) gerade geglückt war? Man musste es nur planmäßig anstellen. Obgleich Otto davon träumt, von der Schriftstellerei eines Tages leben zu können, ist er Realist genug, an einen soliden Brotberuf zu denken. Er will noch einmal die Schule besuchen und dann, wie sein Bruder Janne, das Lehrerseminar. »Mein Gedanke über meine literarische Zukunft ist folgender: Zuerst verfasse ich kleinere Darstellungen über das Leben und die Natur, dann, wenn ich im Seminar war, größere

Schriften und Romane. Wie Shakespeares Dramen, das wäre wunderbar!«[116]

Bleiben noch die Eltern. Sie, so fürchtet Otto, würden für seine schriftstellerischen Pläne kaum zu haben sein, und noch hat er sich nicht getraut, sie ihnen zu beichten. Noch scheint ihm nicht bedeutend genug, was er selbst zu Papier brachte: »Wenn ich zwei Manuskripte fertigstellen könnte und sie an einen Verlag schickte, so wüsste ich, ob sie gefallen, und könnte den Eltern den wahren Grund meines Weggehens gestehen.«[117]

Aber war es nicht auch hier wie bei Juhani Aho? Hatte nicht auch der so weitherzige Pfarrer Brofeldt die literarischen Ambitionen seines Ältesten solange als Flausen abgetan, bis dessen Erfolg ihn eines Besseren belehrte?

Mit dem Schreiben hatte Otto schon früh begonnen. Zunächst, seit er zehn, elf Jahre alt war, waren es Gedichte zuhauf gewesen. Allein aus dem Jahr 1882, als er noch in Iisalmi die Schulbank drückte, sind neunzehn Titel nachweisbar; drei Jahre später waren es schon fünf Dutzend.[118] Auch während seiner ersten Jahre in Kuopio nämlich schrieb er sich noch, wie schon angedeutet, so manchen Frust, so manches Heimweh und Liebesleid vom Leibe. Nachträgliche Datierungen, Verbesserungen und Streichungen[119] legen die Vermutung nahe, dass zeitweise an eine Veröffentlichung gedacht war, zu der es freilich nie kam. Bei aller sprachlichen Unvollkommenheit gestatten uns die Texte dieser frühen Versuche doch einen unverhofften Blick in das Seelenleben des Heranwachsenden. Wir sehen einen frühreifen, schwärmerischen Knaben, der die Schönheiten der Natur ebenso besingt wie zum Beispiel den Mut der Flößer, die mit größter Geschicklichkeit die Baumstämme über die Seen zu triften wissen. Der Huldigungsgedichte für Runeberg und Lönnrot, seine frühesten literarischen Idole, verfasst und sich bemüht, in seinen Zeilen Versmaß und Stabreimtechnik des Kalevala nachzuahmen. Der als Elf-, Zwölfjähriger bereits nach den Wangen der ›Fräuleins‹ sich sehnt und nach ihren Küssen, wobei freilich offen bleiben muss, ob wir es hier wirklich mit frühpubertären Phantasien zu tun haben oder doch eher mit einer bloßen Nachahmung anderweitig beobachteter Sehnsüchte. Gern auch stellt Otto, dem Vorbild bekannter Lyriker folgend, Analogien zwischen Abläufen in der Natur und im menschlichen Leben her und verarbeitet hübsche Alltagsbeobachtungen über Menschen

Der Schriftsteller Juhani Aho in den 1880er Jahren (Kulturhistorisches Museum Kuopio Foto: Fritz A. Hjertzell)

und Tiere, über die Liebe und den Schnaps zu altklugen Belehrungen und Lebensweisheiten. Dass Otto sich wenig später auch der Lektüre altgriechischer Verse widmet, mag auf ein zumindest zeitweise tiefergehendes Interesse an der Lyrik hindeuten. Immerhin erwirbt er 1887 eine Sammlung anakreontischer und sapphischer Lieder, die der Arzt, Dichter und frühe Fennomane Erik Alexander Ingman 1834 in finnischer Übersetzung veröffentlicht hatte.[120] Ob den Siebzehnzehnjährigen dabei die Ausführungen des Übersetzers zum anakreontischen Versmaß und dessen Übertragungsmöglichkeiten ins Finnische gefesselt haben oder doch mehr der erotisierende Inhalt der Gedichte, muss Spekulation bleiben.

Seit seiner Ankunft in Kuopio wendet Otto sich zunehmend aber auch der Kurzgeschichte zu. Sein erklärtes Vorbild ist Juhani Aho, dessen scharfen Verstand er ebenso bewundert wie seine Beobachtungsgabe.[121] Systematisch beginnt er nun, seine eigene Beobachtungsfähigkeit zu trainieren. Otto ist kein Einzelgänger, er ist gesellig. Und muss nicht, wer das Leben beschreiben will, es auch kennen? (Schon bald wird er einigen der berühmtesten Schriftsteller seiner Zeit vorwerfen, dass sie das Leben, das sie darstellen, nie wirklich kennengelernt haben). So geht er denn nach Peräniemi, wenn dort die Bataillonsmusik aufspielt, und verfolgt in den Mittsommernächten die Balzrituale beim Tanz und das Treiben der Huren: »... setzte mich an den Fluss, um das Leben zu betrachten.«[122] Während Maifeiern und Feuerwehrfesten studiert er die Massenbesäufnisse und kommt zu dem

Schluss, dass bei diesen und ähnlichen Anlässen nicht einmal Bier ausgeschenkt werden sollte.[123] Gern auch sitzt er des Abends (»wenn die Herrschaften sich schlafen gelegt haben«) mit der Magd Hilma und der alten Haushälterin aus dem benachbarten Richterhause draußen auf den Treppenstufen plaudernd beisammen.[124] Was er sieht oder hört, wird ihm zum Stoff seiner Erzählungen. Beobachtung und Erzählung sind dermaßen eng verwoben, dass in seinen Aufzeichnungen das eine vom anderen oft nicht zu unterscheiden ist.

Seine Neigung zum exzessiven Lesen steht zu alledem nicht im Widerspruch. Es ist für Otto nur eine andere Form, am Leben teilzuhaben, sich für dessen Erfahrungen zu sensibilisieren und so die eigenen Texte zu veredeln.[125] Spätestens 1887 findet der mittlerweile Siebzehnjährige seine Texte edel genug, um sie Zeitungen zum Druck anzubieten. Er beginnt, sich als Künstler zu fühlen – und als solcher zu posieren. Er kauft sich einen Hut, trinkt Roggenkaffee und beginnt zu rauchen, was er sich freilich, da es ihm nicht bekommt, schon bald wieder abzugewöhnen versucht. Auch trainiert er seine Künstlerhandschrift. Unzählige Male übt er in den Kladden seinen Namenszug: ›Otto Häggblom‹ in hundert Varianten mit immer pompöseren Auf- und Abstrichen. Als im Sommer 1887 die Konfirmation des jungen Mannes ansteht, gibt er als seinen Beruf an: ›Schriftsteller‹.[126]

11. Eine Konfirmation

Der Snellman-Park und die Anhöhe vor der Domkirche sind voller Menschen. Man wartet auf Einlass, aber der schwedischsprachige Gottesdienst ist noch nicht beendet. Als die ›Schweden‹ – mit rund siebenhundert machten sie damals noch gut acht Prozent der Bevölkerung von Kuopio aus[127] – schließlich das Gotteshaus verlassen, kommt Bewegung in die Menge:

> *Es ist ein Drücken, Schieben, Rempeln. Kinder beginnen zu weinen. Alte beschweren sich. Die Kirchendiener haben Mühe, gegen die andrängenden Massen die zweite, sich nach außen öffnende Pforte aufzubekommen; nach vielen guten und bösen Worten und einigen Faustschlägen gelingt es ihnen schließlich. Der Andrang an den Türen wächst; herein kommt nur, wer sich in den*

Menschenstrom wirft. Drinnen geht das Gerenne und Gebalge weiter. Jeder will einen Platz ergattern, um während des Gottesdienstes nicht stehen zu müssen. Erst als der Stadtkaplan auftaucht, sich mit harschen Worten über den Krawall beschwert und die Menge mahnt, die Stube des Herrn in Stille zu betreten, wird es etwas ruhiger. Die Kirchendiener seufzen und wischen sich die schweißbeperlten Gesichter ab.[128]

Der Gottesdienst am ersten Konfirmationssonntag im Juli 1887 konnte beginnen.
Einer der insgesamt siebzig Konfirmandinnen und Konfirmanden war Otto Häggblom. Nur zu gern hätte er sich dem Konfirmandenunterricht, der üblicherweise im Herbst und im Frühjahr für je etwa drei Wochen stattfand, entzogen. »Wie kann ich dahingehen, wenn ich sowieso nicht an den Herrn glaube? [...] Ist es richtig, dass das Gesetz den Menschen zu etwas zwingt, woran dieser nicht glaubt? Welchen Zweck erfüllt es für mich mehr als für andere, wo ich es doch nicht anerkenne. Ist das Freiheit? Keinesfalls, es ist Sklaverei.«[129] Aller jugendlichen Empörung zum Trotz war es indes kaum möglich, solcher »Sklaverei« zu entgehen. Mochte der Konfirmandenunterricht seine überragende Bedeutung, die er aus früher schon angedeuteten Gründen in der ländlichen Gesellschaft gehabt hatte, im städtischen Milieu Kuopios, in dem Bildung mittlerweile vorwiegend über staatliche Schulen vermittelt wurde, auch zunehmend einbüßen, – noch war er Pflicht, und die Leistungen der Konfirmanden im Lesen, Schreiben und Auswendiglernen wurden benotet und in den Kirchenbüchern verewigt.[130] Überdies wären ein Verzicht auf die Konfirmation oder deren Nichtbestehen der Familie gar nicht zuzumuten gewesen. In ernsten Worten hatte darum Bruder Janne – möglicherweise auf Bitten der Mutter – den Jüngeren frühzeitig gemahnt, unbedingt die Konfirmandenprüfung zu bestehen: »Lies den kleinen Katechismus gut durch, sodass Du jede Stelle kannst und kennst, und lies auch die Bibel, das Alte Testament […] und auch das Neue!«[131]

Ottos innere Distanz zum Konfirmationsgeschehen prädestinierte ihn für die Rolle des Beobachters. In der vollen Kirche wählte er gern den Platz neben dem Altar als bevorzugte Beobachtungsposition. Was er sah, gab ihm zu denken. »Ich fand diese Kirchenregeln sehr komisch und tragisch«, notierte er in sein Tagebuch.[132] Der gnadenlose Ernst, mit dem der Stadtkaplan den Konfirmanden das Bewusstsein ihrer Erbsünde und den Weg zum Herrn als einzige Rettung einzubläuen suchte, stieß ihn ab: »Bei der Beschreibung von Himmel und Hölle haben die Mädchen viel geweint. Nach ein wenig Weinen entließ der Pastor die Kinder zu den Eltern.«

Die Strenge des Pastors und die Disziplinlosigkeit des Kirchenvolks waren, so scheint es, zwei Seiten derselben Medaille. Wenn uns zeitgenössische Stiche geistlichen Unterrichts gern das Bild eines sanftmütigen Pfarrers und einer ihm andächtig lauschenden Kinderschar vermitteln, so erinnern die Aufzeichnungen des Konfirmanden Otto Häggblom eher an das wilde Treiben der sieben Brüder aus Aleksis Kivis gleichnamigen Roman. Da wurde vor der Stunde gebrüllt und geschrien, verdroschen und an den Haaren gerissen, um sich dann während des Unterrichtes zu langweilen, zu gähnen oder zu dösen. Erst als die Pause anstand, »waren alle wach, rannten um die Wette hinaus, so dass es an der Tür wegen der Enge Geraufe gab, rauchten und urinierten an die Kirche.«[133]

Allen kritischen Beobachtungen zum Trotz beschäftigten unseren Konfirmanden zu jener Zeit Glaubensfragen durchaus ernsthaft. Schon in seinen frühen Kurzgeschichten spielen der Tod und die Vergebung der Sünden eine Rolle. Unübersehbar ist dabei das Unbehagen des Heranwachsenden daran, wie vermeintliche Christen bisweilen mit der Angst der Sterbenden spielen, ohne sich der eigenen Bigotterie bewusst zu sein.[134] Nicht zuletzt die Lektüre von Goethes ›Faust‹, von der Otto in seinem Tagebuch berichtet, dürfte sein Nachdenken darüber, was ›die Welt in ihrem Innersten zusammenhält‹, auf eigene Weise befördert haben. Das naive Gottvertrauen, das ihm noch wenige Jahre zuvor im Hause Herckman Halt gegeben hatte, war darüber freilich verloren gegangen. Dennoch teilte er nach wie vor den Glauben an den einen Gott, der die Welt lenkt und regiert, war im Gegensatz zur Kirche jedoch mittlerweile davon überzeugt, dass der Mensch keinen Draht zu ihm habe. In seinem Verhalten folge der Mensch seiner Natur, nicht einem göttlichen Gebot. Wer seinem Nächsten hilft, tue dies aus Liebe, das heißt »weil es natürlich ist, nicht wegen Christus: Und wenn er es nicht um seiner selbst willen tut, so bedeutet auch dessen Liebe nichts.«[135]

Ottos Überzeugung, dass der Mensch im Grunde nur »ein vollkommenes Tier« sei[136], entspringt, auch dies lassen seine Aufzeichnungen erkennen, keineswegs einer Geringschätzung des Menschen, sondern vielmehr einer für seine Zeit und seine Umgebung keineswegs selbstverständlichen Wertschätzung des Tieres. In seinen späteren Erzählungen spielt dieses Motiv wiederholt eine Rolle, – so etwa, wenn er einen Lokführer porträtiert, der auf den Gleisen befindliche Pferde und Kühe gedankenlos überrollt, ja sich an der Angst der vermeintlich dummen Tiere sogar weidet. Zur Einsicht bringt ihn erst die Begegnung mit einem Kollegen, der selber mit Pferd und Wagen von ihm überfahren worden ist und, dem Tode knapp entronnen, vom Leiden seines verwundeten Pferdes berichtet. Erst jetzt begreift der Protagonist der Geschichte, dass auch Tiere, wenngleich sie nicht sprechen können, leidensfähige Geschöpfe sind.[137] Nicht zufällig sollten gerade Ottos Tierschilderungen von späteren Kritikern als besonders einfühlsam und gelungen gerühmt werden.[138]
Schon für den jugendlichen Otto Häggblom besaßen, wie sein Tagebuch ausweist, Tiere wie Menschen eine Seele und selbst eine Art Verstand. Ihre Verhaltensweisen, Reaktionen und Empfindungen seien den menschlichen durchaus ähnlich. Während Menschen »auf den unteren Stufen« sich von Affen nicht allzu sehr unterschieden, gebärdeten sich Tiere, vom Menschen liebevoll in Obhut genommen, bisweilen annähernd menschenähnlich. Otto selbst hatte es erfahren dürfen, seit er als Kind einem Hausschwein mittels täglicher Waschung Reinlichkeit beibrachte, bis es verliebt hinter ihm herlief und seine Notdurft nur noch an einer vorgeschriebenen Stelle verrichtete. Auch wusste Otto von jenem schüchternen Lamm zu berichten, dass sich ihm anfreundete und schließlich bis in die Wohnstube folgte, um vom Tischrand aus seiner Hand zu fressen: »Im Geiste steht mir noch der Blick, den es mir bei der Schlachtung zuwarf.«[139]

12. Snellmans Erbe

Im Jahre 1888 sehen wir Otto Häggblom erneut die Schulbank drücken. Kuopio war dafür kein schlechter Ort, denn er besaß ein für eine finnische Provinzstadt der Zeit außergewöhnlich entwickeltes Schulsystem. Das

Lyzeum, einst von Zar Alexander I. in Erinnerung an seinen Besuch der Stadt 1819 gegründet und nach Plänen eben jenes Architekten Carl Ludwig Engel erbaut, der auch Finnlands neue Hauptstadt entworfen hatte, gehörte zu den ältesten Schulgebäuden des Landes.

In späteren Jahren verdankte die Stadt die Entwicklung ihres Schulwesens freilich nicht mehr der Großherzigkeit als vielmehr der Engherzigkeit des Kaisers. In den Jahren von 1843 bis 1849 hatte nämlich Johan Vilhelm Snellman, Finnlands bedeutendster Staatsmann und Philosoph, als Schulrektor in Kuopio gewirkt, nachdem er als Dozent an der Universität in Helsinki aufgrund seines Eintretens für die akademischen Freiheiten untragbar geworden war. Den Behörden galt er als Volksaufwiegler, als Jakobiner und Kommunist.[140] In die Jahre seines Aufenthalts in Kuopio fällt die Gründung nicht allein eines Gymnasiums (1844), sondern auch einer ›Mädchenschule der Arbeiterklasse‹ (1846). Letztere, gemeinhin als ›Arme Mädchen‹-Schule bezeichnet, wurde zur Vorläuferin der späteren staatlichen Volksschule, war aber ein noch ganz dem vormodernen Denken verpflichtetes Projekt, das seine Existenz der Initiative eines privaten Frauenkreises verdankte. Dieser wollte eine Spende von 177 Silberrubeln sinnvoll anlegen und hatte Snellman um Rat gebeten, der hier eine Gelegenheit erkannte, seine Idee von Volksbildung in die Tat umzusetzen. So erhielten denn an der Mädchenschule einige Dutzend Schülerinnen im Alter von 7 bis 15 Jahren kostenlosen Unterricht, vormittags im Lesen, in Schönschrift und Bibelkunde, nach-

Der finnische Philosoph und Staatsmann Johan Vilhelm Snellman

mittags in Handarbeiten, und zwar vorzugsweise solchen, die ohne größeren Kostenaufwand erledigt werden konnten.[141]
Snellmans eigene Wirkungsstätte war eine andere. Eine Ahnung von seinen Empfindungen in der abgeschiedenen Provinz gibt ein vorweihnachtlicher Brief von 1843, den er an einen deutschen Freund, den Philosophen Jakob Friedrich Reiff, gerichtet und mit der bezeichnenden Absenderangabe versehen hatte: »Kuopio in Finland [...] bey 63° nördlicher Breite, 47 östlicher Länge von Ferro«. Darin heißt es:

> *... sitze nun hier als Schulmeister, d.h. als Director einer höheren Elementar-Schule von vier Klassen mit sechs Lehrern außer dem Musicus und Gymnasticus. Es giebt nämlich bey uns auch Niedere E[lementar]-Schulen von 1 bis 3 Klassen. Von der höheren Schule aus gehen die Schüler auf die Gymnasien (von 2 Klassen) und von dort auf die Universität. Während meinem 8monatlichen Aufenthalte in Helsingfors las ich Philosophie des Geistes und Logik, erstere vor 100 Zuhörern. Jetzt bin ich – außer der Direction – 18 Stunden wöchentlich mit Information beschäftigt, habe ohngefähr 1.000 Floriner Gehalt und den Rang eines Hauptmanns (Capitaine's) (!!!).*[142]

Was für Snellman eine Strafversetzung war, sollte sich für Kuopio als Glücksfall erweisen. Unmittelbar vor seinem Eintreffen in Kuopio nämlich war sein 1842 in Stockholm verfasstes Hauptwerk, die Staatslehre, veröffentlicht worden und hatte einiges Aufsehen erregt. Darin entwickelte der Hegelianer Snellman, anknüpfend an eine frühere Schrift über die Idee der Persönlichkeit, die Vorstellung, dass Bildung, verstanden als Erziehung zur Humanität, die Voraussetzung einer eigenständigen Nation sein solle. »Mit Gewalt«, so hatte er seine finnischen Freunde bereits in einem Brief aus Stockholm im Sommer 1840 wissen lassen, »kann Finnland nichts erreichen; die Kraft der Bildung ist seine einzige Rettung.«[143] Die praktische Konsequenz aus dieser Auffassung war der Aufbau jenes umfassenden Volksbildungswesens, wie es zwei Jahrzehnte später Cygnaeus und andere in Angriff nehmen sollten.
Die Frage der Unterrichtssprache, so hatte Snellman in diesem Zusammenhang befunden, sei in erster Linie ein praktisches Problem: »Denn auf die Frage, welche Sprache die Unterrichtssprache eines Volkes sein soll, kann es

keine andere Antwort geben als: die eigene Sprache des Volkes!«[144] Hinter dieser Forderung stand die auf Herders Ideen zurückgehende Überzeugung, dass in der Sprache die Seele eines Volkes zum Ausdruck komme und sie daher die notwendige Grundlage jeglichen nationalen Bewusstseins bilde. Ganz in diesem Sinne hatte um die Jahrhundertmitte Zacharias Topelius, ein junger Historiker (und späterer Rektor der Universität Helsinki), seine Hoffnungen in Verse gebracht:

Ein Volk! Ein Land! Eine Sprache! Ein Lied und eine Weisheit
Von See zu See, von Brust zu Brust zieht weiter dieses Wort.
Aus eignen Quellen steigen Suomis Ströme;
Aus eignen Quellen steige seine Zukunft auch![145]

Erst die gemeinsame Sprache, so die Botschaft, ermögliche nationale Identität und damit ein gemeinsames Vaterland; ohne sie sei ein Volk zur Geschichtslosigkeit verurteilt. Nach Meinung Snellmans und der von seiner Lehre inspirierten sogenannten Fennomanen war es das besondere Problem Finnlands, dass die Sprache der gebildeten Stände, mithin das Schwedische, eben nicht die Sprache des Volkes, sondern nur die seines kleinsten Teils war.[146] Aus dieser Diagnose ergaben sich zwei Forderungen: Zum einen sollten sich die Gebildeten soweit als irgend möglich der Mehrheitssprache bedienen, selbst wenn dies bedeutete, dass sie das Finnische erst mühsam erlernen mussten. Zum andern galt es, das Volk in der ihm eigenen Sprache zu bilden und zu erziehen.

Die Auseinandersetzung zwischen Fennomanen und Svecomanen, den Verteidigern des Schwedischen, führte in der zweiten Hälfte des 19. Jahrhunderts in ganz Finnland zunehmend zu einer Spaltung der Gesellschaft, die zeitweise Züge eines kulturellen Bürgerkrieges annahm. Snellmans Auffassung, wonach ein Volk allein durch seine Sprache geschichtsmächtig werde und erst damit zur Nation, war schon unter seinen Zeitgenossen nicht unwidersprochen geblieben. So etwa hatte Johan Jakob Nervander, ein finnlandschwedischer Dichter und Naturforscher, bereits um die Jahrhundertmitte in einem Brief an Snellman polemisiert, dass die Finnen, auch wenn sie sich dank einer gemeinsamen Sprache als eigenes Volk darstellten, doch keine Nation seien, »denn sie haben keine Geschichte. Auch die Gänse

sprechen ja eine eigene Sprache, bilden aber keine Nation, nicht einmal die Wildgänse, die immerhin unabhängig sind.«[147]
Die Kritik Nervanders und anderer Svecomanen entsprang nicht nur einer verständlichen Sorge um die Vormachtstellung des Schwedischen, sondern auch der Überzeugung, dass es sich beim Finnischen um gar keine kulturfähige Sprache handele. Als Beleg dafür wurde gern darauf verwiesen, dass fast alle finnischen Bezeichnungen für Dinge, Gegebenheiten und Verrichtungen, welche primitivste Lebensäußerungen überschritten, höher entwickelten fremden Sprachen – insbesondere dem Schwedischen – entlehnt seien. Das Finnische habe es lediglich fertiggebracht, Erzeugnisse auf dem Niveau von ABC-Büchern hervorzubringen. Weder Snellman noch die anderen wackeren Vorkämpfer der Fennomanie seien überhaupt in der Lage, ein finnisches Buch ohne Wörterbuch zu lesen, geschweige denn auch nur eine einzige Seite Finnisch fehlerfrei zu schreiben![148]
Richtig daran war, dass das Finnische tatsächlich erst im Laufe des 19. Jahrhunderts überhaupt eine umfassende Schriftkultur entwickelte. Nicht, dass es früher keine finnische Schriftsprache gegeben hätte: Das erste finnischsprachige Buch – eine ABC-Fibel (Abckirja) – war im Gefolge der Reformation in Finnland schon um 1543 gedruckt worden; ein Gebetbuch (rucouskirja) und eine Ausgabe des Neuen Testamentes in der Übersetzung des finnischen Reformators und Spracherneuerers Mikael Agricola folgten wenige Jahre später.[149] Indes können diese Beispiele nicht darüber hinwegtäuschen, dass die Entwicklung des Finnischen als Kultursprache über Jahrhunderte hinweg stagnierte und erst im Gefolge der Ideen Herders neuen Auftrieb erfuhr. Umso größer war die Aufmerksamkeit, die Lönnrots ›Kalevala‹ sowie Kivis erstem finnischsprachigen Roman ›Die sieben Brüder‹ zuteil wurde, schienen doch beide Werke geeignet, die Vorurteile der Svecomanen auf jeweils eigene Weise zu entkräften.
Indes war der Kulturkampf damit keineswegs beigelegt. Während nämlich das Kalevala den einen bewies, dass das Finnische trotz seiner noch wenig entwickelten Schriftlichkeit über ein in mythische Zeiten zurückreichendes poetisches Erbe verfügte, hielten es die anderen für völlig überbewertet. Die finnische Begeisterung für das Werk stelle, befand zum Beispiel August Sohlmann, ein damals namhafter schwedischer Publizist, geradezu eine »poetische Ketzerei« dar, der sich niemand schuldig machen solle, der

irgendetwas von Kulturgeschichte verstehe und in der Lage sei, die Dinge leidenschaftslos zu betrachten.[150]
Auch Kivis heute legendärer Roman blieb nicht unumstritten. Mochte der Autor mit ihm auch die Literaturmächtigkeit der finnischen Sprache unter Beweis gestellt haben, so wurde sein Buch doch darum noch lange nicht von allen Zeitgenossen geschätzt. Konservative Kritiker nahmen Anstoß daran, dass Kivi das ländliche Leben nicht, wie üblich, idyllisierend, sondern in all seiner Härte und Beschwerlichkeit allzu realistisch dargestellt habe. Auch die Derbheit der Sprache, der sich die Protagonisten des Romans befleißigen, stieß sie ab. Für die Volksbildung wurde das Buch daher zunächst als untauglich angesehen, und es dauerte einige Jahrzehnte, bevor es in Schulen und ländliche Bibliotheken Einzug hielt.

Von sprachpolitisch kaum geringerer Bedeutung als die Literatur selbst war, dass 1850 an der Universität Helsinki ein erster Lehrstuhl für finnische Sprache und Literatur eingerichtet, acht Jahre später die erste Doktorarbeit in finnischer Sprache veröffentlicht wurde. Im gleichen Jahr 1858 öffnete auch das erste finnischsprachige Gymnasium in Jyväskylä seine Pforten. Nur fünf Jahre später wurde durch kaiserlichen Erlass die finnische Sprache der schwedischen offiziell gleichgestellt. All dies trug zur Emanzipation der finnischen Sprache, nicht aber zur Beruhigung der Gemüter bei. Radikale Fennomanen wie etwa Yrjö S. Yrjö-Koskinen, ein Führer der sogenannten ›Finnischen Partei‹, plädierten für ein einsprachiges Land und die Verdrängung des Schwedischen als Kultur- und Amtssprache.[151] Schwedisch zu sprechen galt plötzlich vielen fennomanen Nationalisten als eine Art von Verrat. Als Minna Canth, die berühmte Dramatikerin, 1893 ihr sozialkritisches Stück ›Sylvi‹ am Schwedischen statt, wie gewohnt, am Finnischen Theater in Helsinki uraufführen ließ, produzierte allein diese Tatsache einen Skandal. Unter Bezugnahme auf den seinerzeit wohl namhaftesten finnlandschwedischen Dichter, Karl August Tavaststjerna, stellte Juhani Aho damals öffentlich die Frage: »Warum schreibt Frau Canth Schwedisch und Herr Tavaststjerna nicht Finnisch?«[152] Tatsächlich ließen Zehntausende Finnen in den Jahren um 1900 sogar ihren schwedischen Familiennamen fennisieren; auch Otto legte damals seinen Familiennamen Häggblom endgültig ab und nahm stattdessen seinen bisherigen Künstlernamen an: Otto

Tuomi. Der neue Familienname bedeutete »Traubenkirsche« und war nichts anderes als eine Übersetzung des bisherigen schwedischen Namens.
Radikalisierung gab es auch auf Seiten der Svecomanen. Sie diskreditierten finnische Muttersprachler mitunter pauschal als Angehörige einer minderwertigen, den ›Mongolen‹ näher als den ›Germanen‹ stehenden Rasse. Ohne das Wirken einer finnlandschwedischen Leitkultur würde das finnische Volk eben jener Bedeutungslosigkeit anheimfallen, zu der verwandte fenno-ugrische Völker wie Syrjänen und Ostjaken, Mordwinen und Tscheremissen seit jeher verurteilt seien.[153] Das Schwedische repräsentierte demnach nicht nur eine andere Sprache, sondern zugleich eine überlegene Kultur, die es gegen die Barbarei der Minderwertigen zu verteidigen galt.[154] In einem Land, in welchem nur dreizehn Prozent als Muttersprache Schwedisch, hingegen annähernd siebenundachtzig Prozent von Hause aus Finnisch sprachen, barg eine solch elitäre Haltung nicht zuletzt auch sozialen Sprengstoff. Der Sprachenstreit wurde damit zugleich auch zu einem Konflikt zwischen ›Hochkultur‹ und ›Volkskultur‹. Die finnlandschwedische Oberschicht des Landes, so der Vorwurf Snellmans, kümmere »nicht im Geringsten der geistige und materielle Fortschritt der finnischen Bevölkerung.«[155]
Die Ideologisierung des Sprachenstreits wurde zur Wurzel des sich in den folgenden Jahrzehnten ausbildenden politischen Parteiensystems in Finnland. Über drei Generationen hinweg, bis zum Vorabend des Zweiten Weltkriegs, sollte die Sprachenfrage ein zentrales Problemfeld der finnischen Gesellschaft bleiben, und selbst heute liefert sie hin und wieder noch Konfliktstoff. Nur vorübergehend verlor sie gegen Ende des neunzehnten Jahrhunderts an Brisanz, als nämlich alle Finnen, Fennomanen wie Svecomanen, sich gemeinsam einer übermächtig scheinenden Bedrohung ihrer Autonomie ausgesetzt sahen. Sie sollte, wie noch zu zeigen sein wird, binnen weniger Jahre die politische Kultur des ganzen Landes ebenso wie das Leben Otto Tuomis persönlich grundlegend verändern.

Zurück nach Kuopio: Im Jahr 1884, wenige Monate nachdem es den vierzehnjährigen Otto Häggblom in die Stadt verschlagen hatte, war ein Mann in Kuopio eingetroffen, der mit großen Erwartungen empfangen wurde. General Alexander Järnefelt, der neu ernannte Provinzgouverneur

General Alexander Järnefelt, Gouverneur in Kuopio von 1884 bis 1888

(maaherra), war nicht nur ein fähiger Militäradministrator und namhafter Wissenschaftler auf dem Felde der Topographie. Er sprach sogar Finnisch, war überzeugter Fennomane und galt vielen als politischer Hoffnungsträger und Personifizierung einer neuen Zeit. »Wir sind im siebten Himmel gewesen, dass wir Järnefelt als Gouverneur bekommen haben«, schrieb Minna Canth seinerzeit: »Alle mögen ihn hier, sowohl die Schwedenfreundlichen als auch die Finnenfreundlichen. Und die Bauern auf dem Lande sind natürlich auch begeistert, wenn er mit ihnen spricht wie mit Ebenbürtigen und überhaupt nicht arrogant ist.«[156] Dass der Gouverneur sich mit seinem Volk unterhalten konnte, war keineswegs selbstverständlich. Seit der Zeit, da Finnland eine schwedische Provinz gewesen war, war allein das Schwedische die Amts- und Kultursprache des Landes. Millionen Menschen waren daher gewohnt, sich des Pfarrers oder eines anderen Dolmetschers zu bedienen, um ihre Anliegen an die Obrigkeit herantragen zu können.

Erst im 19. Jahrhundert bildete sich, wie bereits dargelegt, eine eigenständige finnische Literatur heraus, entstanden eine finnischsprachige Presse und, dank des zaristischen Sprachendekrets von 1863, langsam auch eine finnische Amtssprache. So etwa war Kuopio zwar eine weitestgehend finnischsprachige Stadt, doch spielte das Schwedische, obwohl die Muttersprache nicht einmal eines Zehntels der Bevölkerung, in Wirtschaft und Verwaltung eine dominierende Rolle.[157] Drei Jahre nach seiner Ankunft in der Stadt machte Järnefelt das Finnische dann zur einzigen Amtssprache seines Bezirks. Damit stellte Kuopio eine Ausnahme unter den Provinzen des Landes dar, war Järnefelt doch der erste und auf viele Jahre hin einzige

Gouverneur, der die programmatischen Ziele der Fennomanen in dieser Weise umsetzte.[158] Der Anteil der Schwedischsprachigen in Kuopio sank denn auch in den folgenden Jahrzehnten dramatisch; als Finnland nach dem Ersten Weltkrieg seine Unabhängigkeit errang, lag er bei kaum noch zwei Prozent.[159]

13. Noch einmal: Schulbänke

Snellmans Erbe und Järnefelts Wirken zeigten sich auch in der Entwicklung der höheren Schulbildung, die sich freilich, ähnlich wie die Volksschulbildung, in Finnland nur langsam zu verbreiten begann. Benachteiligt waren auch hier vor allem die finnischsprachigen Kinder, für die es noch 1872 landesweit lediglich drei Gymnasien gegeben hatte. Der spätere Schriftsteller Juhani Aho gehörte im Herbst jenes Jahres zu den ersten Kindern in Kuopio, die ihre höhere Schulbildung in der eigenen Muttersprache beginnen durften.[160] Achtzehn Jahre später, im Jahr 1890, gab es in Finnland bereits 39 finnische Gymnasien, doch noch immer überwog die Zahl der schwedischsprachigen Anstalten. Unverkennbar aber wurden nun die Gymnasien zu Vehikeln sozialen Aufstiegs: Kam 1875 fast jeder zweite Gymnasiast aus einem Beamtenhaushalt und nur jeder vierte aus Kreisen des Handwerks oder des sonstigen Kleinbürgertums, so drehte sich das Verhältnis binnen einer Generation zugunsten letzterer um; zugleich stieg auch der Anteil von Schülern aus bäuerlichen Familien.[161] In alledem mag man den Ausgangspunkt für eine Entwicklung sehen, der Finnland bis heute seine im Vergleich zu Mitteleuropa harmonischere soziale Schichtung verdankt.

Kuopio profitierte vom Aufschwung des finnischen Schulwesens in besonderem Maße und wurde zu einer Schulstadt *par excellence.* Neben diversen Volksschulen gab es in der Stadt vor dem Ersten Weltkrieg Oberschulen, Realschulen und Lyzeen für finnisch- wie für schwedischsprachige Kinder, neben gemischten Schulen auch eine Mädchenschule, staatliche und private Schulen (darunter zwei vom Frauenverein initiierte Armenschulen), eine Handels-, Berufs- und Volkshochschule, überdies eine Blinden- und Taubstummenschule.[162] Die Auswirkungen auf den Bildungsstand blieben nicht aus: Binnen einer Generation, zwischen 1880 und 1910, sank in Kuopio der Anteil der Bevölkerung, der zwar lesen, aber nicht schreiben konnte, von 61 auf 22 Prozent, während sich zugleich die Zahl derer, deren Bildungsstand über den Besuch der Volksschule hinausging, annähernd vervierfachte.[163]

Was Otto Häggblom angeht, so wurde für ihn zum zweiten Mal in seinem Leben eine schulische Neugründung zum Glücksfall. War es während seiner Kindheit in Iisalmi die Einrichtung der örtlichen Volksschule gewesen, so war es nunmehr, neun Jahre später, die Gründung der Handelsschule (kauppakoulu) in Kuopio, die Ottos Leben eine neue Richtung wies. Die 1887 gegründete Anstalt, deren Schüler Otto schon ein Jahr später wurde, war die erste finnischsprachige Handelsschule überhaupt. Ihr erster Rektor war niemand anderes als Kaarlo (›Kalle‹) Brofeldt, der jüngere Bruder Juhani Ahos und Pekka Brofeldts, den Otto bereits von Iisalmi her kannte. Zum Vorstand der Schule gehörten keine Geringeren als der neue Gouverneur von Savo, General Alexander Järnefelt, sowie Minna Canth, die mit Abstand berühmteste Schriftstellerin ihrer Zeit. Von beiden wird an späterer Stelle noch zu sprechen sein. Als Feministin, die ihren Lebensunterhalt als Geschäftsfrau verdiente, dürfte vor allem Canth sich dafür eingesetzt haben, dass die Schule von Beginn an Frauen und Männern gleichermaßen offen stand. Der Erfolg war überwältigend. Bereits Ottos Klasse – der zweite Jahrgang der Schule überhaupt – bestand zu zwei Dritteln aus jungen Frauen, die, in lange dunkle Kleider gehüllt, uns auf dem einzig erhaltenen Klassenphoto ernst und würdevoll anblicken. Zu ihnen gehörten auch Minna Canths Tochter Maiju sowie eine gewisse Selma Bergroth, die Otto vierzehn Jahre später heiraten wird. Wie letztere sich später erinnerte, seien insbesondere den weiblichen Schülern Fächer wie Handels- und Warenkunde, Volkswirtschaft und Staatswissenschaft zunächst seltsam vorgekommen. Für den Charakter der Schule bezeichnend war, dass von Anfang an neben Schwedisch als ›zweiter Muttersprache‹ auch andere Fremdsprachen – Russisch, Deutsch und Englisch – zum Lehrangebot gehörten.[164]
Ein Problem der Anfangsjahre war, dass es noch an einschlägig qualifizierten Lehrkräften und geeigneten Lehrbüchern fehlte. Unter solchen Umständen konnte sich leicht entfalten, wer ohnehin schon ein Interesse an

Wirtschaft und Politik mitbrachte und verfolgte, was die Zeitungen berichteten. Für niemanden galt dies mehr als für Otto Häggblom. Er avancierte zum Klassenprimus, saß in der ersten Reihe dem Magister gerade vis à vis und wusste so manche Frage zu beantworten, auf die niemandem sonst eine Antwort einfiel. Seine Zeugnisse weisen fast ausschließlich Bestnoten auf. Gleichwohl war er unter seinen Mitschülern, glaubt man deren Bekundungen, wohl durchaus beliebt, entsprang sein überlegenes Wissen doch keinem Strebertum, sondern beruflicher Erfahrung. Otto Häggblom verdiente seinen Lebensunterhalt mittlerweile selber.[165]

Im selben Jahr nämlich, als Otto seine Fortbildung an der Handelsschule begann, entschied sich auch seine berufliche Zukunft: Der nun Neunzehnjährige wurde Redakteur einer Zeitung. Die seit 1861 in Kuopio erscheinende ›Tapio‹ war ein kleines Blatt. Im Umfang von jeweils vier Seiten erschien es zweimal wöchentlich und konnte für drei Mark im Jahr abonniert werden. Seine Auflage lag unter eintausend, erstreckte sich aber über ein bemerkenswert weites Verbreitungsgebiet, das ganz Mittel- und Südfinnland umfasste.[166] Chefredakteur des Blattes, das in seinem Untertitel »Nachrichten aus Savo und Karelien« versprach, war seit 1886 August Bernhard Mäkelä. Dieser bemerkenswerte Mann, der uns im Folgenden noch des öfteren begegnen wird, sollte in späteren Jahren zu einem publizistischen Wortführer der finnischen Arbeiterbewegung werden, sich darüber hinaus aber auch als Verfasser kurzweiliger Erzählungen, als Dramatiker und Liedtexter einen Namen machen.[167] Nur sechs Jahre älter als Otto Häggblom, hatte der Lehrersohn zunächst in Kuopio das örtliche Lyzeum, dann das Lehrerseminar in Sortavala besucht, bevor er nach Kuopio zurückkehrte, um dort anfangs als Lehrer, bald aber mehr und mehr journalistisch und publizistisch tätig zu werden. Schon kurz nach seiner Rückkehr muss er dem jungen Otto Häggblom begegnet sein, für den er in den folgenden Jahren zu einer Art Mentor wurde. Wie anders soll man erklären, dass Mäkelä Ottos Schulzeugnisse an Vaters statt unterschrieb? Möglicherweise war er es auch, der Otto den Zugang zur Handelsschule vermittelte und ihm überhaupt erst die Augen dafür öffnete, dass eine vierjährige Dorfschulerfahrung keine hinreichende Basis für eine erfolgreiche Karriere als Journalist und Schriftsteller sei.

A. B. Mäkelä, ein Mitbegründer der finnischen Arbeiterbewegung und ›Mentor‹ Otto Tuomis (Sointula Museum, British Columbia/Kanada)

Beides gehörte für Otto untrennbar zusammen. Seine Entscheidung, als Journalist zu arbeiten, verstand er nicht als Alternative zur Schriftstellerei, sondern als deren Voraussetzung. Die Überlegung war naheliegend; tatsächlich nämlich entschieden sich die meisten Schriftsteller der Zeit für das Zeitungsmetier als Quelle zum Broterwerb. Angefangen vom bewunderten Émile Zola über Minna Canth bis hin zu Juhani Aho verdienten sie alle früher oder später als Journalisten oder Redakteure ihren Lebensunterhalt. Umgekehrt boten die Zeitungen in diesem goldenen Zeitalter der finnischen Literatur den Schriftstellern des Landes ungeahnte Publikationsmöglichkeiten. Wie groß in diesem an Büchern noch armen Lande der Hunger nach guter Literatur war, zeigt das Beispiel von ›Päivälehti‹. In dieser größten und bedeutendsten finnischsprachigen Tageszeitung erschienen in den fünfzehn Jahren zwischen 1890 und 1904 nicht weniger als eintausenddreihundertfünfzig belletristische Erzählungen, annähernd die Hälfte von ihnen aus der Feder einheimischer Autoren (darunter auch aus der Otto Tuomis).[168]

›Päivälehti‹ war keine Ausnahme. Finnische Zeitungen jener Jahre stellten durchschnittlich etwa ein Zehntel ihres Umfangs für belletristische Literatur zur Verfügung. Neben dem Unterhaltungsbedürfnis des Lesepublikums gab es dafür auch andere handfeste Gründe. Noch war die Übermittlung von Nachrichten nämlich langsam und ebenso unberechenbar wie die obligatorische Vorzensur, die immer wieder den Abdruck einzelner Artikel verhinderte. Für die Redaktionen war es daher zweckmäßig, über einen

Vorrat an weniger aktualitätsbezogenen Beiträgen zu verfügen, vor allem, wenn es sich dabei um größere Textblöcke handelte, mit denen sich ohne großen Aufwand Seiten füllen ließen. Kurz- und Fortsetzungsgeschichten waren daher stets hochbegehrt.[169]

Ottos Entschluss, das Angebot Mäkeläs anzunehmen und der Redaktion von ›Tapio‹ beizutreten, war also keineswegs unüberlegt. Von einem ›Eintritt in die Redaktion‹ zu reden, führt freilich in die Irre, bildeten doch, wie es scheint, die beiden Männer allein die Redaktion. Gerade dieser Umstand allerdings ermöglichte es Otto, das Zeitungsmachen von den Pieke auf zu lernen – ein Umstand, der sich für ihn schon bald bezahlt machen sollte. Überdies hatte er nun endlich ein Forum gefunden, um seine Kurzgeschichten zu veröffentlichen. Wenigstens ein Dutzend Erzählungen und sonstige Artikel aus seiner Feder, fast alle in ›Tapio‹ veröffentlicht, sind für das Jahr 1888 nachweisbar. Es scheint, als ob der junge Otto Häggblom in dieser Zeit wie ein Besessener gearbeitet hat. Das Redigieren der Zeitung, die journalistische und die schriftstellerische Arbeit, all das wollte neben der Schule getan sein. Zumindest unter seinen Mitschülern erntete er dafür große Bewunderung.

14. Finnlands Presse

Die Geschichte der finnischen Presse reichte bereits zu Ottos Zeiten über gut einhundert Jahre zurück. Nachdem im Jahr 1771 in der Universitätsstadt Åbo (Turku) die erste Zeitung Finnlands gedruckt worden war,[170] hatte sich das Pressewesen des Landes bis in die zweite Hälfte des 19. Jahrhunderts hinein allerdings nur schleppend entwickelt. Zwar hatte es im Laufe der Zeit etwa fünf Dutzend Zeitungsgründungen gegeben, doch war ihnen nur selten ein dauerhafter Erfolg beschieden. Von Problemen der Zensur ganz abgesehen, bestanden vor allem im dünn besiedelten Landesinneren kaum Verbreitungsmöglichkeiten. Das Druckereimonopol hatte lange Zeit bei den Küstenstädten gelegen. Dass um 1840 die erste Druckerei im finnischen Binnenland ausgerechnet in Kuopio gegründet wurde, hatte für den aus Helsinki vertriebenen Snellman den Ausschlag gegeben, sich gerade hierher zu bewerben. Von vornherein nämlich beabsichtigte er, neben seiner Tätigkeit als Lehrer und Rektor auch journalistisch zu wirken. In Kuopio erschien denn auch seit 1844 die von ihm herausgegebene, intellektuell einflussreiche Zeitschrift ›Saima‹. Obgleich in schwedischer Sprache gehalten, wurde in ihr die Erhebung des Finnischen zur nationalen Bildungssprache offen gefordert. Bereits nach drei Jahren musste ›Saima‹ aufgrund des Verdachts revolutionären Gedankenguts aber wieder eingestellt werden.[171]

Alles in allem gab es 1860 landesweit nicht mehr als siebzehn Zeitungen, je etwa zur Hälfte schwedisch- und finnischsprachige, die jedoch zumeist reine Mitteilungsblätter waren, nicht täglich erschienen und kaum je eine Auflage von mehr als wenigen hundert Exemplaren hatten.[172] Bei einer Gesamtauflage aller Zeitungen von zusammen genommen nicht einmal dreizehntausend bedeutete dies, dass sich durchschnittlich zweihundert Einwohner eine Zeitung teilten. Erst im Verlauf der 1870er Jahre begann, parallel zur Entfaltung des staatlichen Schulwesens, der Pressemarkt zu boomen. Bis 1880 hatte sich die Zahl der Zeitungen verdoppelt und ihre Gesamtauflage mehr als vervierfacht.

Auch in den folgenden Jahrzehnten blieb die Dynamik des Pressewesens ungebrochen. Um die Jahrhundertwende existierten im Lande bereits vierundachtzig Zeitungen mit einer Gesamtauflage von einer Viertelmillion. Das war innerhalb von vierzig Jahren eine Steigerung um das Zwanzigfache; nunmehr kam bereits auf jeden zehnten Einwohner eine Zeitung. Ähnlich stürmisch entwickelte sich auch das Zeitschriftenwesen. Dass nunmehr bereits zwei von drei Zeitungen und Zeitschriften finnischsprachig waren, kann kaum überraschen, sondern spiegelt nur den allmählich schwindenden Bildungsvorsprung der schwedischsprachigen Minderheit im Lande.

Kuopio machte keine Ausnahme. Seit 1879 hatte sich hier neben ›Tapio‹ unter dem Namen ›Savo‹ eine zweite finnischsprachige Zeitung etabliert. Mit zunächst achthundert Exemplaren gestartet, konnte das Blatt bis zu seiner von der Zensur erzwungenen Einstellung 1903 seine Auflage verzehnfachen.[173] An diesem Erfolg hatte nicht zuletzt Otto Häggblom erheblichen Anteil. 1890 war er der Redaktion der Zeitung beigetreten, nachdem er dort bereits in den Jahren zuvor eine Reihe seiner Erzählungen hatte veröffentlichen können und sich bei den Herausgebern, den Brüdern Brofeldt,

wohl auch durch diverse Hilfsdienste empfohlen hatte.[174] Pekka und sein Bruder, der Schriftsteller Juhani Aho, hatten schon zuvor in Jyväskylä journalistische Erfahrungen sammeln können, wo sie mit ›Keski-Suomi‹ (›Mittelfinnland‹) eine Zeitung herausgegeben hatten, deren markant jungfinnischer Standpunkt sich unter anderem in mutigen Beiträgen zur Alkohol-, Arbeiter- und Frauenfrage äußerte. Dieser Linie blieben sie auch nach ihrem Wechsel nach Kuopio treu und machten ›Savo‹ so ab 1887zu einem frischen, meinungsfreudigen Blatt, das sich nicht scheute, auch manch heikle Themen wie die Arbeiterfrage oder den Konservatismus der Kirchenleitung kritisch aufzugreifen.
Indes, schon 1889 verließ Aho die Zeitung wieder, um, ausgestattet mit einem Stipendium des finnischen Senats, für ein Jahr nach Paris zu gehen.[175] Dort, in den Cafés unweit Montmartre, entstand sein autobiographisch gefärbter Schlüsselroman ›Yksin‹ (›Einsam‹)[176], eine für Finnland thematisch wie ästhetisch neuartige Großstadtnovelle, die in der Heimat erhebliche Diskussionen auslöste. Besonders verärgert zeigte sich ein junger Komponist. Jean Sibelius nämlich hatte allen Grund zu der Vermutung, dass die weibliche Hauptperson in Ahos – für finnische Verhältnisse schockierend erotisch gehaltener – Novelle niemand anders als seine Verlobte (und spätere Ehefrau) Aino Järnefelt war. Vielleicht abgeschreckt von Puschkins unglücklichem Ende verzichtete der Eifersüchtige am Ende jedoch darauf, Aho, wie zunächst beabsichtigt, zum Duell zu fordern.[177] So gingen denn dem Lande weder ein großer Schriftsteller noch ein bedeutender Komponist verloren.

Ottos Zusammenarbeit mit Pekka Brofeldt war, wie es scheint, eng und vertrauensvoll. Seit 1890 firmierte er neben diesem und A. B. Mäkelä als Herausgeber des Blattes. Tatsächlich nahm er die Funktion eines Redaktionssekretärs (›toimitussihteeri‹) wahr, eine dem ›Chef vom Dienst‹ in einer modernen Zeitungsredaktion vergleichbare Stelle. Gemeinhin benötige man für diese Tätigkeit, so fasste ein Autor die zeitgenössischen Vorstellungen zusammen, »einen körperlich kräftigen Typen von unermesslicher Schaffenskraft, unerschütterlich in seiner Ausdauer und Geduld, – das ganze Gegenteil zur übrigen zwar produktiven, aber ruhelosen und eigenwilligen Redaktion: Jemand, der stets standhaft hinter seinem großen

Schreibtisch sitzt, von wo aus er mit Hilfe einer vielköpfigen Truppe souverän schaltet und waltet, sichtet und erörtert, gutheißt und ablehnt, sortiert und zum Druck freigibt.«[178] Durchaus ähnlich dürfen wir uns wohl auch Ottos Arbeitsalltag vorstellen. Auch wenn er über keine vielköpfige Truppe verfügte, so liefen doch alle Fäden bei ihm zusammen. Da die Redaktion winzig war, verfasste er bisweilen selber redaktionelle Beiträge und unterhielt über Jahre hinweg unter dem Titel ›Brief aus Kuopio‹ (›Kirje Kuopiosta‹) eine eigene Kolumne, in der er vorwiegend lokale oder regionale Vorkommnisse und Erscheinungen kommentierte oder glossierte. In erster Linie aber betrachtete er ›Savo‹ als poetische Bühne seiner Kurzgeschichten, von denen er vor allem während der ersten Jahre seiner journalistischen Karriere Dutzende veröffentlichte.

Natürlich tat er dies auch und vor allem des Geldes wegen, auf das er dringend angewiesen war. Zunehmend beschlich ihn nämlich die Frage, wie es mit ihm weitergehen solle. Der Wunsch eines pubertierenden Jugendlichen, Schriftsteller zu werden, war eine Sache; die Entscheidung eines Zwanzigjährigen über seine berufliche Zukunft eine ganz andere. Natürlich wollte Otto nach wie vor Schriftsteller werden, wusste aber nur allzu gut, dass er davon nicht würde leben können. Im Frühjahr 1891 war er, wie einem Brief an »Bruder Jussi« – sein schriftstellerisches Vorbild Juhani Aho – zu entnehmen ist, entschlossen, das Experiment zu wagen. Dass Hannes Gebhard, der Mitbegründer des Otava-Verlages, seine Erzählung ›Muukalaista verta‹ (›Fremdes Blut‹) erst

Der Journalist Pekka Brofeldt (1901), ein Bruder Juhani Ahos (Kulturhistorisches Museum Kuopio/Foto: Victor Barsokevitsch)

Porträtskizze Otto Tuomis aus der satirischen Zeitschrift ›Velikulta‹ 1905 (Nr. 26)

unlängst gelobt und für die Publikation nur die Glättung einiger »allzu realistischer« Stellen erbeten hatte, mag Ottos Entscheidung erleichtert haben.[179] Jedenfalls entwickelte er sogleich seine Vorstellungen von der näheren Zukunft: Schon zu Weihnachten plane er eine Sammlung der besten seiner Erzählungen zu veröffentlichen (ein Vorhaben, das sich erst zwei Jahre später wird realisieren lassen). Im übrigen habe er, wie er Aho wissen ließ, »einige verdammt gute Ideen«, die er schon im Sommer zu Papier bringen wolle. Zu Weihnachten dann beabsichtige er »etwas Längeres« zu schreiben. Ob sich hier bereits der Gedanke zu jenem Roman andeutete, den Otto erst zehn Jahre später fertigstellen sollte, bleibt unklar. Klar hingegen ist, dass er bei alledem auf die Hilfe des acht Jahre älteren, als Schriftsteller bereits etablierten Adressaten seines Briefes hofft: »Mach nur alles zu meinem Besten!«

Auch über die finanzielle Absicherung seiner Zukunft hat Otto bereits nachgedacht. Trotz der für sein Alter guten Stelle in der Redaktion von ›Uusi Savo‹ werden ihm die Verhältnisse zu eng in Kuopio: Es sei »verdammt langweilig« hier und man trete auf der Stelle, schrieb er an Aho. Es ziehe ihn hinaus in die »größere Welt« und zu neuen Herausforderungen. Er habe bei Werner Söderström – einem der führenden Verlagshäuser damals wie heute – Kontorist und später Geschäftsführer werden können, hätte dafür aber perfekt Schwedisch in Wort und Schrift beherrschen müssen. Nun hoffe er, durch die Vermittlung von Hannes Gebhard als Buchhalter oder Ähnliches beim Otava-Verlag unterzukommen.[180]

Aus Gründen, die wir nicht kennen, wurde aus alledem nichts. Otto blieb bei ›Savo‹ und damit bei einer Zeitung, die nicht zuletzt dank seiner Tätigkeit auch unter der Regie Pekka Brofeldts ein wichtiges Sprachrohr der finnischen (oder genauer: der sogenannten ›jungfinnischen‹) Bewegung bleiben sollte. Lange Zeit war die Frage, ob eine Zeitung auf Schwedisch oder auf Finnisch erschien, eine ausschließlich praktische gewesen. In dem Maße jedoch, da sich eine Presselandschaft herausbildete, in der sich ein neues finnischsprachiges Bildungsbürgertum in der eigenen Muttersprache über das Wesen der finnischen Kultur und die Grundlagen der eigenen Nation verständigen konnte, musste, wie wir sahen, die Frage nach der Rolle beider Sprachen in einer gemeinsamen Nation eine politische werden. Im letzten Drittel des neunzehnten Jahrhunderts sollte sie mehr als jede andere die politische Agenda des Landes bestimmen.

15. Das Postwesen

Die Einführung der staatlichen Schule in ihren verschiedenen Formen und die dadurch bedingte Verbreitung einer über bloße Alphabetisierung hinausgehende Volksbildung hatten für die gesellschaftliche Entwicklung Finnlands ungeahnte Folgen. Die für die Zukunft des Landes vielleicht bedeutsamste war ein rapide wachsendes Bedürfnis nach Information. In der traditionalen Gesellschaft, in die auch Otto Häggblom noch hineingeboren worden war, hatten sich Lebensraum und Interessenhorizont des Einzelnen in aller Regel auf Familie und Dorfgemeinschaft beschränkt. Nachrichten und Gerüchte über Ereignisse in entfernten Landesteilen, in fremden Ländern gar, mochten Monate oder Jahre später ans Ohr dringen, berührten das eigene Leben jedoch nicht. Selbst die Erlasse des Zaren und Großfürsten in Sankt Petersburg, die der Pfarrer von Zeit zu Zeit von der Kanzel verlas, schienen einer fernen Welt zu entstammen. In seltenen Augenblicken nur drang diese ferne Welt in die eigene ein, um ihr freilich schon bald wieder zu entrücken. Dies mochte der Fall sein, wenn der Zar einmal das Land bereiste und dabei auch weniger bedeutsame Orte, als es Turku oder Helsinki waren, passierte.[181] Oder wenn unverhofft der Krieg das Land streifte, wie es zum Beispiel 1854/55 der Fall gewesen war. Damals hatten im Zuge des Krimkrieges einige britische und französische Kriegsschiffe die finnische Südküste beschossen und einige halbherzige Angriffsversuche unternommen.[182]

Von solch seltenen Einbrüchen in den Alltag abgesehen, bewegte sich das Leben, so einen nicht pure Not zu örtlichen, beruflichen oder privaten Veränderungen zwang, in einem überschaubaren Rahmen. Erst mit Ottos Generation begann sich dies grundlegend zu ändern. Allein der Umstand, dass beide Häggblom-Söhne, Otto und Janne, nicht gezwungenermaßen aus schierer Not, sondern einer besseren Ausbildung wegen, also freiwillig in jungem Alter in entfernte Städte gezogen waren, signalisiert eine in früherer Zeit unbekannte Mobilität. Sie war geeignet, den Horizont nicht nur der Kinder, sondern auch der daheimgebliebenen Eltern zu erweitern. Trennungen, selbst solchen über weite Entfernung, haftete, seit die Eisenbahn die wichtigsten Gemeinden des Landes miteinander verband, nichts Unwiderrufliches mehr an. Zugleich wuchsen das Bedürfnis wie auch die Möglichkeiten, über weite Strecken schnell zu korrespondieren. Die zunehmende Alphabetisierung der Bevölkerung und die durch den allmählichen wirtschaftlichen Aufschwung wachsende Bedeutung überregionaler Geschäftsbeziehungen beflügelten, wie das Beispiel Kuopios zeigt, die Entwicklung eines modernen Postwesens.

Noch in den 1870er Jahren, also zu Zeiten der Postkutsche, gingen Briefsendungen nur einmal wöchentlich aus Kuopio ab, – in Richtung Süden montags und dienstags nach Norden. Bald wurde das Postaufkommen so groß, dass es, zumindest zu Stoßzeiten, das System an seine Grenzen führte. Allein die aus dem Süden in Kuopio eintreffende Weihnachtspost habe, so wusste ›Tapio‹ 1886 zu berichten, die Kraft von vier Pferden in Anspruch genommen. Wenige Jahre später war von solchen Problemen keine Rede mehr. Die neue Eisenbahnverbindung nach Kuopio revolutionierte das Postwesen, vermochte doch die Bahn nun ungleich größere Postmengen ungleich schneller zu befördern: Hatten im Jahr 1885 rund 120.000 Sendungen die städtische Poststelle durchlaufen, so waren es zehn Jahre später bereits dreimal mehr und 1915 gar schon über zwei Millionen.[183] Auch die stürmische Entwicklung des Zeitungswesens hin zu einem modernen Massenmedium, die Otto Tuomis Berufsleben so sehr prägen sollte, war nur dank jener größten technologischen Revolution des 19. Jahrhunderts möglich, von der seit 1889 auch Kuopio profitieren sollte: Nicht zuletzt dank stark verkürzter Zustellungszeiten vervierfachte sich die Zahl der auf dem Postwege vertriebenen Zeitungen in der Provinz Savo binnen zwanzig Jahren.

16. Die Eisenbahn

Der 27. September 1889 war für die Stadt Kuopio kein gewöhnlicher Tag. Die Schulen, sonstige öffentliche Gebäude und viele Privathäuser waren geschmückt und beflaggt, – vielleicht prächtiger denn je, wie die örtliche Zeitung befand. Trotz Regens hatten sich im Laufe des Nachmittags zahllose Menschen vor dem neuen Bahnhofsgebäude eingefunden und harrten geduldig des großen Ereignisses: der erstmaligen Ankunft eines Eisenbahnzuges in der Stadt. Als dieser schließlich abends um halb sieben mit pfeifender Lokomotive einlief, wurde er – wie schon an früheren Stationen, in Mäntyharju und Mikkeli – mit lauten Hochrufen begeistert begrüßt. Begleitet von der örtlichen Bataillonsmusik und unterstützt von der Frei-

Der Bahnhof von Kuopio zu Anfang des 20. Jahrhunderts (Kulturhistorisches Museum Kuopio)

willigen Feuerwehr schmetterte die Menge das Savo-Lied und ›Maamme laulu‹, die Nationalhymne Finnlands. Für Auserwählte gab die Stadt später ein Abendessen, bei dem der Provinzgouverneur, der Bürgermeister, der Richter und andere Honoratioren Reden schwangen. Für alle anderen spielte die Militärkapelle abends im Snellman-Park zum Tanz auf, nachdem sogar der Himmel ein Einsehen gezeigt und zur Ehre des Tages einige blitzende Sterne aufgesetzt hatte.[184]

Als die Bahnverbindung nach Kuopio eröffnet wurde, hatte der seit dem zweiten Drittel des 19. Jahrhunderts stürmische Ausbau des Eisenbahnwesens fast überall in Europa die Landkarten gründlich verändert. Vor allem in Großbritannien und Mitteleuropa bestanden längst ausgedehnte Netze. Erstmals in der Geschichte konnten Menschen große Distanzen schneller, zuverlässiger und bequemer zurücklegen als auf dem Rücken von Pferden. »Keine tierische Kraft«, so hatte einer der frühen Propagandisten der neuen Technik schon 1822 festgestellt[185], »vermag unserem geschäftlichen Verkehr eine so gleichmäßige und regelmäßige Beschleunigung zu bieten, wie sie mit der Eisenbahn zu erzielen ist.« Räumliche und zeitliche Entfernungen begannen in einem Maße auseinanderzufallen, was die Vorstellungskraft vieler Zeitgenossen zunächst überforderte, sie erschreckte, aber auch faszinierte.[186] Weit entfernte Ziele mochten auf einmal, nur weil sie unweit einer Bahnlinie lagen, wesentlich schneller erreichbar sein als nahe, aber verkehrsungünstig gelegene. Distanzen, zu deren Bewältigung man bislang Tage benötigt hatte, ließen sich nun in einigen Stunden – ja, dank bald eingeführter Schlafwagen bisweilen buchstäblich ›über Nacht‹ – zurücklegen. Hatte man noch 1860 vor Einführung der Eisenbahn von Helsinki aus binnen eines Tages bestenfalls bis Mikkeli oder Rauma reisen können, so erreichte man 1906 in derselben Zeit Kajaani oder Oulu im Norden des Landes.[187] Für die rund vierhundertvierzig Kilometer von St. Petersburg nach Helsinki brauchte es kaum mehr zwölf Stunden, für die etwas weitere Reise von Kuopio in die finnische Hauptstadt etwa drei Stunden mehr.

Wie die meisten Errungenschaften der technischen Moderne, so war auch die Eisenbahn erst verspätet nach Finnland gekommen. Dabei hatte es an Aufmerksamkeit für das so spektakuläre neue Verkehrsmittel nicht gefehlt.[188] Schon die Eröffnung der englischen Bahnlinie von Manchester nach Liverpool 1830 und die russischen Verkehrsplanungen der folgenden Jahre hatten in der noch in den Kinderschuhen steckenden Presse Finnlands durchaus Resonanz gefunden. Bald schon wurde das Für und Wider von Eisenbahnverbindungen auch im eigenen Lande eifrig diskutiert. Dabei stießen die Pläne der Bahnbefürworter auf schroffe Ablehnung vor allem bei all jenen, die aus unterschiedlichsten Gründen den erst unlängst begonnenen Ausbau der Wasserwege favorisierten. Kanäle seien, so argumentierten letztere, die der finnischen Landschaft angemessene Grundlage des Fernverkehrs; Bahnen könnten allenfalls dazu dienen, verschiedene Wasserstraßen miteinander zu verbinden. Auch bezweifelten sie die von den Eisenbahnenthusiasten ins Feld geführte angebliche Wetterunabhängigkeit des Schienenverkehrs. Demgegenüber erkannte zum Beispiel Johan Vilhelm Snellman sehr klar die Vorteile und Chancen der neuen Technologie. 1856, im Jahr der triumphalen Eröffnung des Saimaa-Kanals, pries er sie mit folgenden Worten: »Die Geschichte der Gegenwart zeigt, dass das Eisenbahnwesen und die Zivilisation voneinander untrennbar sind. Die Eisenbahn ist für jedes Land, das Schritt halten möchte mit der allgemeinen Zivilisation, eine Notwendigkeit, es gibt keine andere Möglichkeit.(...)«[189]

Konkrete Pläne zum Bau von Bahnlinien lagen zu diesem Zeitpunkt längst vor. Was 1849 noch als Vorschlag einer Pferdeeisenbahn von der finnischen Hauptstadt ins siebzig Kilometer nördlich gelegene Turkhauta begonnen hatte, hatte sich schon zwei Jahre später zum Projekt einer dampfgetriebenen Bahnverbindung zwischen Helsinki und Hämeenlinna (Tavastehus) verdichtet. Der Krimkrieg verzögerte zunächst dessen Realisierung, doch kamen die Planungen wieder in Gang, nachdem der neue Zar, Alexander II., dem finnischen Senat 1856 seine Absicht verkündet hatte, »das Verkehrswesen derart zu verbessern, dass Kanäle und Eisenbahnen von dem Binnenland nach den Seehäfen und nach St. Petersburg gebaut werden« sollten.[190] Im Jahre 1862 endlich konnte diese erste Bahnlinie in Betrieb genommen werden. Die Tatsache, dass sie sich von Anfang an als wintertauglich erwies, beendete – ungeachtet mancher Nachhutgefechte – die Diskussion um die Zweckmäßigkeit des neuen Transportmittels.

Die Entwicklung eines finnischen Eisenbahnnetzes sollte sich gleichwohl noch über Jahrzehnte hinziehen. Noch um die Jahrhundertwende bestimmte vor allem die traditionelle Flößerei und nicht etwa die Eisenbahn den größtenteils aus Holztransporten bestehenden Güterfernverkehr des Landes.[191] Die unerwartet hohen Baukosten der ersten Bahnlinie und deren anfängliche Betriebsverluste erwiesen sich nämlich als Bremsklotz für alle weiteren Planungen. So wurde denn 1877 auch ein Antrag auf Bau einer über Kuopio und Iisalmi bis nach Oulu am Bottnischen Meerbusen führenden Bahnlinie abgelehnt. Erst acht Jahre später wurde schließlich die Einrichtung einer verkürzten Strecke von Kouvola über Mikkeli bis nach Kuopio bewilligt (Ottos Geburtsort, das fünfundachtzig Kilometer weiter nördlich gelegene Iisalmi, erhielt erst 1902 einen Bahnanschluss).[192] Der Bau der 273 Kilometer langen Trasse bis Kuopio war für das arme Land ein gewaltiges Unterfangen: Siebzehn Millionen Finnmark sollte er kosten und auf dem Höhepunkt der Arbeiten an die zehntausend Männer beschäftigen.[193] Deren Hungerlöhne von achtzig (finnischen) Pfennigen täglich empörten den Schriftsteller Juhani Aho dermaßen, dass er einen flammenden Protestbrief an die staatlichen Behörden richtete.[194]

Allen Schwierigkeiten und Verzögerungen zum Trotz war die Wirkung, die sich aus dem Zusammenrücken von Peripherie und Zentrum, von vormodern ländlicher und industriell urbaner Lebensform ergab, im wirtschaftlich rückständigen Finnland womöglich noch größer als anderswo. Der 17. März 1862 – der Tag, an dem die erste Eisenbahnlinie Finnlands eröffnet wurde – sei, so jubelte damals Zacharias Topelius, »ein Gedenktag, ein Säkulartag, ein Zeitabschnitt zwischen früher und jetzt, ein Riesensprung, den der finnische Matti vorwärts, in den dämmernden Morgen der neuen Zeit hinein machte.«[195] Kein Wunder also, dass die Eisenbahn als Symbol der Moderne auch in etlichen Kurzgeschichten Otto Tuomis eine prominente Rolle spielt. Dabei mag den Verfasser vielleicht auch der kolossale Erfolg beflügelt haben, den sein literarisches Vorbild Juhani Aho mit seiner frühen Novelle ›Rautatie‹ (›Die Eisenbahn‹) erringen konnte. In dieser erstmals 1884 erschienenen Erzählung[196], die für den jungen Autor den literarischen Durchbruch bedeutete, schildert er in humoristisch realistischer Manier den Zusammenprall von Vergangenheit und Zukunft: Der alte und etwas einfältige, in ländlicher Abgeschiedenheit lebende Pfarrknecht Matti und seine Frau Liisa machen erstmals die Bekanntschaft einer Eisenbahn. Schon der Anblick der Schienenstränge erstaunt die beiden zutiefst:

> *Zwei schmale Eisenstreifen und quergelegte Klötze, einer neben dem anderen, immer geradeaus, so weit das Auge reichte ... Es schwindelte einem fast, wenn man dorthin blickte – und zur anderen Seite dieselbe Lichtung, die nach und nach schmaler wurde.*
> *»Das da? Das ist nun die Eisenbahn?«, fragte Liisa mit leicht bebender Stimme, und Matti stellte mit den Augen dieselbe Frage, und auch über sein Gesicht lief ein Zittern.*
> *»Dies ist sie nun, hierauf läuft der Zug.«*
> *»Ja, die Maschine?«, fragte Matti. »Hierauf? Über die Klötze?«*
> *»Nicht über die Klötze, über diese Eisen.«*
> *»So, über die Eisen..., ich versteh's nicht richtig ... Aber wie denn das? Sie läuft doch auf Rädern?«*
> *»Ja.« [...]*
> *»Aber wie können sie denn hier, auf dem Eisen ..., ich verstehe nicht richtig. Fallen sie nicht runter?« [...]*
> *»Sie fallen nicht herunter«, erklärte Ville wieder. »Sie sind so gemacht, mit Rillen an beiden Rädern, dass sie nicht abrutschen.«*
> *Als dann, angekündigt von einem gellenden Pfiff und begrüßt von den Rufen der versammelten Menge, die Lokomotive in Sicht und schließlich »stöhnend und prustend« vor dem Bahnsteig zum Stehen gekommen war, fühlt Liisa sich der Ohnmacht nahe:*
> *Sie hatte die Häuser mitgebracht, die auf Rädern gingen und Fenster hatten und aneinander fest hingen. Und sie selbst hatte geglänzt wie Gold und geblinkt, dass einem die Augen geblendet wurden. Den ganzen Bahnsteig entlang hatten sich Menschen entlanggewälzt.*

Nur widerwillig lassen sich Matti und Liisa zu einer Probefahrt überreden und besteigen den Zug:

> *Und jetzt setzte es sich in Bewegung, das ganze Haus, Türen und Fenster und Fußboden – Gott im Himmel, wenn es nur nicht auseinander fiel! [...]*
> *Es ging immer schneller, Wald und Land flitzten vor den Augen vorbei, wenn man aus dem Fenster sah. Manchmal pfiff sie grell, dass es einem kalt über den*

Rücken rieselte, und dann und wann wallte weißer Dampf gegen das Fenster. Matti und Liisa saßen einander gegenüber, starrten sich an und hielten sich fest. Beiden war es, als säßen sie in einem Wagen, dessen Pferd scheu geworden war und ohne Zaum im Maul den Hügel hinabsprengte. Liisa war einmal eine Stromschnelle hinuntergefahren, aber das war nicht so grausig gewesen wie das hier. Sie traute sich nicht, aus dem Fenster zu sehen, Matti wagte nur dann und wann, einen Blick ins Freie zu werfen. – Aber beide nahmen sich soweit zusammen, dass keiner sagen konnte, der andere habe Angst.[197]

Nicht nur die Eisenbahn selbst stellte für Matti und Liisa ein schwer fassbares Wunder dar, auch das prächtige Haus des Stationsvorstehers von Lapinlahti löste ungläubiges Staunen aus. Sie ahnten nicht, dass ein ganzes Netz von Bahnstationen schon bald weite Teile Finnlands überziehen würde. Dabei glichen, wie ein weniger naiver deutscher Reisender 1884, im Erscheinungsjahr von Ahos Novelle, feststellte, die Gebäude der kleineren Stationen einander meist »wie ein Ei dem anderen«:

Sie sind alle aus Holz aufgeführt und oft mit einer Rampe verziert; der Anstrich ist hellgelb, während sämtliche Nebengebäude ringsumher in dunkelbrauner Farbe prangen, die der blendend weißen nur in den Einfassungen der Türen und Fenster weicht. Das ganze erscheint etwas monoton, macht aber doch überall durch seine ungemeine Sauberkeit einen recht freundlichen Eindruck. Ebenso sind die Warteräume durchweg sehr sauber. Außer einigen Bänken und Tischen findet man in ihnen regelmäßig ein Neues Testament und einen Psalter in den beiden Landessprachen sowie eine große Menge von Annoncen an den Wänden; ein mächtiges Plakat in nicht weniger als sechs Sprachen – der schwedischen, finnischen, russischen, deutschen, französischen und englischen – sieht man allenthalben: »Tabak rauchen ist verboten!« Restaurationen existieren auf den kleineren Stationen nicht; bisweilen wird nur kurz vor Ankunft oder Abgang eines Zuges ein bescheidenes Buffet aufgeschlagen.[198]

Diese Buffets, deretwegen Züge in Ermangelung von Speisewagen immer wieder ihre Fahrt unterbrachen, waren einer der Gründe, warum Bahnreisen auch in den folgenden Jahrzehnten nicht unbedingt schneller wurden. Ein anderer, noch wichtigerer Grund war, dass unterwegs immer wieder Holz zum Befeuern der Lokomotiven geladen werden musste. Noch

1912 erreichte ein Zug auf der Strecke zwischen den Hauptstädten Helsinki und St. Petersburg, wie ein englischer Tourist erstaunt feststellte, nicht einmal eine Durchschnittsgeschwindigkeit von zwanzig Meilen pro Stunde. Jedoch werde die Gemächlichkeit des Tempos, so meinte er, durch mancherlei Komfort wettgemacht:

> *Die Waggons sind vorzüglich und die Schlafmöglichkeiten so, wie sie in England nur wohlsituierten Passagieren geboten werden [...]. Ein Bediensteter entzündet während der Fahrt in jedem Abteil von innen nacheinander die Lampen. Elektrizität ist noch nicht vorhanden, und wenn es Nacht wird, empfiehlt es sich, zu Bett zu gehen, denn es wird unmöglich, ohne Anstrengung zu lesen. Die Sitze sind mit sauberem weißen Leinen bezogen, das, wenn es schmutzig ist, gewechselt und gewaschen wird.*[199]

Auch in gastronomischer Hinsicht schienen sich die Verhältnisse, glaubt man unserem englischen Reisenden, mittlerweile gebessert zu haben: In den mehrsprachigen und in jeder Hinsicht vorbildlich gestalteten Zugplänen seien einzelne Bahnstationen mit Restaurationsbetrieb vermerkt. Dort halte der Zug dann jeweils für zwanzig Minuten, sodass die Reisenden sich an den bereitgestellten Buffets bedienen mochten. Das Menu konnte man sich nach Belieben zusammenstellen, wobei man stets nur für den jeweils gewählten Gang bezahlte, unabhängig, wie viel man davon aß. Auch der Kauf einer Flasche Bier berechtigte zum Verzehr beliebig vieler Butterbrote.[200] Unabhängig davon hätten sich, wie ein anderer ausländischer Besucher beobachtete, die Bahnstationen auf dem Lande nachgerade zu lokalen Nachrichtenbörsen entwickelt: Menschen der Umgebung träfen weit vor Ankunft eines Zuges beim Bahnhof ein und stünden – Frauen und Männer säuberlich getrennt – lange plauschend beisammen.[201]

17. Das Februarmanifest

1899 war ein denkwürdiges Jahr in der Geschichte Finnlands. Mit ihm begann, was in der kollektiven Erinnerung des Landes seither als ›Jahre der Unterdrückung‹, als ›sortovuodet‹ bezeichnet wird.[202]

Dabei hatte es lange Zeit ganz anders ausgesehen. 1863 hatte Zar Alexander II. den finnischen Landtag erstmals seit 1809 wieder einberufen. Mit über einem halben Jahrhundert Verspätung schien die seinerzeit in Porvoo zugesicherte Autonomie Finnlands nun doch lebendige Gestalt anzunehmen. Dies umso mehr, als der Zar sich jetzt darauf verpflichten ließ, den Landtag in Zukunft regelmäßig, das hieß spätestens in jedem fünften Jahr, tagen zu lassen und den finnischen Ständen so eine kontinuierliche Mitsprache zu garantieren.

Auch auf anderen Gebieten hatten sich die Anzeichen einer wachsenden Eigenständigkeit Finnlands verdichtet. So war 1865 die Silbermark als einziges gesetzliches Zahlungsmittel des Landes eingeführt worden. Die Abkopplung vom Rubel unterstrich nicht nur symbolisch die staatliche Sonderstellung Finnlands, sondern schuf die währungspolitische Grundlage für den wirtschaftlichen Aufschwung des Landes in den folgenden Jahrzehnten. Gleichzeitig hatte die von höchster Stelle dekretierte Aufwertung des Finnischen zur – neben dem Schwedischen – gleichberechtigten Landessprache dem nationalen Selbstbewusstsein nachhaltigen Auftrieb verliehen. Die Entwicklung eines modernen finnischsprachigen Schulwesens hatte, wie wir sahen, einen kolossalen Aufschwung des Pressewesens nach sich gezogen. Damit konnte sich erstmals eine über kleine Gelehrtenzirkel hinausgehende öffentliche Meinung im Lande artikulieren.

All dies schien nun, gegen Ende des Jahrhunderts, wieder bedroht. Angekündigt hatte sich der wachsende Druck aus Sankt Petersburg auf das sich nach russischer Auffassung allzu autonom dünkende finnische Großfürstentum schon seit Beginn der neunziger Jahre. Damals hatte das finnische Postwesen seine Selbstständigkeit verloren. Auch war die Pressezensur verschärft worden; über zweihundert Beanstandungen durch die Zensurbehörden hatte man in manchen Jahren gezählt. Ottos Zeitung ›Savo‹ hatte dieserhalb 1891 gar völlig eingestellt werden müssen, war allerdings gleichsam über Nacht als ›Uusi Savo‹ (›Neues Savo‹) neu begründet worden.[203] Mit dem sogenannten Februarmanifest Zar Nikolaus II. von 1899 erlebte die bis dahin eher schleichende Politik der Russifizierung dann einen ersten Höhepunkt.[204] Im Zentrum des Dekrets vom 15. Februar stand die Bestimmung, dass Gesetze, auch wenn sie nicht das russländische Reich als Ganzes, sondern nur Finnland betrafen, vom Zaren in autokratischer

Manier erlassen werden sollten. Finnische Instanzen wie der Landtag und der Senat sollten zwar Gutachten vorlegen dürfen, doch würden diese den Herrscher in keiner Weise binden.
Die Wirkung des Dekrets in Finnland war ungeheuerlich. Spontan und scheinbar aus dem Nichts entstand die wohl erste gesamtgesellschaftliche Bürgerrechtsbewegung Europas: Binnen elf Tagen wurden für eine Petition (›suuri adressi‹) an den Zaren weit über eine halbe Million Unterschriften gesammelt. Kern der Petition war die Bitte der Untertanen an ihren Großfürsten, die Finnland seit dem Landtag von Porvoo 1809 zugestandenen Sonderrechte auch fürderhin zu achten. Am Ende hatte sie jeder fünfte Finne, mithin jeder dritte Erwachsene unterschrieben! Dass Derartiges in einem vermeintlich so rückständigen Land wie Finnland überhaupt möglich war, grenzt allein organisatorisch an ein Wunder. Immerhin gehörte Finnland zu den am dünnsten besiedelten Regionen des Kontinents, verfügte über nur spärliche Verkehrsverbindungen und war in jenen Wochen von Eis und Schnee bedeckt. Gleichwohl drang die Kampagne bis in die letzten Winkel des Landes durch. Überall wurden Versammlungen abgehalten, für welche Bauern ihre Wohnstuben, Pastoren ihre Kirchen zur Verfügung stellten. Selbst aus Kittilä, einer Gemeinde im nördlichen Lappland, wurden auf Skiern Unterschriften ins einhundertfünfzig Kilometer entfernte Rovaniemi gebracht, von wo aus sie zusammen mit anderen Unterschriftenlisten auf dieselbe Weise weitere zweihundert Kilometer, dann nochmals einhundertfünfzig Kilometer zu Pferde zum nächstgelegenen Bahnhof transportiert wurden.[205] Am Ende zählte man 522.931 Unterschriften. In sechsundzwanzig großformatigen Folianten zusammengefasst, wurden sie am 18. März von einer fünfhundertköpfigen Delegation – Bauern und Bürgern aus dem ganzen Lande – in Petersburg übergeben; aus dem Stadt- und Landkreis Kuopio gehörten ein Bankdirektor und ein Volksschullehrer zu den Überbringern.[206] Zar Nikolaus II. freilich lehnte es ab, die Bittsteller zu empfangen und ließ ihnen lediglich ausrichten, dass er ihnen nicht zürne.[207]

Die Empörung in Finnland war grenzenlos. Erstmals in der Geschichte des traditionell kaisertreuen Landes geriet die Person des Zaren und Großfürsten in die Kritik. Das Februarmanifest wurde als ein ›Staatsstreich von

Evard Istos Gemälde ›Der Angriff‹ (›hyökkäys‹) von 1899

oben‹ wahrgenommen. Hatte der Zar nicht erst wenige Jahre zuvor, anlässlich seiner Thronbesteigung 1894, geschworen, die alten Gesetze einzuhalten? Ein banaler Umstand zeigt, wie tief die Enttäuschung saß: Als der im Sommer 1899 ungewöhnlich hohe Wasserstand der finnischen Seen an den Uferfelsen eine noch jahrzehntelang sichtbare Spur hinterließ, taufte sie der Volksmund ›die Linie des gebrochenen Eides‹.[208] Aino Kallas, die damals zwanzigjährige Tochter des Schriftstellers und Gelehrten Julius Krohn, aus der bald selber eine der großen Schriftstellerinnen Finnlands werden sollte, fürchtete, nun kein Vaterland mehr zu haben: »Kein Vaterland! Was für eine Trauer, eine große, abgrundtiefe, verzweifelte Trauer!«[209] Ihren vielleicht berühmtesten künstlerischen Ausdruck fand die finnische Empörung in einem Ölgemälde des Malers Edvard Isto, das als Druck noch lange in ungezählten finnischen Wohnzimmern seinen Platz behaupten sollte. Das als Reaktion auf das Februarmanifest in vielfachen Varianten entstandene Bild mit dem Titel ›Der Angriff‹ (›hyökkäys‹) zeigt die blau-weiß gewandete ›Jungfrau Finnland‹ (›Suomi-neito‹), wie sie das Gesetz (›Lex‹) gegen den Angriff des doppelköpfigen russischen Adlers zu verteidigen sucht.

Otto Tuomi reagiert auf den zaristischen Affront auf seine Weise. Er lässt in seiner Zeitung ›Uusi Savo‹ einige alte Männer aus ihrem Leben berichten: Sie erinnern sich noch an einen vergleichbaren Delegationsbesuch in St. Petersburg, der im Jahre 1857 anlässlich allzu drückender Steuerlasten unternommen worden sei. Damals seien die Petenten von Zar Alexander II.

als seine »finnischen Jungs« empfangen worden. Als sie dann wenige Jahre später ungeachtet mancherlei Warnungen nochmals um eine Audienz nachzusuchen wagten, habe der Zar sie gar wie alte Bekannte begrüßt.[210]
Ottos Haltung gegenüber der Russifizierung ist, obwohl er sich keineswegs als politischer Redakteur im engeren Sinne versteht, wie die fast aller seiner Landsleute völlig eindeutig. In seiner regelmäßig erscheinenden Zeitungskolumne ›Brief aus Kuopio‹ (›Kirje Kuopiosta‹) beklagt Tuomi während jenes Schlüsseljahres 1899 zum Beispiel die wirtschaftliche Ausbeutung Finnlands durch Russland und den bedingt dadurch zunehmenden Hunger im Lande.[211] Die Anordnung, wonach bei öffentlichen Anlässen nur die russische Reichsflagge, nicht aber die finnische Landesfahne gehisst werden dürfe, beantwortet er mit der Aufforderung, dann lieber gar keine Flagge aufzuziehen.[212] Zwei Monate später war das Maß voll: Mehrere Ausgaben von ›Uusi Savo‹ wurden indiziert, ein für das Blatt wirtschaftlich schmerzhafter Warnschuss der zuständigen Zensurbehörde.

›Uusi Savo‹ war kein Einzelfall. Nicht weniger als dreiundvierzig finnische Zeitungen, fast durchweg schwedischsprachige oder jungfinnisch orientierte, mussten zwischen 1899 und 1901 ihr Erscheinen für kürzere oder längere Zeit einstellen; zweiundzwanzig weitere wurden gar gänzlich verboten. Dies bedeutete eine dramatische Verschärfung der Zensurpraxis, die in den Jahren zuvor meist relativ lasch gehandhabt worden war, sofern es in den Pressemeldungen nicht explizit um Russland und seine Bewohner ging. Dies änderte sich erst, als 1898 mit Nikolai Iwanowitsch Bobrikow die Stelle des Generalgouverneurs von Finnland mit einem russischen General besetzt wurde, der sich schon bald einen Namen als Chefarchitekt der Russifizierungspolitik machen sollte.[213] Bobrikow erkannte in der Presse Finnlands ein Propagandainstrument im Dienste von Aufwieglern und Separatisten und sagte ihr den Kampf an. Er war damit, wie wir noch sehen werden, relativ erfolgreich.
Im Vergleich zur Praxis in Russland blieb die finnische Pressezensur freilich selbst in ihren schlimmsten Jahren inkonsequent und lückenhaft. Der Grund dafür war einfach: Die Mitglieder der dem Generalgouverneur unterstehenden Zensurbehörde verstanden in der Regel weder Schwedisch noch Finnisch und waren bei ihrer Überprüfung auf das angewiesen, was

ihnen übersetzt wurde. Auch entwickelte sich sehr bald eine der Zensur entzogene Untergrundpresse. Überdies erwies sich Bobrikows Versuch, mit der russischsprachigen ›Finlandskaya Gazeta‹ und ihrem finnischsprachigen Pendant ›Suomen Sanomat‹ eine eigene regierungskonforme Zeitung am Markt zu etablieren, mangels Leser schnell als Fehlschlag.[214]

Unterdessen sorgten die mittlerweile zahlreichen Kontakte und Verbindungen finnischer Gelehrter, Künstler und Politiker nach Europa und die technisch stark verbesserten Kommunikationswege dafür, dass die Russifizierungspolitik gegenüber Finnland sehr schnell auch im Ausland ruchbar wurde und zumeist auf heftige Kritik stieß.[215] Erstmals rückte Finnland nun in den Blickpunkt der europäischen Öffentlichkeit. Führende Zeitungen nicht allein in Schweden, sondern auch in Deutschland, Großbritannien und anderswo berichteten über die Lage in Finnland. Selbst in Frankreich, das dem Zarenreich seit 1893 in einer Militärallianz verbunden war, gelang es, Teile der liberalen Öffentlichkeit für die finnische Frage zu sensibilisieren. Juhani Aho etwa nutzte seine Verbindungen in die französische Hauptstadt, um mit Hilfe eines begeisterten jungen Historikers und Journalisten dort unter dem programmatischen Titel ›Pour ma Finlande!‹ (›Für mein Finnland!‹) eine Sammlung patriotischer und russlandkritischer Texte zu veröffentlichen. ›Finnland‹ wurde so zu einem Thema an den Kaffeehaustischen von Saint-Germain.[216]
In England wurde im Gefolge des Februarmanifests gar eine eigene Zeitschrift ins Leben gerufen, deren Titel an ihrem Anliegen keinen Zweifel ließ: ›Finland. An English Journal Devoted to the Cause of the Finnish People‹.[217] Zu den Unterstützern, die der finnische Widerstand in Deutschland fand, zählte unter anderen der Publizist und Übersetzer Ernst Brausewetter, der im Auftrag eines finnischen Komitees um den liberalen Oppositionspolitiker Leo Mechelin gleichfalls eine eigene Zeitschrift, die ›Finnländische Rundschau‹ herausgab. Das Vorwort zur ersten Ausgabe dieser »Vierteljahrsschrift für das geistige, sociale und politische Leben Finnlands« weist gleich im ersten Satz auf den »verzweifelten Kampf um sein Recht und seine geistige und kulturelle Selbständigkeit« hin, den im Norden Europas ein Volk von 2,7 Millionen Einwohnern (»eine zahlreichere Bevölkerung als Dänemark und Norwegen«) führe. Dabei konnte man an eine

latente Russophobie der deutschen Leser appellieren, indem man an »die Unterdrückung deutschen Geistes, deutscher Sprache und deutscher Kultureinrichtungen in den russischen Ostseeprovinzen« erinnerte: Es seien dies

> *dieselben reaktionär-chauvinistischen Elemente, die jetzt ihren Kampf gegen dasjenige Volk richten, das nicht nur als der äußerste Vorposten westeuropäischer Kultur überhaupt dasteht, sondern auch dank seiner skandinavischen Traditionen und seiner von fremden feudalistischen Einflüssen unberührt gebliebenen historischen Entwicklung die Rechtsanschauungen des Germanentums in ungewöhnlich reiner und kräftiger Gestalt verkörpert.*[218]

Dank intensiver Lobby-Arbeit erfuhr das Land nun allerorten eine beispiellose Welle von Solidarität. Vor dem Hintergrund der 1899 unter Beteiligung von sechsundzwanzig Staaten stattfindenden (ersten) Haager Friedenskonferenz konnten publizistische Aufschreie über einen vermeintlichen russischen »Staatsstreich in Finnland« und »Finnlands drohenden Untergang« einiger Aufmerksamkeit gewiss sein.[219] So unterzeichneten unter dem Titel ›Pro Finlandia‹ über eintausend Intellektuelle, Wissenschaftler, Schriftsteller und Künstler aus zwölf Ländern Europas eine Solidaritätsadresse, in der eine Wiederherstellung der finnischen Autonomie gefordert wurde.

Die Liste der Unterzeichner liest sich wie ein ›Who's Who‹ der europäischen Kulturelite um die Jahrhundertwende. In Deutschland gehörte der spätere Literaturnobelpreisträger Rudolf Eucken zu den Initiatoren des Aufrufs[220], dem sich mit Theodor Mommsen gleich ein weiterer (kommender) Literaturnobelpreisträger, mit Rudolf Virchow, Ernst Haeckel, Paul Harzer und anderen aber auch namhafte Mediziner und Naturwissenschaftler anschlossen. Zu den britischen Unterzeichnern zählten unter anderem die Sozialreformerin Florence Nightingale, der Soziologe Herbert Spencer und der Schriftsteller Thomas Hardy, zu den französischen die Romanciers Émile Zola und Anatole France. In Skandinavien solidarisierten sich zum Beispiel Henrik Ibsen, Edvard Grieg und der Polarforscher A. E. Nordenskiöld. Je nach Land waren die inhaltlich gleichen Aufrufe äußerlich unterschiedlich gestaltet, teils in Schreibschrift gehalten oder in aufwendiger Chromolithographie, teils im Stil mittelalterlicher Buchmalerei abgefasst. Zusammen ergaben sie einen prachtvollen Band, der Ende Juni 1899 von einer international zusammengesetzten Delegation unter Leitung des ehemaligen französischen Justizministers und Gründungspräsidenten der ›Liga für Menschenrechte‹, Ludovic Trarieux, nach Sankt Petersburg überbracht wurde. Indes, den europäischen Intellektuellen erging es nicht besser als den finnischen Bauern, – der Zar verweigerte ihnen jede Audienz. Mehr noch: Es fand sich nicht einmal ein Verantwortlicher – weder der Minister des kaiserlichen Hofes noch der Innenminister noch der Palastkommandant –, der sich auch nur zur Entgegennahme der Protestnote befugt gesehen hätte.[221]

Die Empörung über das Februarmanifest kam nicht verfrüht. Schon bald nämlich zeigte sich, wie ernst das Russifizierungsprogramm der zaristischen Regierung zu nehmen war.[222] Dass die seit Jahrzehnten in Umlauf befindlichen eigenen finnischen Briefmarken nunmehr ihre Gültigkeit verloren und durch russische Postwertzeichen ersetzt wurden, war dabei noch die harmloseste Maßnahme, deren symbolische Bedeutung für eine in der Selbstfindung begriffene Nation freilich nicht unterschätzt werden darf. Gravierender waren russische Pläne, auch die Zollgrenze zu Finnland aufzuheben und die erst in den sechziger Jahren eingeführte finnische Währung wieder abzuschaffen. Während solche Absichten schließlich doch aufgegeben wurden, sorgte ein im Jahre 1900 erlassenes Sprachendekret erneut für Aufregung. Ihm zufolge sollte in Finnland, von dessen 2,7 Millionen Einwohnern kaum mehr als achttausend Russen waren, zukünftig alle amtliche Korrespondenz in russischer Sprache geführt und die Stellung des Russischen im Schulunterricht entsprechend gestärkt werden. Alarmierend war auch Bobrikows Personalpolitik, sorgte er doch dafür, dass binnen weniger Jahre auch fünf der acht Provinzgouverneure Finnlands Russen waren. Wie kurz die Leine war, an die Finnland nun genommen werden sollte, zeigte schließlich auch eine andere Personalie: Zum neuen Ministerstaatssekretär für finnische Angelegenheiten, mithin zum höchsten Vertreter Finnlands am Petersburger Hof, ernannte der Zar ausgerechnet den russischen Innenminister Wjatscheslaw Konstantinowitsch von Plehwe. Ob seiner harten Hand gegenüber aufsässigen Minderheiten berüchtigt, wurde Plehwe freilich schon im Juli 1904 von russischen Sozialrevolutionären ermordet.

18. Russifizierungsversuche

Ziel der russischen Politik jener Jahre war es, alle Finnland betreffenden Gesetze – so wie auch die aller anderen Provinzen des Imperiums – in die russländische Reichsgesetzgebung zu integrieren. Darüber hinaus ging es auch um eine kulturelle Assimilation. Die Durchdringung des riesigen Reiches mit den Mittel der russischen Sprache und, soweit möglich, des orthodoxen Glaubens sollte den Gefahren vorbeugen, die sich aus dem Aufschwung der neuen Nationalismen überall an der Peripherie des Herrschaftsbereichs ergeben mochten. Diese Politik gründete auf der Lehre von der Einheit und Unteilbarkeit des russischen Staates und hatte ihre Wurzeln in der Reaktion auf die polnischen Aufstände von 1863. Sie war in sich konsequent und in Russland, selbst in liberalen Kreisen, kaum umstritten.[223] Unvereinbar war sie freilich mit der Auffassung finnischer Politiker und Staatsrechtler, die davon ausgingen, dass ihr Land eben keine beliebige russische Provinz, sondern seit 1808 einen eigenen autonomen Staat darstelle, der einzig über die Person des Zaren mit dem russländischen Reich verbunden sei. Finnland sei, wie der einflussreiche Führer der Liberalen, Senator Leo Mechelin, schon 1886 in einer staatsrechtlichen Abhandlung feststellte, »eine konstitutionelle Monarchie, ein Staat in Realunion mit Russland«.[224] Im Streit um das Wehrpflichtgesetz von 1901 prallten beide Auffassungen besonders scharf aufeinander.

Was war der Kern des Streits? Eigene finnische Truppenkontingente hatte es im Laufe des 19. Jahrhunderts immer wieder gegeben, zuletzt seit 1881. Dabei handelte es sich freilich nur um ein Dragonerregiment sowie neun Schützenbataillone (darunter eines in Kuopio), – eine eher symbolische Streitmacht von nicht einmal sechstausend Mann.[225] Da ihr nur Finnen, keine Russen angehören durften, sorgte ein finnisches Wehrpflichtgesetz für den personellen Nachersatz, doch brauchte aufgrund des geringen Truppenumfangs auf nur wenige junge Männer zurückgegriffen werden; auch Otto Häggblom hatte der Wehrpflicht entgehen können.[226] Für Finnland war dies ein vorteilhaftes Arrangement, konnten doch so die Hauptlasten der Landesverteidigung auf Russland abgewälzt werden. In Russland dienten, wie der russische Generalstab vorrechnete, von tausend Männern fünfunddreißig in der Armee, in Finnland hingegen nur neun. Entsprechend gering seien für letztere die finanziellen Belastungen. Gerade einmal 72 Kopeken koste die Landesverteidigung jeden Finnen im Durchschnitt, jeden Russen aber zweieinhalb Rubel.[227] Das neue Wehrpflichtgesetz von 1901, maßgeblich betrieben von Generalgouverneur Bobrikow und Russlands Kriegsminister Kuropatkin, zielte darauf ab, die militärische Sonderstellung Finnlands zu beseitigen und das Land an den Verteidigungslasten des Reiches stärker zu beteiligen. So wurde denn die finnische Armee kurzerhand abgeschafft. Finnische Wehrpflichtige sollten zwar auf zunächst noch überwiegend aus Finnen bestehende Kontingente verteilt werden, im Prinzip aber auch unter russischen Offizieren sowie gegebenenfalls auch außerhalb der finnischen Grenzen Dienst tun.[228]

Mit der Wehrpflichtordnung führte erstmals ein vom Zaren erlassenes Gesetz in Finnland zu offenem Aufruhr. Ähnlich wie nach dem Februarmanifest organisierten sich Massenproteste, wurden nochmals eine halbe Million Unterschriften gesammelt, doch blieb es nun nicht bei Petitionen. Passiver, stellenweise sogar aktiver Widerstand formierte sich. Seine Unterstützer nannten sich ›Konstitutionelle‹ (›perustuslailliset‹), da sie eine Wiederherstellung der finnischen Autonomie, das heißt der aus ihrer Sicht verfassungsmäßigen Ordnung vor Beginn der Russifizierung anstrebten. Unter dem Namen ›Kagal‹, einem Ausdruck, der in Anlehnung an die hebräische Bezeichnung für Gemeinschaften in Russland verfolgter Juden gewählt worden war, wurde im September 1901 eine landesweit verzweigte Untergrundbewegung ins Leben gerufen, der sich schon wenig später auch eine eigene Frauenorganisation anschloss. Im ›Kagal‹ fanden sich Aktivisten zusammen, von denen nicht wenige heute zu den großen Gestalten der modernen finnischen Geschichte gezählt werden, darunter mit Kaarlo J. Ståhlberg und Per E. Svinhufvud gleich zwei spätere Staatspräsidenten. Der ›Kagal‹ rief Beamte auf, die Gestellungsbefehle nicht weiterzuleiten, und die jungen Rekruten, ihnen nicht Folge zu leisten. Pfarrer sollten es ablehnen, die einschlägigen Anordnungen von der Kanzel zu verlesen, und Ärzte sich weigern, die Musterungen durchzuführen. Insgesamt widersetzten sich den im Sommer 1902 beginnenden Einberufungen zum Wehrdienst in ganz Finnland gut die Hälfte, in der Provinz Savo über sechzig Prozent der betroffenen Jahrgänge.[229]

Der Erfolg war mithin groß, aber nicht durchschlagend. Die Frage, wie auf das Wehrpflichtgesetz angemessen zu reagieren sei, begann nämlich schon bald die finnische Gesellschaft, insbesondere aber die Finnische Partei, zu spalten. Während die große Masse der ›Jungfinnen‹ gemeinsam mit den meisten Parteigängern der Liberalen, der Schwedischen Partei und der sich gerade erst formierenden Sozialdemokratie den passiven Widerstand unterstützte, lehnten ihn die konservativen Anhänger der Finnischen Partei, nunmehr als ›Altfinnen‹ bezeichnet, mehrheitlich ab. Sie fürchteten die Folgen, die sich aus einer offenen Konfrontation mit der russischen Krone ergeben mochten, und plädierten für eine Politik der Anpassung. Auch zu diesen ›Erfüllungspolitikern‹ gehörten klangvolle Namen, – und nicht zufällig auch hier der eines späteren Staatspräsidenten: Juho K. Paasikivi. Seine größte Stunde sollte vier Jahrzehnte später kommen, als der mittlerweile längst unabhängigen Republik Finnland nach ihren Niederlagen im Zweiten Weltkrieg – zunächst im Winterkrieg 1940, dann im Fortsetzungskrieg 1944 – einmal mehr eine Politik des Appeasement gegenüber dem mächtigen Nachbarn im Osten als Gebot der Stunde erschien.

Der um die Jahrhundertwende aufgebrochene Gegensatz zwischen Konstitutionalismus und Anpassungspolitik war grundsätzlicher Art und hatte begonnen, den früheren Sprachenstreit zwischen Fennomanen und Svecomanen zu überlagern. Worum es jetzt ging, war weniger die Frage nach der richtigen Landessprache als die nach der rechten Sprache im Umgang mit der russischen Obrigkeit. Während die einen auf ihrem verfassungsmäßigen Recht beharrten (oder doch auf dem, was sie als solches erachteten), verwiesen die anderen darauf, dass Recht nur unter Berücksichtigung der jeweils bestehenden Machtverhältnisse verwirklicht werden könne. Als realitätsferne Idealisten verunglimpft wurden die einen, als prinzipienlose Opportunisten verachtet die anderen. Dass Altfinnen überall dort nachrükken, wo konstitutionelle Senatoren und Beamte aus Protest gegen die Politik der Russifizierung zurückgetreten oder entlassen worden waren, gab der Verbitterung zwischen beiden Lagern zusätzliche Nahrung. Tatsächlich stand hinter beiden Haltungen aber eine unterschiedliche Philosophie, die sich in den folgenden Jahrzehnten ideologisch verfestigen sollte: Während sich das seit 1894 parteipolitisch organisierte ›Junge Finnland‹ mehrheitlich zur späteren liberalen Fortschrittspartei weiterentwickelte, schlossen sich die Altfinnen nach Erringung der staatlichen Unabhängigkeit Finnlands 1918 zur (bis heute bestehenden) konservativen Sammlungspartei ›Kokoomus‹ zusammen.[230]

19. Widerstand

Auch die Bevölkerung Kuopios war über die Frage, wie auf die Russifizierungspolitik angemessen zu reagieren sei, zutiefst gespalten. Für die Redaktion von ›Uusi Savo‹, der Zeitung aus Kuopio, war dabei klar, wo man im Streit zwischen Konstitutionellen und Anpassungspolitikern stand. Sowohl die Brüder Brofeldt als auch Otto Tuomi waren bekennende Jungfinnen. Dabei vertrat Otto seine Position derart entschieden, dass er des Saales verwiesen wurde, als die Finnische Partei Anfang April 1903 einen letzten – vergeblichen – Anlauf nahm, in einer Mitgliederversammlung die Gegensätze zwischen Alt- und Jungfinnen doch noch zu überbrücken.[231] Sympathie für den passiven Widerstand öffentlich zu bekunden, war freilich nicht ungefährlich. Ende März 1903 nämlich waren Generalgouverneur Bobrikow diktatorische Vollmachten übertragen worden. Sie erlaubten es ihm, ohne viel Federlesens unbotmäßige Beamte zu entlassen, kritische Zeitungen zu indizieren und unliebsame Personen des Landes zu verweisen. Kein Zweifel, für die Meinungsmacher aus Politik und Presse wurde die Luft dünn. ›Päivälehti‹ zum Beispiel, das publizistische Flaggschiff der jungfinnischen Bewegung, konnte in den Jahren von 1900 bis zu seiner erzwungenen Einstellung 1904 aufgrund wiederholter Indizierung insgesamt elf Monate lang nicht erscheinen.[232]

Obgleich kein politischer Redakteur im eigentlichen Sinne, gehörte in dieser Situation Otto Tuomi zu denen, welche die Meinungs- und Pressefreiheit mit Vorsicht zwar, aber doch vehement verteidigten: Wenn angebliche Unwahrheiten in der Berichterstattung der Grund für das Verbot einer Zeitung seien, so schrieb er Mitte Mai 1903 in seiner wöchentlichen Kolumne ›Brief aus Kuopio‹, so solle man doch besser die Urheber dieser Lügen bestrafen als die Presseorgane als solche und damit deren Leser, also das Volk. Solange dieses geschlossen hinter ihrer Presse stehe, würden die Redakteure den Kampf um die Meinungsfreiheit jedenfalls nicht aufgeben.[233] Anlass für diese Zeilen war die alarmierende Tatsache, dass nur wenige Tage zuvor Pekka Brofeldt, der Herausgeber der Zeitung und führende Kopf der örtlichen ›Kagal‹-Bewegung, gemeinsam mit seinem Bruder Kaarlo von Generalgouverneur Bobrikow in die Verbannung geschickt worden war. Pekka ging nach Stockholm, Kaarlo nach Amerika; erst zwei Jahre später bot sich ihnen die Möglichkeit zur Rückkehr. Die Brofeldt-Brüder waren nicht die Einzigen, die in jenem Jahr von Bobrikow ins Exil gezwungen wurden. Verbannt wurden auch andere einflussreiche Journalisten wie etwa Eero Erkko sowie konstitutionelle Politiker wie Senator Mechelin und weitere führende Repräsentanten des passiven Widerstandes.[234]

An den Abschied der Brofeldt-Brüder aus Kuopio erinnerte sich Ottos erste Ehefrau Selma noch Jahrzehnte später:

> *Am 10. Mai holte Polizeimeister Karl Nummers Pekka von zu Hause ab. Gemeinsam fuhren sie zu Gouverneur Bergh, wo sich auch Kalle [= Kaarlo Brofeldt, B. W.] einfand. Bergh eröffnete ihnen den Beschluss, wonach sie sich binnen fünf Tagen außer Landes zu begeben hätten, sie ansonsten verhaftet und nach Russland deportiert würden. Kalle war wütend, aber Pekka hörte sich die Sache an wie ein frommes Lamm.*
>
> *Der Abschied aus Kuopio gestaltete sich zu einer wahren Völkerwanderung zum Bahnhof, wie es sie nie zuvor gegeben hatte. Nicht nur aus der Stadt, auch vom Lande kamen die Freunde von ›Savo‹, um Abschied zu nehmen. Großvater Brofeldt[235] kam aus Iisalmi und bemerkte, dass er wohl seine Söhne nicht ordentlich erzogen habe, wenn [Generalgouverneur] Bobrikow sie dermaßen strafen müsse. Man hatte Befehl gegeben, dass niemand ohne Fahrkarte den Bahnhof betreten dürfe; daher kauften alle Leute Fahrscheine zu den nächstgelegenen Bahnstationen, bis schließlich alle Fahrkarten ausverkauft waren. Wir waren viele, die nach Pitkälahti fuhren und von dort per Pferdekutsche oder zu Fuß heimkehrten. […] Nie zuvor hatte ich Männer weinen sehen, aber als Kalle und Pekka sich verabschiedeten, taten sie es, – es war sehr erschütternd.*[236]

Otto Tuomi als verantwortlicher Redaktionssekretär konnte, obwohl gleichfalls zum ›Kagal‹ gehörig, der Verbannung entgehen. Stattdessen erhielt er zusammen mit zwei anderen Honoratioren eine Vorladung zu Gouverneur Bergh. Martin Alexius Bergh war gebürtiger Finne, hatte in

Helsinki studiert und war danach als Beamter in russische Dienste getreten. Nach langjähriger Tätigkeit im Petersburger Staatssekretariat für finnische Angelegenheiten war er von Generalgouverneur Bobrikow unlängst erst zum Gouverneur der Provinz Kuopio berufen worden; in anderen Provinzen des Landes hatte man inzwischen geborene Russen zu Gouverneuren ernannt.[237] Bergh war keineswegs ein grober Klotz. Unter dem Pseudonym Martti Wuori war er vielmehr selber als Schriftsteller hervorgetreten und hatte russische Autoren wie Tolstoi und Lermontow, französische wie Maupassant und Alfred de Musset ins Finnische übersetzt. Unter anderen Umständen hätte Bergh also für den ein Jahrzehnt jüngeren Otto Tuomi durchaus ein Vorbild sein können. Über den Verlauf ihrer Begegnung im Jahre 1903 berichtete später Pekka Brofeldt:[238] Demnach habe der Gouverneur die Vorgeladenen streng angeschaut und mit Bestrafung gedroht, sollten sie ihre staatsfeindlichen Aktivitäten nicht einstellen. Otto habe jedoch

> *wie gegen einen Teufel gekämpft und geradeheraus zugegeben, ein ›Freund des Vaterlandes‹ und des Kagal zu sein. Bergh versuchte sich mit dem Hinweis zu verteidigen, dass nicht er für Brofeldts Vertreibung gewesen sei und behauptete, gleichfalls ein Freund des Vaterlandes zu sein. Tuomi sagte darauf: »Aus welchem Grund sind Sie, Herr Gouverneur, dann zu einem Knecht des Russenpacks geworden?« Bergh antwortete, dass er nichts anderes getan habe als weiterzuleiten, was ihm per Post zugestellt worden sei. Dies war jedoch nicht richtig, denn er hatte sich als Beamter gegen Gehalt der russischen Gewaltherrschaft zur Verfügung gestellt. Tuomi hatte ihm noch gesagt: »Wie haben Sie, der Sie als Schriftsteller ein so edles Werk wie Lermontows ›Ein Mann unserer Zeit‹ ins Finnische übertragen haben, sich nur an die Russen verkaufen können?« Darauf wusste Berg keine Antwort.*

Wir wissen nicht, ob Otto dem durch seine Verbannung letztlich härter betroffenen Pekka Brofeldt gegenüber seine eigene Rolle im Widerstand gegen den Gouverneur übermäßig herausgestrichen hat. Sicher ist, dass er, für den Betrieb der Zeitung nunmehr weitgehend allein verantwortlich, auch weiterhin öffentlich für die Pressefreiheit eintrat: Zeitungen seien in einer gebildeten Gesellschaft unentbehrlich, spreche durch sie doch das Volk selbst. Notfalls müsse die Presse eben, so wagte er Ende Oktober 1903 zu formulieren, »dem giftigen Gegenwind aus dem Osten« standhalten. Wie wichtig Zeitungen seien, merke man gemeinhin erst dann, wenn sie eingestellt würden.[239]

Nur wenige Tage später konnten es die Bürger Kuopios merken. Anfang November nämlich wurden zunächst ›Uusi Savo‹, kurz darauf auch ›Savo-Karjala‹, die zweite Zeitung der Stadt, auf unbestimmte Zeit verboten. Nicht anders erging es etlichen anderen kritischen Blättern des Landes. Was Kuopio angeht, so blieb die Stadt fast ein Jahr lang ohne Zeitung. Dass selbst der Versuch, auf Wunsch der örtlichen Geschäftswelt ein reines Annoncenblatt herauszubringen, zu einer polizeilichen Vorladung der verantwortlichen Redakteure führte, zeigt, wie aufgeladen die Atmosphäre jener Monate war. Erst 1904 konnte unter dem Namen ›Otava‹ ein neues, nunmehr politisch zahnloses Blatt erscheinen. Otto Tuomi gehörte jetzt nicht mehr zur Redaktion, nachdem Gouverneur Bergh jede weitere Beteiligung Tuomis an Presseprojekten in seiner Provinz ausdrücklich abgelehnt hatte. Wie sehr dieser inzwischen zur *persona non grata* geworden war, zeigt sich auch an einer polizeilichen Hausdurchsuchung, deren Opfer er noch im selben Jahr wurde. Aufgrund anonymer Denunziation verdächtigte man ihn, Verfasser der ›Fackel« (›soihtu‹), eines in hektographierter Form verbreiteten aufrührerischen Blattes zu sein.[240] Kein Zweifel, Ottos Karriere als Journalist und Zeitungsmacher war beendet. Zwar spielte er bei Geheimverhandlungen, die in Helsinki und anderswo mit dem Ziel geführt wurden, ein neues Zeitungsprojekt aus der Taufe zu heben, offenbar noch eine maßgebliche Rolle[241], doch eröffneten sich dem Mittdreißiger im wirtschaftlichen – und wie sich zeigen sollte, bald auch im politischen – Leben des Landes mittlerweile interessantere Karrierechancen als sie die Leitung einer von der Zensur geknebelten Regionalzeitung bieten konnte.

Ottos erzwungener Abschied aus dem Pressegeschäft sollte nicht ohne eine späte Genugtuung bleiben: Seine Stellung einbüßen sollte wenig später nämlich auch Ottos Gegenspieler, Gouverneur M. A. Bergh, der nach dem finnischen Generalstreik von 1905 als Vorsteher der Provinz unhaltbar wurde. Kurz vor seiner Entlassung hatte er sich, in seiner Stellung bereits geschwächt, auf Antrag des Magistrats von Kuopio gar genötigt gesehen, Otto Tuomi aufgrund seiner langjährigen Verdienste um das Pressewesen zum Stadtrat zu ernennen.[242] Berghs Vorgesetztem, dem Generalgouverneur Nikolai Ivanowitsch Bobrikow erging es indes noch weit schlimmer. Der verhasste General wurde am 16. Juni 1904 im Senatsgebäude von Helsinki von drei Pistolenschüssen niedergestreckt und verstarb am folgenden Tag; in seiner russischen Heimat wurde ihm ein Staatsbegräbnis zuteil. Als ›Päivälehti‹ in einem Leitartikel eine Woche später begrüßte, dass zu Mittsommer das Licht die Dunkelheit besiegt habe, genügte solche metaphorische Anspielung, um auch dieses publizistische Flaggschiff des ›Jungen Finnland‹ zu verbieten. Nur ein Jahr später freilich feierte das Blatt unter neuem Namen seine Auferstehung. Als ›Helsingin Sanomat‹ (›Helsinkier Nachrichten‹) wurde es zur bis heute auflagenstärksten und einflussreichsten Zeitung in der Geschichte Finnlands.

Und Bobrikows Mörder? Er war ein junger finnlandschwedischer Senatsbeamter namens Eugen Schauman, Enkel des Bischofs von Porvoo und Sohn eines in russischen Diensten ergrauten Generalleutnants, welcher im Jahre 1900 aus Protest gegen das Sprachenmanifest des Zaren seinen Sitz im finnischen Senat hatte aufgeben müssen. Der Attentäter Schauman, der unmittelbar nach seiner Tat Selbstmord verübte, wurde in den folgenden Jahren und Jahrzehnten – heimlich zunächst, dann ganz offen – zum Helden der finnischen Nationalbewegung.[243]

Dritter Teil
Die Welt der Minna Canth

20. Ein Sommertraum

Savonlinna, Punkaharju und Imatra, allesamt im östlichen Saimaa-Gebiet gelegen, sind jedem Finnlandreisenden ein Begriff. Eine finnische Bilderbuchlandschaft schier endlos ineinander greifender Seen und Wälder hat die ansonsten eher strukturschwache Region zu einem Schwerpunkt der modernen Tourismusindustrie werden lassen. Zusätzliche kulturelle Attraktionen wie die alljährlichen Opernfestspiele im Schlosshof der mächtigen Olafsburg (Olavinlinna) von Savonlinna oder die unweit in Kerimäki gelegene größte Holzkirche der Welt, ferner die benachbarten Nationalparks von Linnansaari und Kolovesi sorgen dafür, dass ›Seenfinnland‹ in den Reisebeilagen und Feuilletons auch der ausländischen Presse Erwähnung findet und, zumindest im Sommer, Besucher aus aller Welt anzieht.

Noch nicht für kulturelle Spektakel, aber doch für seine Naturschönheiten berühmt war die Region auch vor über einhundert Jahren schon. Damals war der moderne Tourismus gerade im Entstehen begriffen und hatte zur Gründung eines finnischen Fremdenverkehrvereins geführt. Olavinlinna und die Wasserfälle von Imatra gehörten zu den Hauptattraktionen.[244] Entsprechend beliebt waren im aufstrebenden Bürgertum Reisen ins Saimaa-Gebiet, zumal dessen vielbesungene Schönheit dazu angetan war, die neuen nationalromantischen Gefühle zu beflügeln. Jedenfalls wussten schon Ende des 19. Jahrhunderts Reisende zu berichten, dass alle Unterkünfte in Savonlinna ausgebucht seien, weshalb man in den schaurig-romantischen Ruinen der Burg zu nächtigen genötigt gewesen sei.[245]
Anfang August 1893 finden wir unter den Reisenden auch ein höchst ungleiches Paar aus Kuopio. Vermutlich mit dem Dampfschiff war man an einem Montagmorgen aufgebrochen und hatte am Abend Savonlinna, seinerzeit ein malerisches Städtchen von kaum mehr als 1.500 Einwohnern, erreicht, das sich dank Heilquellen und Badekuren schon bald den Ruf eines sommerlichen Kurortes erwerben sollte.[246] Am folgenden Tag besich-

tigte man Olavinlinna, die wohl schönste und spektakulärste mittelalterliche Burganlage Finnlands. Gegen Ende des 15. Jahrhunderts zum Schutz der schwedischen Ostgrenze errichtet, war sie über Jahrhunderte hinweg immer wieder hart umkämpft gewesen, bevor sie 1743 zusammen mit ganz ›Altfinnland‹ an das Zarenreich abgetreten werden musste. Von hier wurde die Reise noch am selbigen Nachmittag zur dreißig Kilometer entfernten Landenge von Punkaharju fortgesetzt. Da das Wetter mitspielte, genoss man auf der Höhe des dreißig Meter emporragenden Bergrückens den Sommerabend mit weitem Blick über die smaragdgrün schimmernde Seenlandschaft. Heute ob seiner Schönheit ein Hauptziel aller Finnlandreisenden, war Punkaharju in der zweiten Hälfte des 19. Jahrhunderts eine Neuentdeckung. In den 1840er Jahren zum Beispiel war selbst dem zuständigen Provinzgouverneur die Landenge noch völlig unbekannt gewesen.[247] Von Punkaharju ging es am nächsten Morgen dann zu Pferde weiter zu den berühmten Stromschnellen von Imatra und Vallinkoski, die zu den ältesten Touristenattraktionen Finnlands zählten, seit niemand Geringeres als Zarin Katharina die Große sie 1771 besucht hatte. Auch im Kalevala war ›Imatrankoski‹, der Wasserfall von Imatra, bereits als unübertroffen besungen worden. Was seine Besonderheit ausmachte, hatte Zacharias Topelius in seinen 1873 erschienenen Reisebildern eindrücklich dargelegt: Natürlich, so räumte er ein, gebe es höhere Wasserfälle in Europa, was aber die Wassermenge ausmache, so suche jener von Imatra seinesgleichen.

Minna Canth an ihrem 50. Geburtstag 1894 (Kulturhistorisches Museum Kuopio / Foto: Victor Barsokevitsch

Schätzungen hätten ergeben, dass hier achtzehntausendachthundertdreiundzwanzig Kubikfuß in der Sekunde, mithin stündlich über siebenundsechzig Millionen Kubikfuß Wasser sich den Weg in die Tiefe bahnten! »Es ist nicht nur ein Fluss, der durch den Felsspalt hinabstürzt, es ist die ganze große Seenplatte, viele Quadratmeilen Wasser, die hier auf diese Enge zusammengedrängt das Gebirgshindernis sprengen und sich hinaus ins Meer flüchten.«[248]

Die hier geschilderte Reise, deren Abschluss ein Besuch bei Freunden bildete, wäre keiner Erwähnung wert, wäre sie nicht von der zu ihrer Zeit – und bis heute – berühmtesten Schriftstellerin Finnlands unternommen worden. Begleitet wurde Minna Canth von einem jungen Verehrer, der sie zur gemeinsamen Tour überredet hatte. Von ihm ist in jenem Bericht, den Minna gleich nach der Rückkehr ihrer Tochter Elli zukommen ließ, freilich nur ganz beiläufig die Rede. Stattdessen erfährt die Tochter, dass ihre Mutter, da historisch nur wenig interessiert, Olavinlinna nicht sonderlich eindrucksvoll und Imatra von Touristen überlaufen empfunden habe; im übrigen sei sie während all der Tage leider immer wieder von Magenschmerzen gequält worden. Trotz allem indes, die Reise sei für sie angenehm und äußerst erquicklich gewesen (»hauskaa ja erittäin virkistävää«).[249]
Inwieweit zu diesem Gefühl der Zufriedenheit der Reisegefährte der Dichterin beigetragen haben mag, bleibt hier offen, erschließt sich aber aus

Otto Tuomi 1893
(Kulturhistorisches Museum Kuopio /
Foto: Victor Barsokevitsch

einem von diesem viele Jahre später abgefassten Brief. Schenken wir ihm Glauben (und es gibt wenig Grund ihm zu misstrauen)[250], so hat die Schriftstellerin die schwärmerische Zuneigung ihres jugendlichen Begleiters durchaus zu schätzen gewusst. Dessen unbändiges Interesse für Literatur dürfte dabei eine zentrale, keineswegs aber die einzige Rolle gespielt haben. Vielmehr ist leicht vorstellbar, dass sich die seit langem verwitwete, zur Körperfülle neigende und mit ihren bald fünfzig Jahren nach den Begriffen der Zeit am Rande des Alters stehende Frau von der Frische, vielleicht auch Unbeholfenheit geschmeichelt fühlte, mit welcher ihr der gerade halb so alte Reisegefährte den Hof machte. Dieser wiederum schwärmte gleichermaßen für die Reife ihres Wesens wie die Weichheit ihres Körpers und beschwor sie, allen Ratschlägen der Ärzte zum Trotz nicht abzunehmen. Ihm scheine, so erinnerte sich Otto später, dass sie beide ein wenig ineinander verschossen gewesen, sich schließlich aber doch des unüberwindlichen Altersunterschiedes bewusst gewesen seien: »Ich hätte sie küssen wollen, aber vielleicht hätte es sich zum Kuss eines Jungen für seine Mutter entwickelt.«[251]

So blieb die Beziehung denn platonisch. Man ging händchenhaltend spazieren, genoss Blick und Berührung des anderen, schlief aber getrennt – auch dann noch, als man in einem gemeinsamen Bett zu übernachten genötigt war. Den Kuss, nach dem Otto sich so sehnte, wagte er weder zu erbitten noch anzubieten.

Mit der Zeit verflog auch die Schwärmerei. War Otto zunächst überrascht gewesen, dass die berühmte Dichterin, der es fürwahr an Bewunderern nicht fehlte, ausgerechnet seine Nähe, die Gesellschaft eines unerfahrenen Burschen suchte, so überraschten ihn später seine eigenen Gefühle ihr gegenüber. Schon recht bald nach der gemeinsamen Reise nämlich wurde Minna Canth von schweren Herzanfällen heimgesucht, denen sie – gerade dreiundfünfzigjährig – im Mai 1897 schließlich erlag. Am Bett der Todkranken sitzend mochte sich Otto das Bedürfnis nach körperlicher Nähe gar nicht mehr vorstellen. Alter und Siechtum erschienen ihm als übermächtige Feinde jeder erotischen Empfindung: »Wir redeten miteinander wie Großmutter und Enkel.«[252]

Erst im zeitlichen Abstand wurde Otto Tuomi klar, dass seine Beziehung zu

Minna Canth, so weit sie erotisch gefärbt war, nicht auf authentischen Gefühlen beruht hatte. Vielmehr hatte er, wie so oft in seinen jungen Jahren, einmal mehr einem literarischen Vorbild nacheifern wollen. Seiner späteren Geliebten gestand er:

> *Als ich jung war, hatte ich George Sands spätere Ehe mit einem jungen Mann vor Augen, aber ich traute mich nicht, Minna Canth um ihre Hand zu bitten, sondern erwartete es von ihr. Jetzt wäre ich Witwer! Mann einer berühmten Frau. Ich hätte ihr einen Antrag gemacht, dessen war ich sicher, doch ich traute mich nicht. Und es wäre auch nichts daraus geworden. Wenn es eine literarische Jugendfantasie gab, so lieferte gerade diese Liebe der George Sand das Beispiel.*[253]

21. Minna Canth

Im Jahre 1893 stand Minna Canth im Zenith ihres Ruhmes. Erst im Januar war ›Sylvi‹, eines ihrer wichtigsten Dramen[254], im Schwedischen Theater in Helsinki unter großem Andrang und Applaus uraufgeführt worden. Nicht weniger als dreiundreißig Vorhänge hatte es gegeben. Thema des – bisweilen mit Flauberts ›Madame Bovary‹ verglichenen – Stücks ist der vergebliche Versuch einer jungen Frau, in einer patriarchalisch strukturierten Gesellschaft ihren eigenen Weg zu gehen. Als Waise aufgewachsen und in frühen Jahren von ihrem wesentlich älteren Vormund geheiratet, entdeckt die Titelheldin ihre leidenschaftliche Liebe zu einem Jugendfreund und vergiftet schließlich ihren ungeliebten Gatten, als dieser sich der geforderten Scheidung verweigert.

Das Unerhörte und für Finnland radikal Neue der Canthschen Dichtung bestand zum einen darin, dass hier weibliche Schicksale aus einer konsequent weiblichen Sicht dargestellt, zum anderen, dass sie zugleich als Ergebnis einer fundamental ungerechten Gesellschaftsordnung interpretiert wurden. Mit dieser Haltung hatte Minna Canth bereits 1885 erstmals für Aufregung gesorgt, als das noch junge Finnische Theater in Helsinki ihr Stück ›Die Frau des Arbeiters‹ (›työmiehen vaimo‹) aufführte. Auch hier ging es um die gleichermaßen gesellschaftliche wie private Unterdrückung der

Frau, und als ob dies nicht genug wäre, hatte die selber ganz bürgerlich-bieder lebende Autorin überdies auch noch die ganz und gar unerquicklichen Lebensverhältnisse des städtischen Proletariats auf der Bühne ausgebreitet. Das Stück wurde auch in Kuopio aufgeführt und von der örtlichen Presse erwartungsgemäß heftig kritisiert, vermittle es doch dem Ausland ein allzu negatives Bild des finnischen Arbeiters![255] Als Minna Canth in einem weiteren Drama[256] drei Jahre später auch noch einen revolutionären Anarchisten auftreten ließ, der die Arbeiter zum gewaltsamen Kampf gegen die bestehende Ordnung aufrief, war der politische Skandal da. Auf Drängen des Senats, der halbautonomen Regierung Finnlands, musste das Stück vom Spielplan abgesetzt werden.[257]
Aus ganz anderen Gründen war auch Otto mit Minnas Dramen nicht immer ganz einverstanden. Gern machte sich der Jüngere über ihre Stücke lustig, wenn sie auf gemeinsamen Spaziergängen über die Werke der Dichterin diskutierten.[258] Oft stritt man darüber, wie realistisch eigentlich sei, was die vermeintlich größte Realistin der finnischen Literatur zu Papier brachte. Otto hielt ihre Milieuschilderungen für wenig authentisch, eher für typische Schreibtischprodukte. Sobald sie, Minna, eine Bauernstube betrete, so hielt er ihr vor, nähmen die Leute doch schon ihre Hüte ab und benähmen sich wie in der Kirche. Sie bekomme eben nur die Sonntagsmanieren mit. Im Übrigen bestritt Otto, dass sie als Frau sich überhaupt ein rechtes Bild von der ganzen Niedrigkeit eines Mannes machen könne, der alle Schmutznester des Lebens kennengelernt habe. Sie widersprach ihm nicht.[259]

Eine Revolutionärin zu werden war Minna Canth ganz sicher nicht an der Wiege gesungen.[260] Als Ulrika Wilhelmina (›Miinu‹) Johnson war sie 1844 als Tochter armer Leute in Tampere geboren worden; ihr Vater war Arbeiter in einer Baumwollfabrik, ihre Mutter ein ehemaliges Dienstmädchen. In frühen Jahren hatte sie das Glück, die fabrikeigene schwedischsprachige Grundschule besuchen zu können, für das finnischsprachig aufwachsende Mädchen die einzige Möglichkeit zum Erwerb einer zumindest elementaren Bildung. 1853 zog die Familie nach Kuopio um, wo die Eltern nicht ohne Erfolg ein Wollgeschäft betreiben und bald auch schon erwerben konnten. Minna besuchte hier zunächst die schon an früherer Stelle erwähnte finnischsprachige ›Schule für Arme Mädchen‹, durfte aber, bedingt durch den sozialen Aufstieg ihrer Eltern, schon bald auf die bürgerliche Mädchenschule wechseln. Nach dem Schulabschluss ging die Neunzehnjährige nach Jyväskylä, um das Lehrerseminar zu absolvieren. Indes brach sie ihre dortige Ausbildung vorzeitig ab, nachdem der Lektor für Naturwissenschaften, Ferdinand Canth, sich in sie verliebt und die um neun Jahre Jüngere 1865 zur Frau genommen hatte. Von nun an führte sie vierzehn Jahre lang das Leben einer Dozentengattin und Mutter. Auch wenn sie im Laufe der Zeit begann, für Zeitungen zu schreiben und sich für gesellschaftliche Fragen (wie zum Beispiel den damals virulenten Kampf gegen den Alkohol) zu engagieren, – noch deutete kaum etwas darauf hin, dass aus dieser Frau einmal die berühmteste Schriftstellerin des Landes werden sollte. Dies änderte sich erst mit dem Tod ihres Mannes: Mit sechs Kindern und schwanger mit dem siebten stand Minna Canth, nunmehr sechsunddreißgjährig, weitgehend mittellos da. Sie beschloss 1880, nach Kuopio zurückzukehren, wo ihre Mutter und ihr Bruder – der Vater war inzwischen verstorben – nach wie vor lebten. In dieser neuen Lebensphase bewies sie eine ungeheuerliche Tatkraft. Zu ihrem Lebensunterhalt übernahm sie den Wollhandel ihrer Eltern und erwies sich bald schon als geschickte und einflussreiche Geschäftsfrau.[261] In ihrem Laden waren Wollstoffe und Tuche aller Art zu erwerben, die sie direkt aus Textilfabriken des In- und Auslands bezog, dazu Tisch- und Bettwäsche, Rüschen, Federn und Bänder, Sommerhüte und Handschuhe. Das Geschäft florierte und bald konnte sie auch Angestellte beschäftigen, unter ihnen zeitweise auch den mittellosen Schriftsteller Kauppis-Heikki. Waren alle Verkäufer, Aushilfen und Bediensstete anwesend, saßen zu besten Zeiten nicht weniger als siebzehn Personen am Mittagstisch.

22. Gäste in ›Kanttila‹

›Kanttila‹, das heute als Museum eingerichtete Wohnhaus der Dichterin, wurde während der achtziger und neunziger Jahre zu einer wahren Pilgerstätte des ›jungen Finnland‹. Immer, wenn er in Kuopio gewesen sei, so etwa erinnerte sich der Schriftsteller Juhani Aho,

> *verging kaum ein Tag, an dem man nicht zumindest einen Abstecher nach Kanttila machte: Oft war man mehrmals am Tage dort, manchmal von morgens bis abends. Bevor man durch die Pforte eintrat, vergewisserte man sich normalerweise, ob ›die Frau‹ daheim war. Das passierte ganz wie unter Freunden so, dass man unter dem Fenster vorbeilief und einen Blick hinein warf. Sie war fast immer zu Hause, aber sie mochte gerade beim Schreiben sein, und dann brachte man es nicht über sich, sie zu stören, oder sie hatte andere Gäste, mit denen man nichts zu tun haben wollte. Dies fand man schnell heraus, denn vor den Fenstern hingen kaum je Gardinen.*[262]

›Minnas Salon‹ (›Minnan salonki‹), wie das Wohnzimmer von Kanttila bald genannt wurde, war kein literarischer ›Salon‹ in dem Sinne, wie er von kunstbeflissenen Damen der Gesellschaft in Paris, in Wien oder Berlin betrieben wurde. Und Minna Canth war keine ›Salonnière‹, die zu regelmäßigen Soiréen einlud. Ihr Zuhause bot, wie auch der Besucher unserer Tage noch feststellen kann, nichts Außergewöhnliches. Es war allein die Persönlichkeit der Hausherrin selber, die dem Raum seine Aura verlieh:

> *Ich sagte, dass es in Minna Canths Salon nichts gab, was ihm Persönlichkeit verliehen hätte, einen ihm charakteristischen Stempel. Es gab trotzdem einen Platz, ihren […] Schaukelstuhl. Er war ein gemütliches großes Möbel, und wir nannten es ihren ›Thron‹. Darauf sitzend schrieb sie die meisten, vielleicht sogar alle ihre Werke; von dort herrschte sie über ihre Umgebung, gab Befehle und Anweisungen in den Laden und in die Küche; dort leistete sie ihren Gästen Gesellschaft, dort trauerte sie, freute sich, vergaß ihre Sorgen und wischte ihren Ärger fort, wenn dumme, engstirnige Menschen und böse Kritiker manchmal ihre Nerven gereizt hatten.*[263]

Minna Canth liebte es, Gäste um sich zu haben. Zu manisch-depressivem Verhalten neigend[264], verabscheute sie die stillen Winter, in denen ihr adäquate Gesprächspartner fehlten, und genoss die Sommermonate, wenn sich Schriftsteller und Journalisten, Theaterleute und Musiker, Maler und Bildhauer in Kanttila die Klinke in die Hand gaben. Zu den ersten, die bei ihr zu Gast waren, gehörte Kaarlo Bergbom, der Begründer und erste Direktor des Finnischen Theaters.[265] Während des Sommers 1882, als sein Theater für einige Monate in Kuopio gastierte, wohnte Bergbom gar für einige Monate in Kanttila. Des Abends saß man dann auf der Veranda und diskutierte über Schauspiele und deren Inszenierung, über Literatur im Allgemeinen und über Gott und die Welt. Für Minna Canth war die Begegnung mit dem Theatermann eine menschlich wie literarisch tiefgreifende Erfahrung, die ihr Wirken als Dramatikerin nachhaltig beeinflussen sollte. »Ich habe es unsagbar genossen«, bekannte sie einer Freundin gegenüber, »mit einem so vielseitig kultivierten und großen Mann wie Dr. Bergbom Tag für Tag zusammen sein zu können. Ich habe ihn bewundert und versucht, von den Gesprächen mit ihm so viel wie möglich zu profitieren. So klar, so vernünftig, so logisch habe ich noch niemanden große Gedanken entwickeln gehört.«[266]

Kaarlo Bergbom sollte in der Folgezeit zum wichtigsten Geburtshelfer für Canths Dramen werden. Die Freundschaft zwischen beiden (in die Minna bald auch Bergboms Schwester Emilie, die Co-Direktorin des Finnischen Theaters, einbezog) hatte über ein Jahrzehnt Bestand und erfuhr einen ernsthaften Bruch erst, als Minna Canth sich, wie erinnerlich, 1893 entschloss, ihr Stück ›Sylvie‹ dem Schwedischen statt dem Finnischen Theater zur Uraufführung anzubieten.

Inzwischen hatten zahllose andere Künstler Kanttila besucht und das unscheinbare Haus zu einem der heute kulturhistorisch wichtigsten Erinnerungsorte Finnlands werden lassen. Zu ihnen zählte Ida Ahlberg, die unbestrittene Diva des Finnischen Theaters ebenso wie der Komponist Jean Sibelius und die Maler Alexander Gallén, Pekka Halonen, Eero Järnefelt und Venny Soldan, die spätere Ehefrau Juhani Ahos. Die häufigsten Besucher freilich waren Schriftsteller wie die Gebrüder Aho (Brofeldt), Kauppis-Heikki, Arvid Järnefelt, A. B. Mäkelä, die Brüder Kasimir und Eino Leino, J. H. Erkko und seine Brüder Eero und Elias (»Ruudi«), dazu schwedischsprachige Kollegen wie K. A. Tavaststjerna und Gustaf von Numers. Seit Beginn der 1890er Jahre gehörte auch Otto Tuomi zu diesem Kreis.

Diskutiert wurde in Minnas Salon nicht nur über Literatur und Kunst, sondern auch und vor allem über die gesellschaftliche Rolle des Künstlers und die großen Fragen der Zeit. Die Ideen Tolstois, über die noch zu reden sein wird, gehörten dazu ebenso wie die Fennomanie, die Lebensreformbewegung, die ›Arbeiterfrage‹, der Sozialismus, Frauenbildung und -emanzipation. Vor allem in Bezug auf die letztgenannten Themen wurde Kuopio in den 1880er Jahren zum vielleicht wichtigsten Vorposten landesweit. Hier hatte sich unter Führung der Lehrerin Elisabeth Stenius ein Kreis sogenannter ›Intelligenz-Frauen‹ (›intelligenssi-naiset‹) gebildet, die sich nicht zufällig in Kanttila trafen und dort unter Beteiligung von Minna Canth eine eigene Frauenzeitung konzipierten. Unter dem Motto, »das Holz zu bearbeiten, an das man gefesselt« sei, wollte man so gegen tiefverwurzelte Vorurteile ankämpfen.[267] In einem Jahre später publizierten Aufsatz ließ die Dichterin wissen, was ihr als Ziel in Sachen Emanzipation letztlich vorschwebte: Die Lage der Frauen sollte ökonomisch, intellektuell und moralisch verbessert werden. Die Menschheit könne nichts erreichen, solange nicht alle ihre Glieder in die gemeinsamen Anstrengungen eingebunden seien. Männer allein seien zwar stark, hätten Verstand und Intelligenz, doch fehle ihnen das Herz. Egoismus aber sei gefährlich, da er die Menschheit daran hindere, moralisch und geistig zu wachsen. Die Wurzeln des Egoismus müssten daher ausgerissen werden. In diesem Sinne könne gerade die Frau als Mutter und Erzieherin die Gesellschaft reinigen und umgestalten. Welchen Zweck aber habe die Erziehung der Kinder, wenn man sie später in eine Welt entlasse, die den Maßstäben, die man ihnen beigebracht habe, gar nicht entspreche?[268]

Als Minna Canths Artikel 1893 erschien, war eine der konkreten Forderungen des Intelligenz-Kreises, nämlich die Gründung von Frauenoberschulen, deren Abschlüsse zum uneingeschränkten Universitätsstudium berechtigten, bereits erfüllt. Im Jahr zuvor hatte in Kuopio ein Mädchenlyzeum seine Pforten geöffnet, nachdem bereits 1886 in Helsinki eine ähnliche Bildungsanstalt gegründet worden war. Schon in den Jahren zuvor freilich hatte Minna Canth, der die Bedeutung höherer Bildung für Frauen sehr früh klar war, ihren Töchtern Einzelunterricht geben lassen und hierzu unter anderem Kalle Aho, den jüngsten der Brofeldt-Brüder, als Lateinlehrer angestellt.

Allerdings führte insbesondere die Frauenfrage auch zu Zerwürfnissen, deren wohl bemerkenswertestes das mit Juhani Aho war. Äußerer Anlass war ein öffentlicher Streit über die Frage, ob die – vor allem in der finnischen Hauptstadt zahlreich aus dem Boden schießenden – Bordelle zu rechtfertigen seien. Viele Frauenrechtlerinnen beklagten in Hinblick auf die Prostitution nicht nur die Herabwürdigung der Frau zur Ware, sondern forderten ihrerseits, dass auch junge Männer so rein in den Stand der Ehe eintreten sollten, wie dies von Frauen allgemein erwartet werde. Demgegenüber wiesen Verteidiger der herrschenden Ordnung auf die unterschiedliche Triebnatur von Männern und Frauen hin. So, wie die Dinge nun einmal lägen, böten Bordelle immerhin eine gewisse Gewähr dafür, dass Bürgertöchter sexuell unbelästigt blieben.[269] In diesem Zusammenhang erschien im März 1887 ein Artikel Ahos in Kuopios Tageszeitung ›Savo‹, in dem dieser gegen die feministische Haltung polemisierte, dabei Minna Canth persönlich angriff und ihr Bigotterie vorwarf. Ahos Artikel verletzte die Schriftstellerin tief. Wie tief, das lässt der Brief erkennen, den sie umgehend an den Verfasser richtete:

> *Herr Brofeldt!*
> *Ich habe mit Trauer und Sorge gelesen, was Sie in SAVO über meine Freunde, mich und unsere Ziele geschrieben haben. Sie verstehen sicherlich, dass es danach zwischen uns nichts Gemeinsames mehr geben kann. Gleiches gilt in Bezug auch auf die Familie Järnefelt, da ich sehe, dass dies eigentlich eine Folge ihrer Arbeit und ihres Einflusses ist. Von jetzt an sind wir einander fremd. Ich sage dies, damit, falls wir uns treffen sollten, keine Missverständnisse aufkommen.*[270]

Minnas Brief und die empörten Reaktionen auch anderer Frauenrechtlerinnen ärgerten den jungen Schriftsteller seinerseits dermaßen, dass er noch im selben Monat Minna Canth in einem Zeitungsartikel als »Juorun jumalatar«, als »Göttin des Tratsches« verspottete. Manches deutet darauf hin, dass Aho diesen Schritt später bedauerte[271], doch ließ sich, was geschehen war, nicht mehr rückgängig machen.

Minna Canths Reaktion war vielleicht nicht souverän, aber doch verständlich. Seit Jahren war Aho in Kanttila ein und ausgegangen, hatte 1885 gar für einige Monate dort gewohnt und wurde von der Hausherrin nicht ohne Grund als ein geistiger Erbe angesehen. Überdies dürfte ihr geschmeichelt haben, wie sehr der junge Charmeur ihren Rat und ihre Nähe suchte. So war es denn vielleicht weniger die Meinungsdifferenz in der Sache selbst, die Minnas Reaktion erklärt, als vielmehr ihr Gespür dafür, dass Aho im Begriff stand, sein Erbe auszuschlagen und sich anderweitig zu orientieren. Und es gab Grund zur Eifersucht.

23. Elisabeth Järnefelt

So wie eine Ellipse zwei Mittelpunkte hat, so besaß auch das intellektuelle Leben Kuopios um die Mitte der 1880er Jahre zwei Kristallisationskerne. Minnas Canths ›Salon‹ war der eine; der andere entstand 1884, als, wie wir uns erinnern, Alexander Järnefelt zum neuen Gouverneur von Savo bestellt wurde. Damals eilte nicht nur ihm ein glänzender Ruf voraus, sondern auch seiner Ehefrau Elisabeth, deren Eintreffen in Kuopio Minna Canth überschwänglich begrüßte: »Dürfen wir nun einmal eine Frau sehen, die sich traut, frei zu denken und sich traut, ihre Gedanken auszusprechen. Dürfen wir eine Frau sehen, die frei von allen Vorurteilen ist, frei von Normen und Gewohnheiten, frei von der Sklaverei der Menschen und Meinungen, und die sich traut echt zu sein.«[272]

Wer war die Frau, die sich mit solchen Vorschusslorbeeren versehen 1884 in Kuopio niederließ und in den vier Jahren ihres dortigen Aufenthaltes zum Zentrum eines eigenen Kreises kunstsinniger Talente werden sollte?

Die russische Baroness Elisabeth Konstantinowna Clodt von Jürgensburg entstammte einer kunstbeflissenen[273] baltischen Adelsfamilie, deren Vorfahren im 17. und 18. Jahrhundert der schwedischen Krone als Gouverneure und Marschälle, als Kanzler, Minister und Gesandte gedient und auf dem Gebiet des heutigen Estland, Lettland und Litauen Grundbesitz und Schlösser erworben hatten.[274] 1857, kaum achtzehnjährig, heiratete sie den um sechs Jahre älteren Alexander Järnefelt, einen Offizierskameraden und Freund ihres Bruders von der Artillerieschule. Das Paar lebte anfangs in St. Petersburg, zog später nach Wyborg, dann nach Helsinki. Nicht weniger als neun Kinder gebar Elisabeth ihrem Mann. Zwei von ihnen starben bereits im Kindesalter, zwei weitere als noch junge Erwachsene. Die verbliebenen fünf sollten auf jeweils eigene Art ihre Spuren in der Kulturgeschichte Finnlands hinterlassen: Kasper, der Älteste, – auch er immer wieder zu Gast in ›Minnas Salon‹ – machte sich als Literaturkritiker und Über-

Elisabeth Järnefelt, eine bedeutende Vemittlerin finnischer Kunst und Kultur

setzer einen Namen, Arvid als Schriftsteller und Erik (›Eero‹) als Maler. Aus Armas Järnefelt wurde ein Komponist, aus seiner jüngeren Schwester Aino eine Komponistengattin. Sie heiratete Jean Sibelius, wurde Namensgeberin und Hausherrin von ›Ainola‹, dem heute als Museum gestalteten Wohnsitz der Familie unweit von Helsinki.

Nach den Erfahrungen von St. Petersburg, Wyborg und Helsinki war die Kleinstadt Kuopio für Elisabeth Järnefelt ein öder und trister Ort. In der ersten Zeit nach ihrer Ankunft war sie daher gern und häufig in Kanttila zu Gast. »Wir besuchen andauernd Frau Canth«, gestand sie damals in einem Brief, »und man muss sagen, dass es der einzige Trost ist, ansonsten könnte man hier verrückt werden«.[275] Bisweilen brachte Elisabeth auch den einen oder anderen ihrer Söhne mit nach Kanttila; auch Juhani Aho fand sich dann gern ein. Die Schriftstellerin und frühe Canth-Biographin Hanna Asp, die zeitweise selbst im Hause Canth wohnte, erinnerte sich später solcher Treffen:

> *Gemütlich in seinen weichen Stuhl zurückgelehnt folgte Juhani Aho mit verträumten Augen dem Verlauf des Gesprächs, zuweilen sich in eigenen Gedanken vergessend, zuweilen in herzliches Lachen ausbrechend, wenn der ungestüme Erik Järnefelt einen seiner treffenden Kalauer hören ließ. Dagegen sprach Kasper Järnefelt selten und diktierte, jedes seiner Worte betonend, seine logischen Schlussfolgerungen, während ihre immer ruhige Mutter Elisabeth ihren Söhnen amüsiert und lächelnd zuhörte.*[276]

Mit der Zeit schuf sich Elisabeth ihren eigenen Kreis. Den dazu nötigen Freiraum hatten der vielseitig interessierten Frau die häufige dienstliche Abwesenheit ihres Mannes und eine wachsende Entfremdung zwischen den Eheleuten schon während der Jahre in Helsinki verschafft.[277] Obgleich Gattin eines Generals war Elisabeth dort in Kreisen ihres Standes als nur bedingt gesellschaftsfähig angesehen worden, da sie nicht des Schwedischen und ihr Umfeld nur selten des Russischen, Deutschen oder Finnischen mächtig war. Überdies galt sie als begeisterte Fennomanin, die bereits ihre Kinder in der finnischen Sprache erzogen hatte. Als diese später ihr Studium an der Kaiserlichen Alexander-Universität zu Helsinki aufnahmen, suchte auch Elisabeth die Nähe des studentischen Milieus, in dem damals die Fennomanie in zum Teil radikalen Formen gelebt wurde. Bald bildete sich um sie herum ein Kreis überwiegend akademisch geprägter junger Leute, die sich seit 1881 regelmäßig – meist mittwochs oder samstags – in ihrer Wohnung trafen, um vor allem über Literatur und Kunst, über ethische Probleme, aber auch über Wissenschaft und Politik zu diskutieren. Dabei vermittelte Elisabeth den Teilnehmern ihres Kreises ein Verständnis für den Realismus als die neue Stilrichtung der europäischen Literatur, führte sie heran an die Werke der großen russischen Erzähler und machte sie mit den – wie wir sehen werden: folgenschweren – Lehren Tolstois vertraut. Im Mittelpunkt stand dabei immer wieder die Frage nach der Wahrheit in der Kunst, wobei Elisabeth die Auffassung vertrat, dass die Kunst nichts Anderes sei als die Anbetung der Wahrheit in der Welt der sinnlichen Empfindungen.

Elisabeths Salon in Helsinki bestand nur drei Jahre; nach dem Umzug der Järnefelts ins provinzielle Kuopio ließ er sich nur mehr in gelockerterer Form fortführen. Gleichwohl wurde er zu einem wichtigen Hort jungfinnischer Literatur in den 1880er Jahren. Zum prominentesten Jünger dieser sogenannten ›Järnefelt-Schule‹ sollte schon bald Juhani Aho avancieren, der, wie auch seine Brüder, Elisabeths Kreis immer wieder besucht und zeitweise sogar als Untermieter im Hause Järnefelt gewohnt hatte. Für ihn wurde Elisabeth – bisweilen durchaus zum Missvergnügen ihrer eigenen Kinder (insbesondere Arvids) – mehr als für jeden anderen zu einer mütterlichen Mentorin und Förderin. Die offensichtliche Nähe beider zueinander streifte jedenfalls die zeitgenössischen Grenzen der Schicklichkeit und gab schon damals zu mancherlei Gemunkel Anlass. Zu einem regelrechten Skandal kam es, als die verheiratete Adlige 1882 einmal beobachtet wurde, als sie des Nachts in einem Park in Helsinki im Schutz der Büsche mit dem um zweiundzwanzig Jahre Jüngeren vertraulich plauderte. Einige Eiferer forderten damals sogar, Elisabeths Töchter der Schule zu verweisen, da deren so übel beleumdetes Elternhaus dem guten Ruf der Anstalt schaden könne.[278] Ob Elisabeths Verhältnis zu Aho, dokumentiert in einem umfangreichen Briefwechsel[279], tatsächlich über eine platonische Seelenverwandtschaft hinausging[280] oder nicht, gehört bis heute zu den umstrittenen Fragen der finnischen Literaturgeschichte.

Was immer Minna Canth darüber gedacht haben mag: Klar scheint, dass ihr abrupter Bruch mit beiden, Elisabeth und Juhani, überaus persönliche Gründe hatte. Während jedoch die Entfremdung zwischen der Schriftstellerin und ihrem literarischen Ziehsohn eine zumindest äußerliche Wiederannäherung beider in späteren Jahren nicht verhinderte, war das Verhältnis zwischen Minna Canth und Elisabeth Järnefelt spätestens seit dem Eklat vom Frühjahr 1887 vollends zerrüttet. Während die eine von der anderen nur noch als von »dieser russischen Frau« sprach, nannte diese Minna eine »bis zur Scheußlichkeit machtvolle, gänzlich perfekte Vanjuschka«.[281] Zu allem Unglück hatte sich Minna Canth aus anderen Gründen inzwischen auch mit Elisabeths Mann, dem Gouverneur von Kuopio, überworfen. Somit sorgten erst dessen Abberufung und die damit verbundene Rückkehr der Järnefelts nach Helsinki 1888 für eine Beruhigung der Gemüter im beschaulichen Kuopio.

24. Tolstoi und die Folgen

Wir wissen nicht, wann und unter welchen Umständen Otto und Minna sich kennengelernt haben. Möglich, dass sie sich in der Redaktion der örtlichen Zeitung begegneten, wo die Dichterin oft anzutreffen war und der junge Häggblom inzwischen eine Anstellung gefunden hatte. Denkbar auch, dass Juhani Aho seine Freundin auf das junge Talent aufmerksam gemacht hat. Oder sein Bruder Kaarlo Brofeldt, der – wie schon erwähnt – Rektor eben jener Handelsschule war, die Otto besuchte, und selbst schon seit längerem zum Kreis der jungen Verehrer gehörte, die sich um Minna Canth scharten. Erinnert sei schließlich auch daran, dass deren Tochter Maiju eine Klassenkameradin Ottos war, und dass dessen Bekannter wiederum, der angehende Schriftsteller Kauppis-Heikki, der uns bereits als Knecht im Brofeldt'schen Pfarrhof zu Iisalmi begegnet war, mittlerweile in Minna Canths Geschäft tätig war. (Als der schreibversessene junge Mann erkannte, dass die geregelte Arbeit in einem Laden ungeeignet für ihn war, verdingte er, der nie eine Volksschule besucht hatte, sich als Lehrer in einer Wanderschule). Es fehlte in der Kleinstadt Kuopio unter den gegebenen Umständen Otto mithin nicht an Gelegenheiten, der bewunderten Dichterin näher zu kommen.

Die vielleicht wahrscheinlichste aller Möglichkeiten ist, dass Otto Minna Canth über August B. Mäkelä kennenlernte. Dieser hatte, wie erinnerlich, den jungen Häggblom nach dessen unglücklicher Zeit im Hause des Kämmerers Herckman unter seine Fittiche genommen und ihn 1888 zum Redakteur seiner Zeitung ›Tapio‹ gemacht. Die Erfahrungen müssen gut gewesen sein, so gut, dass sie Mäkelä bewogen, dem kaum Zwanzigjährigen im folgenden Jahr die Mitarbeit bei der Neugründung einer von ihm gemeinsam mit Minna Canth herausgegebenen Kulturzeitschrift anzutragen. August Bernhard Mäkelä, nur sechs Jahre älter als Otto, war – obgleich heute fast vergessen – einer der bemerkenswertesten Vertreter finnischen Aufbruchdenkens in den Jahrzehnten um die Jahrhundertwende. Nach solider Schulausbildung am Lyzeum von Kuopio war er Anfang der 1880er Jahre in Kontakt zu radikalen Intellektuellenzirkeln gekommen und hatte wohl auf diesem Wege auch Minna Canth kennengelernt. Inwieweit es ihrem Einfluss zuzuschreiben ist, dass Mäkelä sich schon bald utopisch-sozialistischen Idealen verschrieb, mag hier offen bleiben. Jedenfalls war die Übereinstimmung zwischen beiden gegen Ende des Jahrzehnts groß genug, dass sie gemeinsam die erwähnte Zeitschrift gründeten. Schon deren Titel ›Wapaita aatteita‹ (›Freie Gedanken‹) war programmatisch.[282] Nicht weniger als den Abschied von überkommenem Denken und den Aufbruch in die Moderne hatte sich die Zweimonatsschrift auf ihre Fahnen geschrieben. ›Aufbruch in die Moderne‹: Für Canth und Mäkelä bedeutete das vor allem, »dem Volk das Wissen zu geben, das die Konservativen ihm gerne

vorenthielten.«[283] Eben solche Bevormundung sei dem finnischen Wesen unangemessen, weshalb man versuchen wolle, durch Aufsätze aus Geschichte und Naturwissenschaft, mit Stellungnahmen zu Darwins heiß umstrittener Evolutionstheorie, zu Glaubens- und Gesellschaftsfragen, aber auch durch belletristische Beiträge aufzuklären. Ziel der Zeitschrift sei, wie es in einer Vorankündigung hieß, zu diskutieren, »ob die gegenwärtigen Verhältnisse und Institutionen so sind, wie ein klarer Verstand und die christliche Lehre es verlangten, wobei insbesondere die Leiden und Mängel des arbeitenden Volkes zu berücksichtigen sind.«[284] Es war dies eine Ankündigung, welche die weltliche wie die kirchliche Obrigkeit aufhorchen ließ. So verwundert denn auch nicht, dass die Zeitschrift von Beginn an mit der Zensur zu kämpfen hatte und daher nicht immer pünktlich erscheinen konnte. Schon nach einigen Ausgaben stand auf der Titelseite zu lesen: »Das Blatt kann erst jetzt mit Erlaubnis der Behörde im Druck erscheinen. Zwei Beiträge wurden ganz gestrichen, ein dritter in Teilen.«[285] Staatliche Eingriffe solcher Art bedrohten naturgemäß nicht nur die Unabhängigkeit des Blattes, sondern auf einem so hart umkämpften Zeitschriftenmarkt, wie es der finnische gegen Ende des Jahrhunderts geworden war, immer auch seine wirtschaftliche Grundlage. Nach achtzehn Ausgaben war die Zeitschrift trotz einer Auflage von immer noch etwa zweieinhalbtausend finanziell am Ende.[286]
Für Otto endete damit ein hoffnungsvolles Unterfangen. Erstmals hatte er an einer intellektuell anspruchsvollen Zeitschrift mit landesweiter Verbreitung von Anfang an mitarbeiten, nicht zuletzt auch aus eigener Feder etliche Kurzgeschichten beisteuern dürfen. Damit schien sich ihm, der nie ein Gymnasium, geschweige denn eine Universität besucht hatte, die Chance zu eröffnen, an den intellektuellen Diskursen teilzuhaben, in denen die finnischsprachige Avantgarde die Zukunft des Landes und der Menschheit verhandelte.

Dass sich gleich der erste Artikel des ersten Heftes von ›Wapaita Aatteita‹ unter dem Titel »Der vergessene Kern der christlichen Lehre« mit dem Denken Lew Tolstois beschäftigte, war kein Zufall. Tolstoi nämlich sei, so erklärte Minna Canth programmatisch, »vielleicht der einzige wahrhafte Verkünder der christlichen Lehre in unserer Zeit. Er kümmert sich nicht um die gesellschaftliche Ordnung, nicht um die Regeln der Regierung, nicht um die Predigten der Priester und nicht um die Sitten und Gedanken der Völker, sondern verkündet furchtlos Christi hohe und reine Lehre, – eine Lehre, die er falsch verstanden hatte, als er jünger war.«[287]

Wir sehen in diesen Zeilen einen Tonfall angeschlagen, der die tiefe Verehrung erahnen lässt, die dem russischen Schriftsteller im Finnland des ausgehenden 19. Jahrhunderts, zumal in jungfinnischen Kreisen, zuteil wurde. Tatsächlich beanspruchte Tolstoi, die moralischen Gesetze Jesu in ihrer ursprünglichen Form und ganzen Wahrheit erkannt zu haben. Auch rief er dazu auf, den Geboten der Bergpredigt Wort für Wort Folge zu leisten; insbesondere dürfe Böses nie mit Bösem vergolten werden. Wortgewaltig predigte er das einfache Leben, die Bereitschaft zu körperlicher Arbeit und sexueller Mäßigung. (Selbst unter Eheleuten sollte der geschlechtliche Verkehr allein der Zeugung von Kindern dienen). Auf politischer Ebene lief Tolstois Lehre auf eine anarchische Ablehnung der staatlichen Ordnung und ihrer Organe – vor allem der Armee, der Polizei und des Justizapparates – hinaus.

Unsere wenigen Bemerkungen mögen genügen, um zu erahnen, was Tolstois Weltanschauung für so viele Künstler und Schriftsteller des jungfinnischen Realismus attraktiv machte. Den meisten von ihnen gemeinsam war eine christliche Grundhaltung, in der sich das Gebot der Nächstenliebe und die Solidarisierung mit den Armen des Landes mit einer dezidierten Kritik an der – gerade in moralischen Fragen erzkonservativen – Kirchenleitung verband. Hinzu kam, dass Tolstois anarchistische Neigungen besondere Resonanz in einem Lande finden musste, dessen Bewohner ihre Obrigkeit gerade in jenen Jahren zunehmend als Fremdherrschaft empfanden.

So war es denn kein Zufall, dass Tolstoi gerade in den von uns vorgestellten jungfinnischen Kreisen hoch verehrt wurde. Kuopio wurde dabei zur ersten und wichtigsten Hochburg des ›Tolstoianismus‹ in Finnland.[288] Minna Canth, Kauppis-Heikki und die Aho-Brüder ließen sich von den Ideen des russischen Großmeisters anstecken. Auch Otto Tuomi bewunderte diesen fraglos als Schriftsteller, wahrte aber als einer der Wenigen kritische Distanz zu dessen Lehren. Andere hingegen glaubten in Tolstoi gar einen neuen Heiland zu entdecken. Der Schriftsteller Ilmari Kianto zum Beispiel – ein Pastorensohn – zeigte sich überzeugt, dass eine solche Persönlichkeit der

Menschheit nur einmal im Jahrtausend geschenkt werde.[289] Auch bei zahlreichen bildenden Künstlern wie Venny Soldan, Pekka Halonen und Eero Järnefelt fiel Tolstois Lehre auf fruchtbaren Boden. Im letztgenannten Fall dürfte der Einfluss der Mutter eine entscheidende Rolle gespielt haben, gehörte Elisabeth doch schon früh zu den gläubigsten Anhängern des Weisen im fernen Jasanaja Poljana. Übertroffen wurde sie in ihrer Gläubigkeit nur noch von ihrem Sohn Arvid Järnefelt, der zum Entsetzen seines Vaters dem Tolstoianismus am nachhaltigsten verfiel.[290] Unter dem Einfluss von Tolstois Schriften, deren Lektüre ihm die Mutter ans Herz gelegt hatte, ändert er 1891 sein Leben. Er kleidet sich von nun an betont einfach, gibt seine juristische Laufbahn auf, erlernt das Schusterhandwerk und versucht sich als Kleinbauer. Drei Jahre später erscheint seine Bekenntnisschrift ›Meine Erweckung‹ (›Heräämiseni‹). Eine große spirituelle Erleuchtung, ähnlich dem Lichtstrahl, der am Morgen dem Erwachenden ins Auge fällt, habe plötzlich sein Leben erfüllt, erklärt er darin. Er übersendet seine Schrift dem Meister.

Der Schriftsteller Arvid Järnefelt

Es ist der Beginn einer langjährigen Korrespondenz, die bis zu Tolstois Tod 1910 fortgeführt wird. Mehr noch: Zweimal – 1899 und 1909, jeweils auf dem Höhepunkt der zaristischen Unterdrückungspolitik – pilgert Järnefelt nach Russland. Dabei dürfte ihn nicht zuletzt die Hoffnung bewogen haben, bei Tolstoi Ermutigung für den finnischen Freiheitskampf zu finden. Das Ergebnis war bestenfalls ambivalent. Zwar verurteilte der Meister jedwede Form russischer Repression, konnte aber dem finnischen Nationalgedanken nichts abgewinnen. Er kenne kein Finnland so wie er auch kein Russland kenne, setzte er seinem Besucher auseinander. Er kenne nur Menschen in verschiedenen Teilen der Welt, die seinem Herzen mehr oder minder nahe stünden, – dies aber nicht, weil sie eine bestimmte Sprache sprächen oder sich als Bürger dieses oder jenes Staates begriffen, sondern weil sie ein gemeinsames Verständnis vom Leben und, resultierend daraus, wechselseitige Liebe verbinde.[291] Patriotismus hingegen, so erklärte er einem anderen finnischen Besucher, sei immer eine Art von Selbstbetrug, der umso gefährlicher sei, als er mit Willkür und extremer Ungerechtigkeit einhergehe.[292] Mochte sich angesichts dieser Haltung die Liebe vieler Finnen zum großen russischen Vorbild auch abkühlen, Järnefelt blieb seinen Prinzipien treu und galt schon bald als ›Finnlands Tolstoi‹.[293] 1907 macht er mit einem in großer Auflage gedruckten Pamphlet ›Das Land gehört Allen!‹ (›Maa kuuluu kaikille!‹) auf das Elend der ›torpparit‹, der landlosen Kleinbauern, aufmerksam. Nach Kriegsausbruch 1914 setzt er seinen Namen unter eine Anti-Kriegs-Adresse; in den folgenden Jahren predigt er in Kirchen des Landes wiederholt über Tolstois Gebote der Menschenliebe. Es folgen Verhöre, Verhaftungen, Prozesse. Erst im Herbst 1919 – Finnland hat inzwischen seine Unabhängigkeit erklärt und einen blutigen Bürgerkrieg überstanden – wird Arvid Järnefelt von Carl Gustaf Mannerheim, dem amtierenden Staatsoberhaupt, amnestiert.

25. ›Sointula‹ – eine Utopie

Um zu verstehen, welche Auswüchse der ›Tolstoianismus‹ und andere, ihm mehr oder minder verwandte sozialistisch-theosophische Ideen gegen Ende des Jahrhunderts in Finnland hatten, müssen wir einen kurzen Ausflug über die Grenzen des Landes hinaus bis auf die andere Seite des Atlantiks unternehmen.

Sointula ist eine kleine, abgelegene Gemeinde auf Malcolm Island, einer ihrerseits kleinen und abgelegenen kanadischen Insel vor der Pazifiküste von British Columbia. Um in den heute etwa achthundert Seelen zählenden Ort zu gelangen, fährt man von Victoria, der Provinzhauptstadt, mit dem Auto zunächst sechs Stunden bis Port McNeill im Nordosten von Vancouver Island, um von dort mit der täglich verkehrenden Fähre nach Sointula überzusetzen. Wer hierher kommt, und das sind nicht viele, mag bei etwas Glück mit einem fröhlichen finnischen ›Tervetuloa!‹ begrüßt werden. Und er dürfte durchaus so manchen treffen, dem der Name A. B. Mäkeläs noch vertraut ist. Denn dieser liegt in Sointula begraben.

Rund 1,3 Millionen Finnen haben im Verlaufe des 19. und 20. Jahrhunderts ihr Land verlassen. Während nach dem Zweiten Weltkrieg die große Mehrzahl von ihnen besserer Arbeitsmöglichkeiten wegen nach Schweden umsiedelte, war zuvor Nordamerika Hauptziel finnischer Emigranten gewesen. Etwa 370.000 von ihnen hatte es innerhalb von zwei Generationen – in der Hochzeit der Auswanderung zwischen 1860 und 1930 – dorthin gezogen; die meisten von ihnen in die USA, wo sie vor allem in Michigan und Minnesota, aber auch in Massachusetts, New York und anderen Staaten vor allem des Nordens und Westens eine neue Heimat fanden.[294] So unbedeutend ihre Zahl unter dem Aspekt der amerikanischen Einwanderungsgeschichte sein mag – nur rund ein halbes Prozent aller Emigranten nach Nordamerika waren Finnen –, so bedeutend war der Vorgang für die Geschichte Finnlands. Im südlichen Lappland, in Österbotten und auf den Åland-Inseln geriet die Auswanderung zeitweilig zu einer Massenbewegung. In Kuopio war dies zwar nicht der Fall, doch brachen auch aus dieser kleinen Stadt zwischen 1870 und 1914 über achthundert Menschen nach Amerika auf.[295]
Etwa 70.000 der finnischen Auswanderer jener Jahre ließen sich in Kanada nieder, die weitaus meisten von ihnen in Ontario und British Columbia, wo Arbeit vor allem im Bergbau zu finden war. Die Arbeit im Kohlenbergbau aber war hart und gefährlich; die Löhne waren niedrig und die städtischen Lebensbedingungen den ans Landleben gewöhnten Finnen unsympathisch. Bei etlichen dieser finnischen Emigranten verwob sich die Desillusionierung über ihre frühkapitalistischen Arbeitsbedingungen mit vagen sozialistischen Idealen und nostalgischen Erinnerungen an die Heimat zur Sehnsucht nach einem erfüllten, selbstbestimmten Arbeitsleben in ländlicher Harmonie. Im Jahre 1900 hatten sich genügend Männer und Frauen gefunden, die gewillt waren, ihren Traum in die Wirklichkeit umzusetzen.

Es war dies der Augenblick, in dem ein gewisser Matti Kurikka sowie wenig später auch der uns schon bekannte A. B. Mäkelä ins Spiel kamen.

Wie Mäkelä und Otto Tuomi war auch Matti Kurikka von den Ideen Minna Canths beeinflusst. Aus Ingermanland stammend, hatte er zeitweise die Universität Helsinki besucht und früh sein Interesse am Sozialismus entdeckt. 1884 – in jenem Jahr also, als der junge Otto Häggblom nach Kuopio kam – machte Kurikka, gerade 22jährig, mit einem ersten Theaterstück auf sich aufmerksam. Unter dem Titel ›Viimeinen Ponnistus‹ (›Mit letzter Kraft‹) hatte es, kaum überraschend, die Klassengegensätze der fin-

Die finnische Siedlung Sointula in Kanada, 1904

nischen Gesellschaft zum Thema. In den folgenden Jahren profilierte er sich durch eine ruhelose journalistische Tätigkeit vor allem für die ›Wyborger Nachrichten‹ (›Viipurin Sanomat‹), eine der Arbeiterbewegung nahe stehende Zeitung, sowie für das Blatt ›Der Arbeiter‹ (›Työmies‹), dessen Chefredaktion er 1897 übernahm. Zu dieser Zeit war Kurikka längst zu einem ebenso prominenten wie radikalen Vordenker sozialistischer und pazifistischer Ideen geworden, dabei freilich auch zu einem Kritiker des Marxismus. Anstelle eines aus Verbitterung und Hass erwachsenen Klassenkampfes propagierte er eine auf ursprünglichen christlichen Werten basierende, von

Nächstenliebe und Harmonie bestimmte Lebensgemeinschaft. Während Jesus Christus für ihn der erste wahre Sozialist war, geißelte er die christlichen Kirchen ob ihres Menschenbildes: Nicht sündig sei der Mensch von Natur aus, sondern rein und daher zu einem Leben in Liebe, Gerechtigkeit und Humanität fähig. Worauf es ankomme, sei allein, einer zunehmend verrottenden Welt diese Werte vorzuleben. Eine auf echtem Altruismus gegründete Gemeinschaft würde als Modell sehr bald eine Anziehungskraft entfalten, die es mehr und mehr Menschen unmöglich machen werde, ihr bisheriges bürgerliches Leben fortzusetzen.

Matti Kurikka, so schien es, hatte die Antwort auf die Sehnsüchte der finnischen Auswanderer in British Columbia. Doch noch bevor diese ihn zu ihrem Heilsbringer auserkoren, hatte Kurikka sich im August 1899 nach Australien aufgemacht, das seinerzeit um skandinavische Einwanderer warb. In Queensland, dessen Regierung als besonders arbeiterfreundlich galt, wollte er dem ›Volk von Kaleva‹ (›Kalevan Kansa‹) eine neue Heimstätte geben. In Zeitungsartikeln und Versammlungen warb Kurikka wortgewaltig für die Auswanderung. Sie allein verspreche Rettung für die arbeitende Klasse des Landes; wer in Finnland bleibe, werde auf Dauer von rohem Hering und Dünnmilch leben müssen.[296] Die mittlerweile verschärfte Russifizierungspolitik in Finnland und insbesondere das berüchtigte ›Februarmanifest‹ des Zaren von 1899, von dem bereits an früherer Stelle die Rede war, sorgten dafür, dass Kurikkas Appell auf fruchtbaren Boden fiel.

Im Oktober 1899 kam Kurikka in Queensland an. Drei, vier Monate später waren seine Träume an den Realitäten zerschellt. Während er noch wechselweise die Administration von Queensland und seine finnischen Landsleute für sein Scheitern verantwortlich machte, weil letztere den edlen Charakter seines Unternehmens gar nicht verstanden, erstere aber nur billige Arbeitskräfte gesucht hätten, erreichte den Verzweifelten der Hilferuf seiner desillusionierten Landsleute in British Columbia. Ja, er sei bereit, ihnen zu helfen, ließ der mittellose, an seinem Traum aber keineswegs irre gewordene Kurikka sie wissen, sofern man nur für seine Passage nach Kanada aufkomme. Dank einer Sammlung waren die Mittel bald aufgetrieben, und im Spätsommer des Jahres 1900 – nur gut ein Jahr nach seiner Abreise von Finnland nach Australien – erreichte Kurikka Vancouver

Island. Im Frühjahr des folgenden Jahres war auf Malcolm Island, einer kleinen Insel etwa dreihundert Kilometer nordwestlich von Vancouver endlich ein geeignet erscheinender Siedlungsplatz gefunden, ein weiteres halbes Jahr später dann auch der Siedlungsvertrag mit der Regierung von British Columbia abgeschlossen.[297] Die Bedingungen schienen günstig: Der ›Kalevan Kansan Colonization Company‹, wie sich der Zusammenschluss von Kurikkas Anhängern nannte, wurden für zunächst sieben Jahre 20.000 Morgen Land steuerfrei zur Verfügung gestellt. Im Gegenzug sollte die Gesellschaft insgesamt dreihundertfünfzig Siedlerstellen besetzen, für den Bau von Häusern, Straßen und Brücken aufkommen sowie die Kinder der nun zu Untertanen der Britischen Majestät gewordenen Neuankömmlinge auf einen Besuch englischsprachiger Schulen verpflichten. Bei Erfüllung aller Auflagen könne das Land dann nach Ablauf von sieben Jahren den Siedlern auf Dauer überlassen werden.

Ende 1901 trafen die ersten Siedler ein und gründeten ›Sointula‹, den ›Ort der Harmonie‹. Entgegen seinem Namen sollte Sointula feilich kein Ort der Harmonie werden. Von Anfang an gab es ideologische Differenzen, die sich umso stärker auswirkten, als Sointula konsequent als Kollektiv organisiert war. So wurden die Häuser ohne Küchen gebaut, da alle Mahlzeiten gemeinsam eingenommen wurden. Der Genuss von Alkohol war verboten. Alle erhielten den gleichen Lohn; nur die Arbeitszeit war je nach Schwere der Tätigkeit gestaffelt. Eine Kirche gab es nicht in Sointula, da nach Kurikkas Meinung jeder nach seiner Façon selig werden sollte. Zwar spielte Spiritualität in seinem theosophischen Denken eine zentrale Rolle, doch lehnte er die Lehren der christlichen Kirchen als verderblich ab. Infolge ihrer Betonung des Bösen statt des Guten in der menschlichen Natur hätten sie dieser nur Fesseln angelegt. Kurikka hingegen wollte das Christentum zu seinen natürlichen Wurzeln zurückführen. Er lehnte daher auch Institutionen wie die Ehe als Formen bürgerlich religiöser Versklavung ab. Indem er die ›freie Liebe‹ propagierte und sie als Schritt zur Emanzipation der Frauen ausgab, trug er zugleich dem misslichen Umstand Rechnung, dass in Sointula etwa doppelt so viele Männer wie Frauen lebten. Dass sich vor allem letztere wenig begeistert von Kurikkas Vorschlägen zeigten, bewies diesem freilich nur, wie sehr die Frauen bereits zum Opfer christlicher Sklavenmoral geworden waren. Zerwürfnisse gab es auch über den Plan, die

Erziehung der Kinder nicht den Eltern, sondern einem Kinderhort zu übertragen. Dies würde einerseits eine Erziehung im Geiste von Sointula garantieren, und böte andererseits den Vorteil, dass die Mütter frühzeitig für anderweitige Arbeiten freigestellt wären.[298]

Arbeitskräfte fehlten auf Malcolm Island in der Tat. Dabei waren die Erwartungen groß gewesen. Einen Ansturm von zweitausend finnischen Siedlern – teils aus Finnland, teils aus den USA kommend – hatte Kurikka vorausgesagt. In der örtlichen Presse war gar von zwei Millionen Finnen die Rede, die bereit seien, nach British Columbia zu kommen, um der russischen Unterdrückung in ihrer Heimat zu entgehen.[299] Tatsächlich hatte Sointula in der Zeit seines ursprünglichen Bestehens kaum je mehr als zweihundert Bewohner. Zwar verschlug es im Laufe der Jahre einige Tausend Menschen dorthin, doch zogen die weitaus meisten es vor, den Ort alsbald wieder zu verlassen. Aufgrund von Kurikkas Berichten, die dieser in einer eigens gegründeten Zeitung namens ›Aika‹ (›Die Zeit‹) publizierte, hatten viele, die nach Sointula kamen, ein blühendes Paradies erwartet und waren nun entsetzt über die Primitivität der Verhältnisse. Zahlreiche andere wiederum verließen Sointula zermürbt von endlosen Streitereien und ernüchtert vom wirtschaftlichen Misserfolg. Von Anfang an nämlich hatte es der Siedlung an einer gesunden finanziellen Grundlage gefehlt. Mangels Startkapital schnell verschuldet, vermochte die Siedlergemeinschaft sich zu keiner Zeit als wirtschaftlich erfolgreiche Kooperative zu präsentieren. Die Gründe für diesen Misserfolg waren vielfältig: Schon der Ort der Siedlung erwies sich, weil allzu weit von Hauptstraßen und Märkten entfernt, als unklug gewählt. Matti Kurikka selber war zwar ein wortgewaltiger Propagandist, aber den mit seinem Unternehmen verbundenen praktischen Schwierigkeiten kaum gewachsen und überdies, wie es scheint, ein schlechter Organisator. Hinzu kam schließlich, dass es der kleinen Gemeinde an Männern fehlte, die hinreichende berufliche Erfahrungen mitbrachten, um in Waldwirtschaft und Holzverarbeitung, im Fischfang und Bauwesen ertragreich tätig zu sein.[300]

Am Niedergang der ›Kalevan Kansan Colonization Company‹ vermochte auch A. B. Mäkelä nichts zu ändern. Schon bald nach der Gründung von Sointula hatte er seine Stellung als Chefredakteur des ›Työmies‹ aufgegeben und war auf Wunsch seines Freundes Kurikka nach Malcolm Island gekommen, – als »Friedensrichter«, weil er, wie Otto Tuomi ironisch kommentierte, »ein persönlicher Vertrauter des Königs« sei.[301] Im Unterschied zu Kurikka war Mäkelä ein Pragmatiker. Auch teilte er nicht die theosophischen Ideen seines Freundes. Was ihn nach Kanada trieb, war freilich eine kaum weniger utopische Vorstellung, wie er in seinen einige Jahre später erschienen Erinnerungen einräumt: Es war die Hoffnung, an den Gestaden jenes freien Landes eine Heimstätte für verfolgte finnische Sozialisten und ihre Anhänger, also für mehr oder weniger die gesamte finnische Arbeiterklasse zu finden.[302] Otto Tuomi, dem Mäkelä schon früh von seinen Plänen berichtet hatte, zeigte sich von Anfang an skeptisch: Amerika scheine, so meinte er, diejenigen besonders anzuziehen, die andernorts auf Granit bissen.[303]

Von wirtschaftlichen Misserfolgen und weltanschaulichen Auseinandersetzungen zermürbt, verließ Matti Kurikka im Oktober 1904 Sointula. Zusammen mit etwa der Hälfte der Einwohner, die ihm gefolgt waren, versuchte er sich kurzzeitig an einem neuen Siedlungsprojekt, kehre aber schon 1905 wieder nach Finnland zurück. Heimisch wurde er auch dort nicht mehr. Mit Finnlands Sozialdemokratischer Partei, die sich programmatisch am Vorbild der deutschen Sozialdemokratie orientiert hatte, überwarf er sich. Schon wenige Jahre später finden wir ihn erneut als Zeitungsjournalisten und Farmer in Amerika, wo er 1915 verstirbt. Die finnische Geschichte dürfte wohl kaum je einen anderen Charismatiker gekannt haben, der so wie Matti Kurikka andere Menschen mit größten Hoffnungen zu erfüllen und diese dann binnen kürzester Zeit wieder zu zerstören vermocht hätte.
Ein halbes Jahr nach Kurikkas Abreise ist die ›Kalevan Kansan Colonization Company‹, die zuletzt nur mehr wenige Duzend Teilhaber zählte, endgültig am Ende. Am 27. Mai 1905 wird sie liquidiert. Das Ende der Utopie bedeute freilich nicht das Ende des Ortes. Sointula besteht noch immer und konnte im Jahre 2001 sein hundertjähriges Bestehen feiern.
Nach der Liquidierung der Siedlungsgesellschaft hatte auch A. B. Mäkelä Sointula verlassen und zunächst für eine Zeitung in den USA gearbeitet, bevor er 1907 nach Finnland zurückkehrte. Aber auch ihn hält es nicht in der alten Heimat. Er geht zurück nach Amerika, wo er in den folgenden Jahren für diverse finnischsprachige Zeitungen in den USA und Kanada

arbeitet. Wiederholt kehrt er nach Sointula zurück, wo er schließlich im Februar 1932 – Fünfvierteljahr nach dem Tode Ottos – auch stirbt.
Zu dieser Zeit war in Mäkeläs Heimat die bizarre Geschichte Sointulas schon (fast) vergessen. Wenn sich noch irgendjemand an sie erinnert fühlte, dann wohl allein darum, weil Arvid Järnefelt sich in einem seiner späten Dramen des Stoffs – nicht ohne ironisierenden Unterton – angenommen hatte.[304]

26. ›Kleine Erzählungen‹

Einen kulturellen Höhepunkt von nationaler Bedeutung erlebte Kuopio im Juli 1891, als die Stadt zum Schauplatz des finnischen Sängerfestes (›laulujuhlat‹) wurde, eines dreitägigen landesweiten Kulturfestivals, das, 1884 nach estnischem Vorbild ins Leben gerufen, dazu dienen sollte, durch die Beschwörung finnisch-karelischer Mythen das kollektive Gefühl nationaler Gemeinsamkeit zu stärken. Von überall kamen die Gebildeten des Landes zusammen, Dichter und Musiker, Künstler und Intellektuelle, Theaterleute und Journalisten vorzugsweise jungfinnischer Geisteshaltung, um kalevaleske Darbietungen in karnevalesk anmutender Umgebung zu feiern. Der Dichter Armas Einar Leopold Lönnbohm, der sich Eino Leino nannte und in den folgenden zwei Jahrzehnten zu einem ›Heinrich Heine der finnischen Lyrik‹ aufsteigen sollte,

Der Dichter Eino Leino (1903) – ›Finnlands Heinrich Heine‹

erinnerte sich später, dass sich aus Helsinki zum Beispiel die gesamte Redaktion von ›Päivälehti‹, der erst unlängst gegründeten großen Hauptstadtzeitung, auf den Weg nach Kuopio gemacht habe.[305] Für kurze Zeit sah sich das festlich herausgeputzte Städtchen mit seinen wenig mehr als achttausend Einwohnern von einer um das Doppelte größeren Zahl von Gästen überschwemmt. Einige von diesen blieben länger, genossen den Sommer am Kallavesi und trafen sich in ›Minnas Salon‹ zu Lesungen und Diskussionen. Juhani Aho lernte bei dieser Gelegenheit die Malerin Venny Soldan kennen, heiratete sie noch im selben Herbst und sollte mit ihr eine dreißigjährige komplizierte Künstlerehe führen, die erst mit dem Tode des Schriftstellers 1921 endete. Auch viele der späteren langjährigen Bekanntschaften Ottos – darunter auch die mit Eino Leino – dürften auf das Sängerfest von 1891 zurückgehen.

Das große Fest in der kleinen Stadt ließ alle Teilnehmer spüren, wie sehr zu Beginn der 1890er Jahre das ganze Land von neuen Ideen vibrierte, die, so unterschiedlich sie im Einzelnen sein mochten, doch alle auf die eine oder

Der Kalevala-Umzug beim Sängerfest in Kuopio, 1891
(Kuluthistorisches Museum Kuopio / Foto: Karl Granit)

andere Weise Ausdruck einer spezifisch finnischen nationalen Identität waren oder doch zu sein beanspruchten. Die Gründung kulturell anspruchsvoller Zeitungen und Zeitschriften wie ›Päivälehti‹, ›Wapaita Aatteita‹ und ›Uusi Kuvalehti‹ signalisiert diesen Geist des Aufbruchs ebenso wie die neueste Literatur. Im Dezember 1890 war Juhani Ahos Novelle ›Yksin‹ erschienen, etwa um die gleiche Zeit ein neues Stück Minna Canths (›Papin perhe‹) auf die Bühne gekommen. Frischer Wind durchwehte auch die schwedischsprachige Literatur des Landes. Mit ›Harte Zeiten‹ (›Hårda tider‹) legte K. A. Tavastjerna 1891 einen Roman vor, der die traumatischen Hungerjahre von 1867/68 zum Thema hatte und im Stil der Realisten die Entwurzelung der bodenständigen Landbevölkerung beschrieb. Es war dies nichts weniger als ein Generalangriff auf den romantischen Mythos vom Landvolk als Seele der Nation.[306]

Nur wenig später mochte sich auch Otto Tuomi seinem Ziel, ein großer Schriftsteller zu werden, näher denn je gewähnt haben. Die Bekanntschaft mit Minna Canth und die Teilhabe am großen Sängerfest hatten es mit sich gebracht, dass er binnen weniger Jahre etliche der interessantesten Köpfe seiner Zeit hatte kennenlernen dürfen. Überdies war er der größten Schriftstellerin des Landes dank der gemeinsamen Reise auch ganz persönlich näher gekommen. Bei langen Spaziergängen zu zweit plauderte Minna nun gern aus dem Nähkästchen und mokierte sich über diesen oder jenen Schriftstellerkollegen, – etwa darüber, wie sich Ibsen und auch Runeberg von jungen Frauen den Kopf verdrehen ließen, und darüber, dass Topelius seine rote Nase dem Schnaps verdanke.[307] Bei alledem lernte Otto, in den Berühmtheiten der Gegenwart wie der Vergangenheit nicht einfach anbetungswürdige Ideale, sondern Menschen in all ihren Stärken und Schwächen zu sehen. Zugleich begannen im Laufe seiner vielfältiger Begegnungen in der Szene auch die eigenen Auffassungen über Literatur und über jene, die sie hervorbrachten, zu reifen. Wo früher reine Bewunderung vorherrschte, zeigte sich nun Kritik. Den Großen der Literatur fehle, so etwa lesen wir in einem nächtens hingeworfenen Brief Ottos an seine Geliebte[308], bei der Suche nach Wahrheit doch allzu oft die Vielseitigkeit. Nicht selten sogar würden sie als groß, womöglich als genial gerade aufgrund der grandiosen Einseitigkeit betrachtet, mit der sie ihre jeweilige Wahrheit ausbreiteten: »So Nietzsche. Furchtbar brillant. Tolstoi fast genauso brillant.« Hingegen kämen nur jene Dichter, welche auch die letzten Wahrheiten aussprechen wollten, der ganzen Wahrheit am nächsten. Ibsen, der große Charmeur, sei ihr sehr nahe, bleibe aber letztlich auch einseitig, indem er bestimmte Themen, etwa das der ›gefallenen Frau‹, nicht anschneide. Der Größte der jüngsten Zeit, das sei Émile Zola. Er habe zum Beispiel das Leben eines Freudenmädchens behandeln können wie kein Anderer sonst. Was andere schrieben sei im Vergleich zu seinen großen Romanen nur Kinderspielerei!

Ottos auffallend häufige Bezugnahme auf ›gefallene Mädchen‹, Alkoholiker und sonstige Menschen, die im Unglück lebten, war kein Zufall. Mit Verve nämlich wendet er sich gegen die gesellschaftliche Verachtung der Gestrandeten. »Wenn man Menschen mit den Augen eines Dichters betrachtet«, so sein Credo, »so kann man niemanden verurteilen, sondern nur verstehen.« Unbeirrt glaubt er an die Fähigkeit des Menschen zum Guten. Als Beispiel dient ihm eine in seinem Hause lebende Frau, die, einst wunderschön, nunmehr von der Syphilis entstellt sei, mittellos mit einem kleinen Kind, dessen Vater längst das Weite gesucht habe. »Die Mutter geht in die Fabrik, vom Hunger getrieben. [...] Aber ich weiß nicht, ob eine andere Mutter ihr Kind besser pflegen würde.« Nein, nicht das Milieu sei entscheidend, in dem ein Mensch lebe. »Es kann ja aus einem Propstsohn ein Dieb werden und aus einem in elendigsten Verhältnissen Geborenen ein Professor.« Oft genug erwiesen sich gerade jene, die aus den Dreckslöchern kommen, als »die Perlen der Menschheit, neben denen die in Lektorenfamilien aufgewachsenen Schmetterlingskinder wie Fliegen vom Hinterhof wirken.« Was letztlich aus einem Menschen werde, hänge in der Hauptsache doch von seiner Erziehung ab. Dessen müsse sich jeder, der Kinder aufziehe, stets bewusst sein: »Deswegen ist es wichtig, dass die jungen Leute nur gute Literatur lesen dürfen.«

Was seinen eigenen Beitrag zu »guter Literatur« anbetrifft, so konnte Otto zufrieden sein. Immer mehr Zeitungen und Zeitschriften interessierten sich für seine Kurzgeschichten. Besondere Genugtuung dürfte ihm bereitet haben, dass er in den Jahren von 1890 bis 1893 gleich neun – zum Teil mehrteilige – Erzählungen in ›Päivälehti‹, der führenden finnischsprachigen Hauptstadtzeitung unterbringen konnte. Einer dieser Beiträge rief sogar

den Zensor auf den Plan, weil der Autor dem Helden seines Beitrags, einem alten Soldaten, eine offenbar allzu pazifistische Haltung angedichtet hatte. Die behördlich erzwungene ›Verbesserung‹ des Textes an drei Stellen, über welche die Redaktion ihre Leser in einer gesonderten Notiz informierte, dürfte im sich langsam verschärfenden Meinungsklima der Zeit durchaus als eine Auszeichnung empfunden worden sein.[309]
Mit seinen Beiträgen in ›Päivälehti‹ und ›Wapaita Aatteita‹ empfahl sich Otto als Autor auch für andere anspruchsvolle Zeitschriften, die nun auch in finnischer Sprache in immer größerer Zahl auf den Markt geworfen wurden. So schrieb er schon bald für ›Valvoja‹, Finnlands älteste kulturpolitische Zeitschrift (gegründet 1880)[310] ebenso wie für ›Uusi Kuvalehti‹, ein von den Gebrüdern Brofeldt neu herausgegebenes Monatsmagazin, das niveauvolle Literatur, Humoresken und Reportagen aus aller Welt mit technisch aufwendigen, bald auch schon farbigen Illustrationen zu verknüpfen suchte.[311]
Vielversprechend erschien auch die Mitarbeit an einem anderen Organ. Gegen Ende der 1880er Jahre hatte der Verleger Eero Erkko die Idee gehabt, parallel zu seiner neuen Tageszeitung ›Päivälehti‹ eine Zeitschrift zu begründen. Sie sollte der sich allmählich zu einer eigenständigen politischen Kraft verdichtenden jungfinnischen Bewegung als Plattform dienen, um ihre gesellschaftlichen und politischen, literarischen und künstlerischen Ideen jenseits aller Tagesaktualitäten vorstellen zu können. Das Projekt ließ sich in der gedachten Form nicht realisieren; was stattdessen herauskam (und über fünfzig Jahre hinweg Bestand haben sollte!) war ein als ›Joulualbumi‹ (›Weihnachtsalbum‹) firmierendes Jahrbuch unter dem programmatischen Titel ›Nuori Suomi‹ (›Junges Finnland‹). Der Erfolg war beträchtlich: Bereits 1891, im ersten Erscheinungsjahr, lag die Auflage bei zweieinhalbtausend; zwei Jahre später hatte sie sich verdoppelt.[312]

Hoffnungsfroher noch als all dies stimmte Otto in Hinblick auf seine Zukunft als Schriftsteller zweifellos, dass er 1893 endlich seine – wie wir sahen, längst geplante – erste selbstständige Veröffentlichung in Händen halten durfte. ›Pieniä kertomuksia‹ (›Kleine Erzählungen‹) hieß das schmale, insgesamt sechzehn Kurzgeschichten umfassende Werk, das der noch junge, aber schon renommierte Otava-Verlag als Band 59 seiner Reihe ›Die preiswerte Bibliothek‹ auf den Markt brachte. Der attraktive Preis – fünfundachtzig Pfennige bzw. 60,40 Mark für die gesamte Reihe – versprach eine breite Leserschaft. Geschmeichelt fühlen mochte sich der kaum vierundzwanzigjährige Autor überdies durch die Gesellschaft, in die er sich gestellt sah. Immerhin waren in der gleichen Reihe auch ausländische Autoren von Weltrang – Tolstoi und Tschechow, Kipling und Sienkiewicz – verlegt worden. Zudem erschien in der Werbung für die Neuerscheinungen des Verlags sein Name jetzt gleichberechtigt neben solch illustren wie Minna Canth, J. H. Erkko und Kasimir Leino. Dazu passte, dass keine geringere Zeitung als ›Päivälehti‹ unter Verweis auf die Neuerscheinung eine der Erzählungen des Bandes werbewirksam abdruckte.

Und doch: Der Erfolg hielt sich in Grenzen. Trotz einer möglicherweise zweiten Auflage des Buches im Jahre 1901 fanden Ottos ›Kleine Erzählungen‹, von denen einige schon zuvor anderweitig publiziert worden waren, offenbar weder die erhoffte breite Rezeption beim Publikum noch eine enthusiastische Aufnahme seitens der Kritik. Immerhin bezeichnete Juhani Aho sie in einem Brief als »irgendwie gut« (»jotenkin hyvät«)[313] und Kasimir Leino – als Bruder des Lyrikers Eino Leino einer der bekanntesten und einflussreichsten Literaturkritiker seiner Zeit – verstand sich in der renommierten kulturpolitischen Zeitschrift ›Finsk Tidskrift‹ zu einer alles in allem wohlwollenden Besprechung. Darin hebt er Ottos vitales Talent (»lifskraftig talang«) hervor, das sich mit einem gewissen Scharfblick für die mannigfachen Geschehnisse des Alltags verbinde, und lobt den leichten, wohlmeinenden Humor, der für Savo so typisch sei und einige der vom Autor mit routinierter Hand geschriebenen Stücke durchziehe. Zugleich freilich kritisiert er den deutlichen Mangel an Konzentration, der den Stil vieler der Erzählungen kennzeichne und zu unnötigen Wiederholungen führe, welche die Wirkung der Texte beeinträchtigten.[314] Erinnern wir uns des ungeheuerlichen Zeitdrucks, unter dem unser junger Zeitungsredakteur in den Jahren zuvor die vielen Dutzenden und Aberdutzenden seiner Kurzgeschichten zu Papier gebracht hatte, so vermag diese Kritik kaum zu überraschen.

Schärfer noch sollte sie im folgenden Jahr in anderem Zusammenhang formuliert werden. Als 1894 im Rahmen einer schmalen Anthologie moderner finnischer Erzähler (›Finska Novellister‹) neben den Werken der übli-

chen Verdächtigen (Canth, Aho etc.) erstmals auch eine Kurzgeschichte Ottos in schwedischer Übersetzung erschien, kommentierte der Herausgeber – ein angesehener Literaturwissenschaftler – Ottos bisheriges Oeuvre mit folgenden Worten: der Autor sei ein »Volksschriftsteller«, der sich freilich nicht allein für volkstümliche Themen, sondern auch und gerade für das bürgerlich-städtische Leben interessiere. Allerdings »könne von ihm nicht gesagt werden, dass er allzu tief in dessen Psychologie vorgedrungen wäre.« Seine Kurzgeschichten seien nicht ausbalanciert; viele durchaus gelungene Züge »ertrinken in Banalitäten.« Aber der Autor sei ja noch jung ...![315]
Die Kritik an Otto Tuomis unzureichendem psychologischen Zugriff lässt ein sich seit Beginn der neunziger Jahre wandelndes Verständnis von Literatur erkennen, dem die Erzählungen unseres Protagonisten – ganz unabhängig von deren handwerklichen Schwächen – in ihrer naturalistischen Einfachheit nicht mehr genügen konnten. Ausgehend von Frankreich, vermittelt aber auch durch skandinavische und russische Einflüsse, hatte nämlich mit dem Symbolismus eine Stilrichtung auch Finnland erreicht, welche die sachliche Schilderung sozialer Verhältnisse, wie sie für Realismus und Naturalismus kennzeichnend waren, zugunsten einer künstlerischen Überhöhung des Realen ablehnte.[316] Einen solchen Perspektivenwechsel mitzuvollziehen war Otto Tuomi offenbar weder willens noch fähig.
Zur Kritik kam, was sein Buch angeht, Unzufriedenheit mit der finanziellen Seite des Unternehmens hinzu. Noch Jahre später klagte Otto darüber, dass er von seinem vereinbarten Honorar von fünfhundert Mark nur dreihundert erhalten habe. Er frage sich, ob Otava alle seine Autoren auf diese Weise ausbeute.[317] Auf einen förmlichen Rechtsstreit mit dem Verlag freilich scheint unser sich geprellt fühlender Autor – vermutlich aus Rücksicht auf künftige Geschäftsbeziehungen – verzichtet zu haben.

Die verhaltene Reaktion, welche Ottos Buch erfuhr, dürfte nicht zuletzt auch damit zusammenhängen, dass im selben Jahr 1893 ein literarischer Erstling von ganz anderem Kaliber die Öffentlichkeit bewegte. Die Rede ist von Arvid Järnefelts –gleichfalls bei Otava verlegtem – Roman ›Isänmaa‹ (›Vaterland‹). Im Unterschied zu Ottos zumeist harmlos betulichen Kurzgeschichten, entfalten sich in Järnefelts Roman an der Person des Hauptprotagonisten die großen Probleme der Zeit: der Sprachenstreit und die Frage nach der Berechtigung eines fennomanischen Nationalismus (deren radikalste Vertreter die Ausweisung aller Schwedischsprachigen forderten), der Konflikt zwischen Stadt- und Landleben und die Probleme der Klassengesellschaft. Scharf kritisiert er dabei die in ›besseren Kreisen‹ gängige Verklärung des Volkes, von dem gerade die gebildeten Schichten kaum etwas wüssten. Geblendet von Runebergs Idealismus wollten sie nicht wahrhaben, dass ›das Volk‹ als solches nicht existiere, sondern nur der Mensch in seiner ganzen Individualität und Vielfalt.[318]

27. Der gescheiterte Romancier

In den Jahren nach Erscheinen seines Novellenbuches nimmt die Zahl der von Otto veröffentlichten Kurzgeschichten spürbar ab. Mancherlei Gründe dafür sind denkbar; vor allem ein vermehrter Arbeitsanfall in der Zeitungsredaktion und im Rahmen der von ihm mitbetreuten Zeitschriften mag eine Rolle gespielt haben. Entscheidend indessen dürfte gewesen sein, dass sich der literarische Ehrgeiz des Vierundzwanzigjährigen nunmehr neuen Projekten zuwandte.

Ein großer, ein wirklich großer Schriftsteller würde man, so viel glaubte Otto längst zu wissen, nicht durch Kurzgeschichten. Sie konnten nur ein Anfang sein, Fingerübungen für Größeres. Mit Beginn des neuen Jahrhunderts schienen die Weichen für den endgültigen Durchbruch gestellt. Einer Ouvertüre gleich verkündet Otto zum Jahreswechsel in seiner Zeitung ›Uusi Savo‹, der Anfang des neuen Jahrhunderts werde den finnischen Dichtern gehören![319] Vermutlich meinte er damit nicht zuletzt sich selber. Otto hatte nämlich ein Theaterstück verfasst und eine Bühne gefunden, die bereit war, es – ohne Namensnennung des Verfassers – aufzuführen. ›Die Familie des Kriegskämmerers‹ (›Sotakamreerin perhe‹) hieß die Komödie, in der es um die Bemühungen eines Posthalters ging, seine vier Töchter unter die Haube zu bringen. Da es – vom soeben erst begründeten Nationaltheater in Helsinki abgesehen – feste Bühnen im Lande nicht gab, wurde das Stück vom Suomalainen Maaseututeatteri aufgeführt, einer Tourneebühne, deren Direktor gerade – Zufall oder vielleicht doch nicht? – Kalle Brofeldt hieß. Am 1. Februar 1901 erlebte der Dreiakter in Kuopio seine

Uraufführung. Die Kritik in der lokalen Presse, verfasst wohl von Pekka Brofeldt[320], war nicht unfreundlich, doch scheint das Stück, dessen Text uns leider nicht überliefert ist[321], auch erheblichen Unmut ausgelöst zu haben. Offenbar wurden hier örtliche Indiskretionen in so hinreichender Zahl auf die Bühne gebracht, dass anlässlich der Premiere sogar Protestaktionen geplant waren, zu denen es dann aber schließlich doch nicht kam.[322] War es vielleicht in weiser Voraussicht solcher Unzuträglichkeiten gewesen, dass Otto darauf verzichtete, sich als Verfasser zu outen?
Wie auch immer: Das Stück wurde nach der Premiere abgesetzt. Weitere Vorstellungen folgten zwar noch im selben Jahr in Wyborg, in Tampere und Turku, doch gab es auch dort nicht mehr als nur je eine einzige Aufführung.[323] Auch wenn in Rechnung zu stellen ist, dass niedrige Aufführungszahlen seinerzeit keine Seltenheit waren, liegt doch auf der Hand, dass Ottos Erstling kein großer Erfolg zuteil wurde. Einen Hinweis auf mögliche Gründe liefern die Kritiken, die das Stück überwiegend als misslungen ansahen, die Handlung als wenig schlüssig und die beabsichtigte Charakterkomik trotz einiger guter Dialoge als verunglückt.[324]

War Ottos Erfahrung als Dramatiker ernüchternd, so war sie als Romancier niederschmetternd. Noch im Jahr 1900 hatte der nunmehr Dreißigjährige dem Otava-Verlag, der sieben Jahre zuvor seine Erzählungen veröffentlicht hatte, ein umfangreiches Romanmanuskript mit dem etwas kryptischen, sich auf einen Frauennamen beziehenden Titel ›Ilma Itaalia‹ zur Begutachtung eingereicht. Am 11. Januar 1901 entschied der Verlag, es »in der gegenwärtigen Form« abzulehnen. Verantwortlicher Lektor des Verlags war Teuvo Pakkala, selber ein aufstrebender Schriftsteller, der zu jener Zeit neben einer Reihe von Erzählungen selbst bereits einen namhaften Roman[325] veröffentlicht hatte. Ihm oblag es, Otto in einem Brief die Ablehnungsgründe des Verlags zu erläutern. Das Buch – eine Dreiecksgeschichte zwischen einer verheirateten Frau, ihrem Mann und ihrem Liebhaber – sei, so führte Pakkala aus, im Ansatz durchaus gelungen, aber bei weitem zu lang. Die Überfülle an Details wirke auf den Leser ermüdend. Er selbst habe es nur unter Mühen ganz durchgelesen, dies am Ende allerdings nicht bereut. Was Not tue, sei eine radikale Kürzung und Entschlackung des Textes insbesondere bei der Schilderung der Nebenpersonen. Durch eine rigide Konzentration auf die Hauptprotagonisten und deren Charaktere werde es möglich sein, die Entwicklung der Geschichte schneller voranzutreiben. Auch erschienen dem Lektor einige Textpassagen doch allzu gewagt: Den Liebhaber in Unterhosen auftreten zu lassen, könnte beim Leser Widerwillen aufkommen lassen.[326]

Umgehend machte sich Otto an eine Überarbeitung und übersandte den neuen Text, ohne dessen erste Fassung auch nur mit einem Wort zu erwähnen, diesmal zunächst Juhani Aho zur Prüfung: »Ich habe soeben einen Roman fertiggestellt, zu dem ich Deine Meinung hören möchte. Es werden etwa 300 Druckseiten sein, die bereits fertig ins Reine geschrieben sind. Bitte, sag mir, ob Du Zeit und Lust hast, sie zu lesen.«[327] Leicht kann man sich die Ungeduld vorstellen, mit der Otto Ahos Urteil erwartete, wähnte er sich selbst doch noch zu nah an seinem Text, um abschätzen zu können, wie der Meister das Werk aufnehmen würde. Anfang Juni, nur eine Woche nach Versand des Werkes, entschließt er sich zu einem weiteren Brief: »Du ahnst wohl, dass ich mit Spannung Deine Kritik erwarte, von der ich hoffe, dass sie schonungslos ausfällt, denn hier hilft nichts als die Wahrheit.«[328]

In der Tat drängte die Zeit, sollte das neue Manuskript, wie von Otto geplant, dem Verlag noch im Sommer zugestellt werden, um in den Druck gehen zu können, bevor sein Autor sich im Herbst auf eine längere Auslandsreise begab. In der Hoffnung, bei dieser Gelegenheit »etwas klüger« zu werden, zog es ihn offenbar vor allem nach Deutschland und Frankreich; Grundkenntnisse der Sprachen beider Länder hatte er sich in den Jahren zuvor angeeignet.

Nach kaum zwei Monaten lag Juhani Ahos Urteil vor. Wir wissen nicht, wie »schonungslos« seine Kritik ausfiel. Ottos überschwänglichem Dankesbrief nach zu urteilen bewog sie diesen jedoch noch zu etlichen Änderungen, vor allem aber Straffungen des Textes, auf die ja auch Teuvo Pakkala bereits gedrungen hatte; etwa einhundert Seiten fielen den Streichungen zum Opfer. Solange das Werk noch frisch sei, wage man nicht, sich dessen Schwächen einzugestehen, räumte der Autor ein. Erst jetzt werde er sich der Bedeutung von Ahos Anmerkungen voll bewusst, werde noch weitere Änderungen vornehmen und danach das Werk als Ganzes Otava zusenden: »Dann werden wir sehen, was passiert.«[329]

Am 9. September lehnte der Verlag eine Veröffentlichung endgültig ab.[330]

Was hernach mit dem Manuskript geschah, wissen wir nicht. Vielleicht bot Otto es noch einem anderen Verlag an? Vielleicht verbrannte er es aus Enttäuschung? Sicher ist nur, dass es nie gedruckt wurde und seine Spuren – bis auf die hier erwähnten Briefe – getilgt sind.

Schon bald warteten auf Otto weitere Rückschläge. Zeitgleich mit seinen Bemühungen als Dramatiker und Romancier nämlich hatte er auch versucht, sich einen Namen als Herausgeber zu machen. ›Tapiola‹ kennt man heute als Titel einer symphonischen Dichtung von Sibelius und als Namen eines architektonisch besonders attraktiven Vorortes von Helsinki. Otto wählte die Bezeichnung, die auf Tapio, den Gott des Waldes und der Jagd in der finnischen Mythologie verweist, zum Titel einer von ihm als Jahrbuch konzipierten Serie ausgewählter Kurzgeschichten. Deren erste erschien – noch ohne Nennung des Herausgebers – 1901 in Kuopio als Bändchen von kaum einhundert Seiten; im folgenden Jahr kam in unwesentlich erweiterter Aufmachung, diesmal unter Ottos Namen, noch ein zweiter Band heraus.[331] Unter den dort versammelten Autoren finden sich international klangvolle, vorzugsweise französische Namen (Guy de Maupassant, Émile Zola, Anatole France) in eigentümlicher Gesellschaft eher zweitrangiger finnischer Vertreter und einer auffallend großen Zahl anonymer Beiträger. Es scheint, als habe – vom alten Freund Kauppis-Heikki abgesehen – die erste Garde der finnischen Literaten kein Vertrauen in das Projekt gehabt, und tatsächlich sollte aus uns nicht näher bekannten Gründen auch kein weiterer Band der Reihe das Licht der Welt erblicken.

Als das Jahr 1903 seinem Ende zuging, musste sich Otto Tuomi eingestehen, dass er wohl weder als Journalist noch als Schriftsteller eine Zukunft haben würde. Die Ursachen seines Scheiterns waren in beiden Fällen unterschiedlich. Was seine schriftstellerischen Ambitionen anging, so können wir nur vermuten, dass ihm letztendlich die Begabung zum wirklich großen Wurf fehlte. Sein Scheitern als Journalist hingegen war, wie wir sahen, vor allem äußeren Umständen geschuldet. In Zeiten einer forcierten Russifizierung war für jungfinnische Zeitungsmacher, zumal in der Provinz, die Luft dünn geworden. Zwar würde Otto sich nach Einstellung von ›Uusi Savo‹ noch an Beratungen über ein neues Zeitungsprojekt beteiligen, aus dem Hintergrund auch an der Wiederbegründung von ›Savo‹ im Jahre 1910 mitwirken[332], doch war längst klar, dass er sich beruflich würde neu orientieren müssen. Die Notwendigkeit hierzu war umso dringlicher, als er mittlerweile nicht mehr nur für sich allein verantwortlich war. Im Juni 1902 nämlich hatte er sich mit der Kontoristin Selma Bergroth verheiratet, einer Klassenkameradin aus den Jahren der Handelsschule. Die an dieser modernen Lehranstalt verbrachte Zeit trug jetzt indes nicht nur privat Früchte, sondern auch beruflich, fand unser Protagonist doch schon bald eine gut bezahlte Anstellung bei der ›Kuopion anniskelu oy‹, einer florierenden örtlichen Schankwirtschafts-Aktiengesellschaft, die ihr Geld mit dem Handel von Schnaps und Rum, Weinbrand und Likören, daneben auch Portwein, Sherry und Madeira verdiente.[333] Für den »Schriftsteller Otto Tuomi«, als welcher er noch bei seiner Hochzeit firmiert hatte,[334] bedeutete dieser Wechsel das endgültige Aus. Fortan würde er sein Glück in der Privatwirtschaft suchen.

Vierter Teil
»Nach Helsinki!« – Aufbruch ins 20. Jahrhundert

28. Generalstreik

> *Freies Finnland! Wir weinen und beben vor Freude, unsere Herzen pochen. Es weht die finnische Fahne, die Stadt ist hell erleuchtet! Ich kann nicht sagen, was wir in diesem Augenblick empfinden. Schluchzend raste ich durch die Stadt zu meiner Tante, weinend umarmten wir einander und hielten unsere Hände. Vaterland! Dieses Wort schlägt in unseren Herzen mit unbekannter Kraft. Es war dunkel, auch äußerlich stockdunkel, – und jetzt, jetzt!*[335]

Aune Krohn, die jüngste Tochter des Dichters und Fennomanen Julius Krohn, war vierundzwanzig, als sie diese Zeilen voller Euphorie und naiver Zukunftserwartung an ihre in Estland lebende Schwester Aino richtete. Man schrieb den 6. November 1905 und stand am Ende einer Woche, die in der Tat das Gesicht des ganzen Landes verändert hatte. Die Rede ist vom großen Generalstreik in Finnland. Vor allem gegen die Politik der Russifizierung gerichtet, zielte er in erster Linie auf eine umfassende politische Teilhabe des Volkes. Obwohl er also durchaus eigene finnische Ursachen hatte, war er doch auch eine Folge der im gleichen Jahr in Russland ausgebrochenen Revolution, die ihrerseits eine Folge der schweren russischen Niederlage im 1904 entfesselten Krieg gegen Japan gewesen war. Die militärischen Rückschläge zu Lande und zur See hatten der zaristischen Herrschaft nicht nur außen-, sondern gerade auch innenpolitisch einen schweren Autoritätsverlust beschert. In Finnland hatten sie zumeist Schadenfreude ausgelöst. Nach der russischen Kapitulation in der Seeschlacht von Tsushima im Mai 1905 machten es sich finnische Oppositionelle bezeichnenderweise zur Gewohnheit, sich am Telefon mit dem japanischen Kampfruf ›Banzai!‹ zu melden.[336] Unterdessen gingen die militärischen Katastrophen in Russland selbst mit wirtschaftlicher Rezession, steigender Arbeitslosigkeit und einer Verschärfung der ohnehin dramatischen sozialen Missstände einher. Die brutale Niederschlagung ursprünglich friedlicher Protestkundgebungen, die zum Beispiel allein am sogenannten ›Petersburger

Generalstreik in Helsinki 1905: Massenversammlung auf dem Senatsplatz (Stadtmuseum Helsinki)

Blutsonntag‹ im Januar 1905 Hunderte von Demonstranten das Leben kostete, löste eine Welle revolutionärer Unruhen, Streiks und Pogrome aus, die erst abklang, als der Zar mit seinem Oktobermanifest Verfassungsreformen, darunter die Einrichtung einer gesetzgebenden Volksvertretung, der Duma, in Aussicht stellte.[337]

Als die Unruhen am 29. Oktober, einem Sonntag, Finnland erreichten, hatten sie in Russland ihren Höhepunkt bereits überschritten. Alles begann damit, dass sich auf der Eisenbahnstrecke von St. Petersburg nach Wyborg das finnische Bahnpersonal dem Streik seiner russischen Kollegen anschloss. Es folgten Massenversammlungen von Arbeitern in Tampere und Helsinki. Tonangebend bei letzterer war einmal mehr der gerade erst aus Nordamerika heimgekehrte Journalist Matti Kurikka, dessen Charisma, wie wir sahen, bereits in den Jahren zuvor finnische Auswanderer in Australien und Kanada erlegen waren.[338] Die auf dem Bahnhofsvorplatz versammelte Menschenmenge beschloss den Streik und forderte neben einer Verfassungs- und Wahlrechtsreform die Rücknahme der Bobrikowschen Diktaturverordnungen sowie elementare demokratische Grundrechte: die volle Meinungs- und Pressefreiheit sowie ein uneingeschränktes Versammlungs- und Koalitionsrecht.[339]

Für die Finnen, ob nun aktive Teilnehmer oder nur Beobachter, bedeutete der Generalstreik eine völlig neue Erfahrung. Nicht jeder mochte den Ausstand billigen, aber jeder spürte die Welle patriotischer Begeisterung in den Straßen. Erstmals wurde man sich – mit Euphorie zumeist, bisweilen aber auch mit Schrecken – der Macht bewusst, die vom Volke ausging. Die Erfahrung breiter gesellschaftlicher Solidarität geriet vor allem für so manchen späteren Sozialisten zu einem politischen Urerlebnis. Die Dramatikerin Hella Wuolijoki zum Beispiel war in den 1930er und 1940er Jahren eine der bekanntesten Linksintellektuellen des Landes, Weggefährtin Bertolt Brechts während seines Exils in Finnland, im Zweiten Weltkrieg dann zeitweise inhaftiert wegen ihres prosowjetischen Engagements und nach Kriegsende schließlich Direktorin des finnischen Staatsrundfunks. Zur Zeit des Generalstreiks 1905 sah sich die damals neunzehnjährige gebürtige Estin, die unlängst erst zum Studium nach Helsinki gekommen war, erstmals mit Politik konfrontiert:

> *Wir wussten, was ein Streik bedeutete, obwohl wir keine persönliche Erfahrung damit hatten, da sich dergleichen immer nur weit von uns entfernt ereignete. Aber ein Generalstreik, wenn alle Räder stillstanden und das gesamte Leben zum Erliegen kam, war sehr schwer zu begreifen. Er bedeutete die Erhebung des Volkes gegen die Regierung und mochte vielleicht dazu benutzt werden, die Regierung zu zwingen, den Forderungen des Volkes nachzugeben […], aber wer würde für das Volk sprechen? […] Die Idee von Streikkomitees, gar nicht zu reden von deren Handhabung, waren selbst den klügsten Leuten unbekannt.*[340]

Tatsächlich war binnen kurzem das öffentliche Leben lahmgelegt: Die Strom- und Gasversorgung (klugerweise aber nicht die Wasserversorgung) waren unterbrochen, alle Geschäfte – von Lebensmittelläden abgesehen – geschlossen. Gleiches galt für Schulen und die Universität, Post- und Telegraphenämter. Es fuhren keine Straßenbahnen mehr und Züge nur, wenn sie eine Ausnahmegenehmigung erhielten; Droschken verschwanden aus den Straßen.[341] Örtliche Streikkomitees überwachten die Einhaltung des Streiks. Und auch wenn dieser in Finnland zu keiner Zeit solche Gewaltausbrüche kannte, wie sie in anderen Teilen des russländischen Reiches üblich waren, war er doch gerade darum eine machtvolle Demonstration nationaler finnischer Geschlossenheit und Stärke. Der Grund dafür war, dass er, von der Arbeiterbewegung initiiert, Unterstützung zugleich seitens der Studentenschaft sowie, wichtiger noch, im konstitutionellen Bürgertum gefunden hatte.

Auf Seiten des Letzteren war es insbesondere der liberale Reformer Leo Mechelin, der – 1903 in die Verbannung gezwungen und erst unlängst im Triumph zurückgekehrt – nun als Vorsitzender des vom neuen Generalgouverneur Prinz Obolenski eingesetzten Senats (also quasi als Regierungschef) dafür Sorge trug, dass die Anliegen der Streikenden zur Geltung gebracht wurden. Dabei durfte die immer wieder gebotene Zusammenarbeit mit der russischen Obrigkeit auf keinen Fall sabotiert werden, war doch nur so ein eigenmächtiges Eingreifen des in der Hauptstadt nach wie vor präsenten russischen Militärs zu verhindern.[342]

Am 4. November gab Zar Nikolaus dem Drängen der Massen auch in seinem finnischen Großfürstentum nach.[343] Er widerrief das Wehrpflichtgesetz von 1901, die seinem Generalgouverneur übertragenen diktatorischen Vollmachten sowie einige weitere Russifizierungsverordnungen. Das Februarmanifest von 1899, das die ersten landesweiten Proteste in Finnland ausgelöst hatte, wurde zwar nicht formell aufgehoben, seine Umsetzung aber ausgesetzt. Überdies wurde – ausgerechnet vom autokratischsten aller Monarchen in Europa! – die Schaffung einer nach allgemeinem und gleichem Wahlrecht zu wählenden finnischen Volksvertretung in Aussicht gestellt.

An der Alleinverantwortlichkeit des finnischen Regierungssenats gegenüber dem Zaren änderte all dies ebenso wenig wie an dessen fast unbeschränkten Befugnissen. Und doch: Das Hauptziel des Großen Streiks, die Rückkehr zu den ›verfassungsmäßigen‹ Zuständen vor der Russifizierungsperiode, schien gewährleistet. Allerdings entbrannte nun ein Streit innerhalb der finnischen Reformkräfte über die Frage, wie der Übergang zu einem demokratischen Parlamentarismus zu gestalten sei. Während die Sozialdemokraten und Vertreter der Arbeiterbewegung, unterstützt von Teilen der Altfinnen, für eine Nationalversammlung plädierten, aus der ein neues Grundgesetz hervorgehen sollte, setzten sich die bürgerlichen Reformer mit ihrem Vorschlag eines ›legalen‹ Weges durch. Demnach sollte der bestehende Vier-Stände-Landtag ein letztes Mal einberufen werden, um sich eine neue demokratische Wahlordnung zu geben.

Bruchstellen zeigten sich auch andernorts und brachten Gegensätze zum Vorschein, die im Bürgerkrieg zwölf Jahre später unversöhnlich aufeinander treffen sollten. Als besonders folgenreich erwies sich die Spaltung der bisherigen Nationalgarde in ein ›weißes‹ Schutzkorps der bürgerlichen Kräfte und eine ›rote‹ Garde der Arbeiterbewegung (›punakaarti‹). Wie sehr damit die Gefahr gewaltsamer Auseinandersetzungen zwischen den politischen Lagern wuchs, zeigte sich schlaglichtartig, als es um die Wiedereröffnung der während des Generalstreiks geschlossenen Geschäfte ging. Vor den Toren des damals im ›Kiseleffschen Haus‹ an der Südwestseite des Senatsplatzes gelegenen Kaufhauses Stockmann stießen am Morgen des 6. November studentische weiße mit roten Garden zusammen. Im Tagebuch der Studentengarde lesen wir dazu:

> *Auf acht Uhr dreißig hatte Hauptmann Theslöf alle der Schutzgarde angehörenden Studenten und Polytechniker zum Studentenhaus beordert. Nachdem alle seine Frage, ob sie zur Wachtparade in die Stadt marschieren wollten, zustimmend beantwortet hatten, gab der Hauptmann den Befehl zum Abmarsch. Etwa 400 Mann traten vor dem Haus an – Die Unbewaffneten baten um Waffen. Der Hauptmann antwortete: ›Beruhigen Sie sich; vom ersten, der fällt, erhalten Sie eine Waffe.‹ […] Nun wurde gemeldet, die rote Garde rücke an. Quer über die Unionsstraße bezogen die von Forstadius befehligten Männer mit gezogenem Revolver Posten. – Auf der Alexanderstraße kam eine Abteilung der roten Garde heran. Sie wurde angehalten. Hauptmann Theslöf sprach die Rotgardisten an: ›Wir sind hier, um die Ordnung aufrechtzuerhalten. – Wir greifen nur zu den Waffen, wenn wir attackiert werden. Dann ist jeder Schritt mit Blut zu bezahlen.‹ Einige der Rotarmisten riefen: ›Blut! Blut!‹ [Hauptmann Kock, der Kommandeur der Arbeitergarde, befahl jedoch] vor der unerhörten Gewaltandrohung seitens der finnischen Studenten zu weichen. Alle Geschäfte dürfen geöffnet sein, außer Wirtshäusern und Restaurants.*[344]

Die in solchen Zusammenstößen erkennbar werdende Spaltung der finnischen Gesellschaft setzte sich auch nach Ende des Generalstreiks fort, ja vertiefte sich zunehmend. Welchen Sprengstoff sie barg, deutete sich einmal mehr an, als es Ende Juli 1906 auf der Helsinki vorgelagerten Inselfestung Sveaborg, dem heutigen Suomenlinna, wo mit dreieinhalbtausend Soldaten gut die Hälfte aller im Hauptstadtbereich stationierten russischen Truppen untergebracht war, zu einer Meuterei kam. Im Grunde handelte es sich dabei lediglich um ein leichtes Nachbeben der russischen Revolution des Vorjahres. Trotz anfangs großer Beteiligung dauerte der Aufstand auch nur sechzig Stunden, da der revolutionäre Funke, anders als die Meuterer gehofft hatten, nicht auf die russische Kriegsflotte überspringen wollte. Wohl aber sprang er auf einen Teil der finnischen Roten Garden über, deren Führer, der erwähnte Johan Kock, ein ehemaliger russischer Subalternoffizier, zu einem neuerlichen Generalstreik aufrief. Der Aufruf blieb zwar ohne nennenswerte Resonanz, führte aber doch im Stadtteil Hakaniemi zu einigen blutigen Kämpfen, bei denen sich einmal mehr finnische Rot- und Weißgardisten gegenüberstanden. Etliche Tote auf beiden Seiten deckten das Straßenpflaster, bevor es russischen Kräften gelang, die Ordnung wiederherzustellen. Während zwei der führenden russischen Meuterer in den folgenden Tagen hingerichtet wurden, konnte Kock sich zunächst nach Schweden, von dort nach England und später schließlich in die USA absetzen.[345]
Wenn der rasche und vergleichsweise glimpfliche Ausgang der Zusammenstöße vor dem Stockmann-Gebäude 1905 und in Hakaniemi 1906 auch zeigte, dass Finnland für eine Revolution vorerst noch nicht reif war, so ließen die Vorgänge doch kaum noch einen Zweifel daran, wo im Falle eines Falles die innenpolitische Frontlinie zwischen ›rot‹ und ›weiß‹ verlaufen würde.

Inwieweit Otto Tuomi sich dieser Linie, die sich im Bürgerkrieg 1918 zu einem unüberbrückbaren Graben vertiefen sollte, schon während des Generalstreiks 1905 bewusst war, wissen wir nicht. Sicher ist nur, dass er mit den Anliegen der Arbeiterbewegung im Grundsatz sympathisierte. Dies überrascht kaum, war doch sein Freund und Mentor A. B. Mäkelä schon früh als ein führendes Mitglied im 1889 gegründeten Arbeiterverein von

Kuopio hervorgetreten.[346] Otto selbst hatte wiederholt publizistisch für die Sache der kleinen Leute im Allgemeinen und der Arbeiter im Besonderen Partei ergriffen. Zum Beispiel hatte er bereits 1888 als Neunzehnjähriger die sozialpolitisch virulente Frage, wer oder was denn ein ›Arbeiter‹ sei, auf seine eigene Weise zu beantworten gesucht: Es sei ganz gleichgültig, welcher Tätigkeit jemand nachgehe. Jeder ehrlich Arbeitende besitze eine Ehre und sei in diesem Sinne ein ›Arbeiter‹. Später dann appellierte er in einem seiner Leitartikel auf für ihn typische Weise an die Arbeiter, sich unbedingt Wissen anzueignen, seien doch Bildung und Fachkenntnisse die schärfsten Waffen im Kampf um ihre Rechte![347]
Vor diesem Hintergrund war für den frisch ernannten Stadtrat im November 1905 klar, dass sein Platz nur an der Seite der Streikenden sein konnte. Als bald nach Ausrufung des Generalstreiks auch in Kuopio, wie in vielen anderen finnischen Städten, ein zentrales Streikkomitee gebildet wurde,

Das zentrale Streikkomitee von Kuopio, 1905:
In der ersten Reihe Minna Canths Tochter Elli (2. v. links.) und Otto Tuomi (4. v. links)
(Kulturhistorisches Museum Kuopio / Foto: Victor Barsokevitsch)

wählte man Otto denn auch zum stellvertretenden Vorsitzenden des vierunddreißigköpfigen Gremiums (zu dem als eines von fünf weiblichen Mitgliedern übrigens auch Minna Canths Tochter Elli gehörte).[348] Ein Gruppenfoto jener Tage zeigt ihn in selbstbewusst entschlossener Haltung in der ersten Reihe sitzend.

Wie überall oblag dem Streikkomitee während jener chaotischen Tage die Gesamtverantwortung für die Aufrechterhaltung der öffentlichen Ordnung. Otto selbst war aus naheliegenden Gründen unter anderem für die Erstellung der täglichen kostenlosen Streikzeitung zuständig; auch wenn diese aufgrund der Kürze des Ausstands nur viermal erschien, war sie für die Streikenden doch die einzige zuverlässige Informationsquelle.[349]

Nicht zuletzt hatte das Streikkomitee auch eine Delegation zu benennen, die am 2. November dem Provinzgouverneur M. A. Bergh die Entscheid-

Kuopios ›weiße‹ Bürgergarde während des Generalstreiks 1905 (Kulturhistorisches Museum Kuopio / Foto: Victor Barsokevitsch)

ung über seine Absetzung zu überbringen hatte. Fünf Stunden wurden ihm eingeräumt, Kuopio zu verlassen. Was blieb ihm übrig, als vom Balkon seines Amtssitzes einer aufgebrachten Menschenmenge seinen Willen zum Amtsverzicht mitzuteilen? Noch am Abend des selbigen Tages floh der noch unlängst so mächtige Mann in einem Boot aus der Stadt. Nach Beendigung des Streiks wagte er sich zwar noch einmal zurück, reiste aber schleunigst weiter, um in Helsinki seinen Abschied einzureichen.[350]

Was Otto Tuomi angeht, so profilierte er sich während der Streikwoche in Kuopio zweifellos als eine der markanten Führungsfiguren. Als stellvertretender Vorsitzender der zentralen Streikleitung, als Redakteur der örtlichen Streikzeitung und Mitglied zweier weiterer Komitees, welche die Einhaltung der Streikauflagen zu überwachen und Recht und Ordnung sicherzustellen hatten, empfahl er sich binnen kürzester Zeit für höhere Aufgaben, machte sich aufgrund seiner sehr klaren politischen Positionierung freilich auch Feinde. Beides zeigte sich, als es nach Ende der Unruhen um die Nominierung der Abgeordneten für den nun anstehenden außerordentlichen Landtag ging, – die letzte nach der alten Ständeordnung gewählte Versammlung in der Geschichte Finnlands. Deren Hauptaufgabe würde keine geringere sein als sich selber abzuschaffen und dem Land den Weg in den modernen Parlamentarismus zu bahnen. Am 27. November konnte sich Otto nur in einer Kampfabstimmung gegen andere Kandidaten des bürgerlichen Standes durchsetzen.[351] Bald darauf trat er zusammen mit zwei weiteren bürgerlichen Abgeordneten der Stadt Kuopio, darunter Kaarlo Brofeldt, die Reise nach Helsinki an. Dort würden sie sich daran machen, die europaweit radikalste Wahlreform der Epoche ins Werk zu setzen.

29. Helsinki um die Jahrhundertwende

Helsingfors hat sein Dasein mit einer Meuterei gegen die Königsmacht eingeleitet. Es ließ sich gegen Gustav Wasas Willen an der Mündung des Wanda-Flusses nieder, aber wurde von den Naturmächten gestraft, die neunzig Jahre später die Stadt zwangen, sich einen tieferen Hafen auszusuchen. Helsingfors hat böse und gute Tage gesehen, ist in Rauch aufgegangen, ist von Krieg und

Pest heimgesucht worden, ist Zeuge zweier schändlicher Kapitulationen gewesen, zweier glücklicher und epochemachender Landtage, hat innerhalb seiner Tore Gustav II. Adolf, Adolf Friedrich, Gustav III. gesehen, hat Russlands Peter mit Musketenkugeln, vier seiner Nachfolger aber mit Hurrarufen empfangen, ist so arm und menschenleer gewesen wie keine Stadt in Finnland heutigentags und ist schließlich so mächtig und reich geworden, wie in diesem Land eine Stadt überhaupt werden kann; bös und gut größerenteils ohne eigenes Verschulden. Im ersten Jahrhundert ihrer Existenz auf Finnlands Karte hat die Stadt als Kätner, Müller, Lastschiffer begonnen; im zweiten Jahrhundert ist sie Baumeister, Reeder und Kriegslieferant geworden; hat danach im dritten Jahrhundert ihr Geld auf Sveaborg verdient und Bälle für deren Offiziere gegeben, bis die Stadt dann, gegen Ende dieses Jahrhunderts, plötzlich zum Mittelpunkt von Verwaltung und Wissenschaft befördert wurde – eine Auszeichnung, die sich, soweit sie die gemeine Bürgerschaft betraf, eher mit einer Beförderung zum Senatshausmeister oder Universitätspedell vergleichen ließe. Diese kleine und unreife Frucht einer Hauptstadt zur Reife zu bringen gehört zu ihrem vierten Jahrhundert, als Helsingfors endlich seine Stellung einzusehen begann, zu bauen und – Schulden zu machen.[352]

Es war der populäre nationalromantische Geschichtsschreiber Zacharias Topelius, der mit vorstehenden Worten 1885 die fast dreieinhalb Jahrhunderte alte Geschichte Helsinkis zusammenfasste. In der Tat hatte sich die Entwicklung der Stadt, die Schwedens großer König Gustav Wasa Mitte des 16. Jahrhunderts gegründet hatte, die längste Zeit hindurch wenig spektakulär gestaltet. Erst der Bau der großen, gern als ›Gibraltar des Nordens‹ apostrophierten, Seefestung Sveaborg (des heutigen Suomenlinna) zweihundert Jahre nach der Gründung Helsinkis bescherte dem beschaulichen Fischernest einen gewissen Aufschwung. Freilich endete auch dieser bereits zwei Generationen später abrupt, als während des Schwedisch-Russischen Krieges 1808/09 nicht nur Sveaborg kampflos in russische Hände geriet, sondern auch die fast ausschließlich aus Holz erbaute Stadt einer Feuersbrunst zum Opfer fiel. So begann die Geschichte des modernen Helsinki eigentlich erst, als Zar Alexander I. 1812 den kaum dreieinhalbtausend Einwohner starken Ort zur Hauptstadt seines neu erworbenen finnischen Großfürstentums bestimmte. In den folgenden Jahrzehnten entstand dann unter Federführung des in russischen Diensten stehenden preußischen

Architekten Carl Ludwig Engel, eines Schinkel-Schülers, jene Residenzstadt im Empire-Stil, deren kaum verändertes Zentrum bis heute der prächtige Senatsplatz unterhalb der Domkirche bildet.

Der Reifungsprozess zur Hauptstadt, von dem Topelius spricht, war in vollem Gange, als Otto Tuomi wohl gegen Ausgang des Winters 1906 in Helsinki eintraf. Die Bevölkerung wuchs rasant, und allerorten wurde neu gebaut. Noch dreißig Jahre zuvor hatte die Stadt gerade einmal dreiundzwanzigtausend Einwohner gezählt, jetzt waren es bereits dreiundneunzigtausend, und nur zehn Jahre später sollten es über einhundertfünfzigtausend sein.[353] Das war zwar nur ein Bruchteil dessen, was vergleichbare Hauptstädte wie Kristiania (das heutige Oslo), Stockholm oder gar Kopenhagen an Einwohnern aufzuweisen hatten, doch veränderte Helsinki sein Gesicht in jenen Jahren vermutlich schneller als die meisten anderen Metropolen des Kontinents. Ein britischer Besucher bekannte seinerzeit, ›Fortschritt!‹ heiße der Schlachtruf des jungen Finnland.[354] Und ein »hochangesehener amerikanischer Autor, den große Reisen durch alle Weltteile führten« bekannte, Helsinki sei für ihn die größte Überraschung auf allen seinen Reisen: »So much intelligence and learning, so much art and beauty, where at least I expected to find it.«[355] Deutlich weniger euphorisch kommentierte damals Runar Schildt, ein junger finnlandschwedischer Autor, die Eigentümlichkeit seiner Heimatstadt. Diese sei trotz ihres Alters ein »vollständiger Parvenu«: »Wir besitzen kein Haus, keine Straße, die älter ist als, sagen wir mal, von vorgestern. Keine Erinnerung an die schwedische Zeit. […] . Wir besitzen keinen Hof, kein (eigenes) Militär, keinen reichen Adel, keine jüdische Großfinanz, keine Halbwelt; wir entbehren einen guten Teil dessen, was einer Stadt wie Stockholm ein besonderes Gepräge gibt.«[356]

Für den Reisenden unserer Tage ist der Anblick prachtvoller Steinbauten selbstverständlich. Vielleicht vergleicht er sie mit ähnlichen Monumenten, wie er sie in Stockholm oder Kopenhagen, Wien oder Paris gesehen haben mag, und zeigt sich nur mäßig beeindruckt. Dem zu Anfang des 20. Jahrhunderts aus der finnischen Provinz angereisten Besucher freilich vermittelte sich ein ganz anderer Eindruck. Der Bahnhof, an dem Otto, aus Kuopio kommend, nach fünfzehnstündiger Zugfahrt ausstieg, war zwar noch nicht jener markante nationalromantische Monumentalbau mit seinen granitenen Laternenträgern links und rechts des Hauptportals, der jedem Helsinki-Touristen unserer Tage sogleich ins Auge sticht. Noch existierte der nämlich nur auf dem Reißbrett, nachdem im Jahr zuvor Eliel Saarinen, ein gerade dreißigjähriger Architekt, mit seinem kühnen Entwurf den ersten Preis im Wettbewerb um den Bahnhofsneubau gewonnen hatte. Und doch muss der Eindruck, den Otto bei seiner Ankunft in Helsinki gewann, ähnlich jenem gewesen sein, der den jungen Studenten Antti in Juhani Ahos Novelle ›Nach Helsinki!‹ (›Helsinkiin!‹) überwältigte, als er, gleichfalls aus Kuopio kommend, erstmals in Helsinki ankam:

> *Als sie aus dem Bahnhof traten, schien ihm Helsinki die Ankommenden wie Ehrengäste zu empfangen. Es war wie vor einem Fest. Der Bahnhofsplatz war rundum beleuchtet. In den hohen, mehrstöckigen Gebäuden brannte Licht in den Fensterreihen. Über allem strahlte das Ateneum im elektrischen Licht, und auf der anderen Seite des Platzes brannte eine große, runde elektrische Lampe und dämpfte alle anderen Lichter der Umgebung. Vor dem Bahnhofsgebäude standen in langer schwarzer Reihe die Kutschen der Fiaker und die prächtigen Wagen der großen Restaurants, vor und hinter denen die Diener in gekennzeichneten Anzügen saßen. Kreuz und quer wurden Nummern gerufen, und die Fiaker antworteten mit lauter Stimme: »Hier!« Man trug seine Gepäckstücke zu den Droschken, stieg auf und fuhr los über den Bahnhofsplatz, wo ihnen andere entgegenkamen. Vor lauter Lärm und Gebraus hörte man kaum seine eigene Stimme. Aber es war kein Fest. Antti wusste, dass das der ganz gewöhnliche Alltag in Helsinki war, ein Tag wie jeder andere. Aber für ihn war es dennoch wie ein Fest, und es würde lange dauern, dieses Fest.*[357]

Otto benötigte keine Droschke; zu seinem Hotel waren es vom Bahnhof nur wenige Schritte. Das auf der anderen Seite des ausladenden Vorplatzes gelegene ›Fennia‹ beeindruckt den Besucher noch heute mit seiner prächtigen Fassade, die so gar nicht zu den architektonischen Traditionen des nordischen Landes passen will. 1890 im Stil des Wiener Neubarocks errichtet, sollte es als ›Grand Hôtel Fennia‹ in den Jahren vor dem Ersten Weltkrieg zum vielleicht glamourösesten Treffpunkt der hauptstädtischen Gesellschaft werden. Einem breiteren Publikum wurden die pompösen Räumlichkeiten bald dadurch bekannt, dass in ihnen 1911 einer der ersten finnischen Stummfilme gedreht wurde, basierend auf Minna Canths skandalträchti-

Der Bahnhofsplatz in Helsinki 1909 mit dem Nationaltheater (links) und dem Hotel ›Fennia‹ (rechts, mit erhöhtem Dachgeschoss) (Stadtmuseum Helsinki / Foto: Signe Brander)

gem Drama ›Sylvi‹, das, wie an früherer Stelle erwähnt, 1893 seine Uraufführung am Schwedischen Theater erlebt hatte. Spektakuläre Erfolge feierte 1914 auch ein dänisches Tanzpaar namens ›The Two Hatwanys‹, die im ›Fennia‹ mutigen Finnen, die Sündiges nicht scheuten, erstmals Unterricht im Tango erteilten und damit einen Tanzstil bekannt machten, der während der folgenden Jahrzehnte in Finnland Kultstatus gewann und heute aus dem Musikleben des Landes nicht mehr wegzudenken ist.[358] Als Otto 1905 im Hotel Quartier bezog, war es freilich noch nicht mondän, zählte aber zweifellos bereits zu den ersten Adressen der Stadt.

Der Weg vom Hotel zum sogenannten ›Ständehaus‹ (›säätytalo‹), wo die Vertreter des geistlichen, des bürgerlichen und des bäuerlichen Standes zu tagen pflegten, war kurz, aber doch geeignet, den nationalen Stolz der Abgeordneten zu beflügeln. Otto Tuomi brauchte nur aus der Tür seines

Hotels zu treten, um der glänzendsten Symbole der neuen Nation ansichtig zu werden. Da lag linker Hand am Südrand des Bahnhofsplatzes, auf dem sich nur wenige Wochen zuvor die im Generalstreik stehenden Volksmassen versammelt hatten, das damals nicht einmal zwanzig Jahre alte Kunstmuseum ›Ateneum‹, ein prachtvoller Neo-Renaissancebau, dessen reich verzierte Fassade noch heute den Bahnhofsplatz dominiert. Dank eines sumpfigen Untergrunds auf tausenden von Holzpfählen errichtet, beherbergte der so genannte ›Millionenpalast‹ seit seiner Eröffnung 1887 die Sammlungen des schon Jahrzehnte zuvor gegründeten Finnischen Kunstvereins und war auf dem Wege, sich zum Finnischen Nationalmuseum zu entwickeln. Zahlreiche Werke etwa von Albert Edelfelt, Eero Järnefelt und Ville Vallgren gehören längst zur klassischen Moderne finnischer Malerei, auch wenn so mancher der damals jungen Künstler in Mitteleuropa erst ein Jahrhundert später entdeckt werden sollte.

Nationalmuseum wurde das ›Ateneum‹ damals auch in einem ganz buchstäblichen Sinne: Zu keiner Zeit in der Geschichte des Landes nämlich waren sich Kunst und Politik so nahe wie in den beiden Jahrzehnten vor und nach der Jahrhundertwende. Vor allem das Kalevala mit seinen zahllosen Mythen wurde damals, wie schon an anderer Stelle gezeigt, zum zentralen Text der nationalen Erweckungsbewegung und zur wichtigsten Inspirationsquelle der zeitgenössischen Kunst. Einhergehend damit wurde Karelien, die im Osten des Landes gelegene Urheimat des Kalevala, zu einem mythischen Sehnsuchtsort verklärt. Das ›Ateneum‹ geriet wie kein anderer Ort zur Bühne dieses später als ›Karelianismus‹ bezeichneten Zeitgeistes, dem sich kaum ein finnischer Künstler zu entziehen vermochte.[359] Dort ließen sich – und lassen sich bis heute - vor allem die unlängst erst, das heißt im Laufe der 1890er Jahre entstandenen Monumentalgemälde von Axel Gallén bewundern. Darin setzte er jene zentralen Szenen des Kalevala bildgewaltig ins Werk, welche einst die Phantasie des Dorfschülers Otto Häggblom so sehr beflügelt hatten. Gallén, der sich aus fennomanischer Begeisterung schon bald Akseli Gallén-Kallela nannte, und dessen großzügiges Atelier am Rande Helsinkis heute ein Touristenmagnet ist, erregte anlässlich der Pariser Weltaustellung 1900 auch international Aufmerksamkeit, da er den erstmals vertretenen finnischen Pavillon mit Kalevala-Motiven hatte ausmalen dürfen.

Es waren indes nicht nur Maler, die dem Kalevala-Kult huldigten. Kein geringerer als Jean Sibelius verdankte in jenen Jahren seinen Durchbruch als Komponist symphonischen Werken zu Themen des Nationalepos (›Kullervo‹, ›Karelia‹- und ›Lemminkäinen‹- Suite), deren Uraufführungen er, da die Hauptstadt noch über kein eigenes Konzerthaus verfügte, abwechselnd in der Universitätsaula, im Schwedischen Theater oder im Festsaal des ehrwürdigen, am Bahnhofsvorplatz gelegenen Hotels ›Seurahuone‹ dirigierte.
Jünger noch und architektonisch radikaler als das ›Ateneum‹ war ein mächtiger Jugendstilbau auf der gegenüberliegenden nördlichen Seite des Bahnhofsplatzes: Geleitet von Kaarlo Bergbom und seiner Schwester Emilie residierte hier seit 1902 das schon an früherer Stelle erwähnte Finnische Nationaltheater, das über eintausend Zuschauern Platz bot. Auf seiner Bühne wurden – neben den europäischen Klassikern – vor allem die Stücke Aleksis Kivis und Minna Canths aufgeführt.
Der Jugendstil war Mitte der 1890er Jahre nach Nordeuropa gekommen und sollte in seiner eigentümlich finnischen Variante, der ›Nationalromantik‹, die Bautätigkeit der Hauptstadt für die nächsten zwei Jahrzehnte bestimmen. Ein wahrer Bauboom brach in jenen Jahren aus und eine neue Generation von Architekten machte auf sich aufmerksam, – entschlossen, sich von den alten Formen des Klassizismus und der Neo-Renaissance zu lösen und freier und authentischer zu bauen. Ganze Straßenzüge vor allem in den Stadtteilen Eira und Katajanokka, aber auch zahlreiche Villen im Umfeld Helsinkis zeugen bis heute von diesem Bemühen. Architekten wie Lars Sonck und Eliel Saarinen wurden binnen weniger Jahre zu nationalen Ikonen. Letzterer erregte Aufsehen auch über die Grenzen Finnlands hinaus, als sein Büro den finnischen Pavillon auf der Pariser Weltausstellung 1900 gestalten durfte. In einem eigenwilligen nationalromantischen Stil präsentierte sich Finnland damals erstmalig der Weltöffentlichkeit.

Der Aufbruch in die Moderne hatte freilich auch seinen Preis: Das Gesicht der Hauptstadt wandelte sich dramatisch.[360] Insbesondere begannen die für die Stadt bislang so charakteristischen traditionellen Holzhäuser nach und nach zu verschwinden; die spärlichen Reste der alten Holzarchitektur Helsinkis stehen heute unter Denkmalschutz. Zugleich trat das soziale Gefälle zwischen den einzelnen Stadtteilen schärfer als in früherer Zeit zutage.

Eine schmale Meeresbucht, über deren damals einzige Brücke (›pitkäsilta‹) bis heute die Straßenbahn aus der Innenstadt nach Hakaniemi fährt, bildete die Scheidelinie zwischen dem armen Norden und dem wohlhabenden Süden der Hauptstadt. Während im Süden, gern seeseitig gelegen, prächtige Villen und Patrizierhäuser mit geräumigen Wohnungen und modernen Sanitäranlagen[361] entstanden, lebten in den nördlicher gelegenen Arbeitervierteln, in Hakaniemi, Kallio und Sörnäinen die Menschen in unvorstellbar beengten Verhältnissen unter oftmals noch vormodernen hygienischen Bedingungen. Gefürchtet war hier insbesondere die aufgrund der langen Kälteperiode verbreitete Winterarbeitslosigkeit, von der vor allem Maurer und Angehörige anderer im Freien ausgeübter Berufe betroffen waren. Extreme Verarmung und sozialer Absturz als Folge von Alkoholismus, Prostitution und Kleinkriminalität waren keine Seltenheit. Im wohlhabenden Bürgertum entwickelte sich unterdessen ein mitteleuropäischen Gepflogenheiten ähnlicher Lebensstil. Man leistete sich Dienstpersonal, Vergnügungsreisen und Sommerhäuser im Grünen und entdeckte den Freizeitsport; neben dem Angeln waren Tennis, Croquet und Schwimmen besonders angesagt. Schwimmschulen boten nun in zunehmender Zahl ihre Dienste an, und für breitere Bevölkerungsschichten entstanden bald auch Badeanstalten. Ausländischen Besuchern stach das neuartige Bedürfnis junger Finnen, sich im Freien sportlich zu betätigen, immer wieder ins Auge.[362]
Dass sich die beschauliche Provinzhauptstadt Helsinki zur modernen Großstadtmetropole erst entwickelte, als die Urbanisierung in anderen europäischen Ländern schon weit fortgeschritten war, erwies sich in mancherlei Hinsicht durchaus als Vorteil. Ob es nun um Wohnungen für die in Massen zuwandernden Arbeiter oder Probleme der Wasser-, Strom- und Gasversorgung ging, um Fragen der Gesundheits- und Sozialfürsorge, um das Erziehungswesen oder Freizeitangebote, – die Stadtplaner nutzten die Erfahrungen, die andernorts gemacht worden waren und wussten so manchen Fehler zu vermeiden. Dabei spielte Berlin als Vorbild eine besondere Rolle, galt die deutsche Hauptstadt, die sich in jenen Jahren so dynamisch umgestaltete, doch Vielen als ein europäisches Chicago.[363]
Ausländischen Besuchern, die um die Jahrhundertwende nach Finnland kamen, erschien Helsinki im Vergleich zum flachen Land oft wie eine andere Welt und alles andere als rückständig. Nicht jedem gefiel dies. Das

moderne Helsinki sei prosaisch und unromantisch, befand zum Beispiel Sylvia McDougall, eine britische Reisende Anfang des Jahrhunderts.[364] Ethel (›Alec‹) Tweedie, eine nicht weniger reisefreudige Landsmännin, hatte sich schon einige Jahre zuvor von der Modernität Helsinkis überrascht gezeigt, – dies umso mehr als sie das Gegenteil erwartet hatte. Allerorten gebe es elektrisches Licht und in allen Häusern Fernsprecher! Wenn es eines weiteren Beweises bedurfte, dass Finnland nicht erst im Zeitalter von Mobiltelephon und Internet zu den Vorreitern moderner Kommunikationstechnologie gehörte, sondern bereits ein Jahrhundert früher, so liefert ihn die Filmindustrie. Nur ein Jahr, nachdem die Brüder Lumières 1895 in Paris weltweit erstmals einen funktionierenden Kinematographen vorgestellt hatten, gab es ihn auch in Helsinki. Und nicht nur da. Selbst tief in der Provinz, in Kuopio, wurde die Bevölkerung bereits im März 1897 zu einer ersten Vorführung mit ›lebenden Bildern‹ eingeladen. Eintritt eine Mark, Stehplätze fünfzig Pfennig. Gezeigt wurde, was immer sich bewegte. Spielende Kinder, tanzende Frauen, ein ankommender Zug, aber auch Bedeutsames: die Krönung Zar Nikolaus II. in Moskau und der kaiserliche Besuch in Paris. Im Jahr 1911 gab es in Finnland bereits um die achtzig Lichtspielhäuser, davon allein siebzehn in Helsinki.[365]

Mrs. Tweedie waren in der finnischen Hauptstadt auch andere Eigentümlichkeiten aufgefallen. So bemerkte sie eine im Vergleich zu ihrem Heimatland ungewöhnlich große Zahl an Radfahrern. Trotz fürchterlich holpriger Straßen würden sich oftmals selbst Damen des Rades bedienen, desgleichen russische Offiziere in voller Uniform mit Schleppsäbel und Sporen an den Stiefeln! Überhaupt die Frauen! Sie tun, wie Mrs. Tweedie mit größter Überraschung registriert, so viele Dinge, die anderswo undenkbar wären, reinigen die Straßen und bauen sogar Häuser: Nicht weniger als sechshundert weibliche Maurer und Zimmerleute gebe es in Finnland![366] Mit spürbarer Missbilligung registrierte auch ihre Landsmännin McDougall, dass selbst Töchter aus gutem Hause offenbar um jeden Preis berufstätig sein wollten, nur um sich finanziell unabhängig zu machen.[367]

Obgleich für auswärtige Besucher gerade zur Sommerzeit ein Vergnügen, sei Helsinki, so das Fazit unserer englischen Besucherin, alles in allem freilich eine Winterstadt. Seine Einwohner nämlich zögen es vor, im Sommer, wenn auch die Schulen für zwölf Wochen schlössen, wenn irgend möglich für einige Monate aufs Land zu ziehen. (Wer Helsinki heutzutage im Juli besucht, wird leicht feststellen, dass sich an der Neigung, die Hauptstadt im Sommer den Touristen zu überlassen, seit Mrs. Tweedies Zeiten so viel nicht geändert hat.) Für das unserer Reisenden so auffällige Verhalten gab es damals einen besonderen Grund: Die meisten Bewohner der rapide wachsenden Stadt stammte vom Lande und war das dortige Leben eher gewohnt als die urbane, zudem als ungesund geltende Atmosphäre Helsinkis. Annie Margaret Clive-Bayley, eine andere weltläufige britische Reisende, hatte in den 1890er Jahren einen ganzen Winter in Helsinki zugebracht und hinreichend Gelegenheit gefunden, das Leben der ›besseren Kreise‹ in der finnischen Hauptstadt zu studieren. Fixpunkte des gesellschaftlichen Lebens dort seien vor allem, so berichtet sie, das Kaffeetrinken gegen zwölf Uhr und ein kleines Essen um vier Uhr nachmittags. Förmliche Termine mache man zwischen zwölf und drei, eher private Besuche zwischen halb sechs und sieben Uhr. Im Übrigen teile sich die hauptstädtische Gesellschaft grob in drei Kategorien:

> *Einen Zirkel von Russen, von dem ich, einige öffentliche Plätze ausgenommen, nichts wahrgenommen habe, mir aufgrund meiner Beobachtung auch nicht vorstelle, dass der kultivierte Russe kontinentaleuropäischer Prägung in dieser Stadt zu finden ist. Zweitens, die svekomanische oder schwedische Gesellschaft, zu der viele Familien des alten Regimes gehören, also jene, die zu Zeiten, da der russische Gouverneur noch einzuladen pflegte, eine Art Oberschicht darstellten. In solchen Familien herrschen noch ein feiner Schliff und eine Höflichkeit des Stils, die der radikalere Flügel dieser Gemeinschaft nicht übernommen hat. Offen, fröhlich und mit einem Schuss aufrichtiger Freundlichkeit zeigt diese Gesellschaft, wie sie sich heutzutage darstellt, eher die ›gute Kameradschaft‹ einer Republik als den Glanz eines Hofes. Und schließlich ist da die finnische Gesellschaft, so herrlich in ihrer innigen Liebenswürdigkeit, großzügigen Wertschätzung, ihrem literarischen Eifer, Enthusiasmus und ihrer Zielstrebigkeit. In Bezug auf Erziehung, Handel und Literatur ist die finnische Hauptstadt in der Tat der fortschrittlichste kleine Platz, den man sich vorstellen kann.*[368]

Der dramatische Wandel nicht nur des äußeren Gesichts der Stadt, sondern auch der sie bestimmenden sozialen Beziehungen bedeutete für Finnen, die, wie Otto Tuomi, das Weltgeschehen verfolgten, aber in der Provinz zu leben gewohnt waren, eine ambivalente Erfahrung. Natürlich war man stolz auf eine Stadt, die den Vergleich mit anderen Metropolen des Kontinents nicht länger zu scheuen brauchte. Zugleich aber wurde man – ähnlich vielleicht einem Neureichen, der sich unversehens inmitten einer vornehmen Gesellschaft wiederfindet – von einer Unsicherheit beschlichen, ob man denn überhaupt hierher gehöre. Kein Geringerer als Juhani Aho, der bereits zeitweise in Paris gelebt hatte, gab diesem Gefühl Ausdruck: Es sei, als ob man in Helsinki unter all dem fremden Volk nicht wirklich zu Hause sei, und daher ziehe es einen trotz allem fort aus dieser Stadt dorthin, wo der heimatliche Boden sei, wo die Sprache klinge wie das Flüstern eines Waldbachs und die Gesichter der Menschen ohne fremde Züge seien. Kurzum: Man sehne sich nach dem »Herzen des Landes«.[369]

Und doch, für Otto und die übrigen Abgeordneten des Landtages, für Geschäftsleute und Künstler bot der Aufenthalt in der Hauptstadt die unschätzbare Gelegenheit, in unmittelbaren Kontakt mit Gleichgesinnten zu treten, die entweder in Helsinki lebten oder aus Anlass des Landtages von überall hierher angereist waren. In Zeiten, in denen Kommunikation über weite Entfernungen noch kaum (oder allenfalls unter großen Schwierigkeiten) möglich war, kam der persönlichen Begegnung eine weit größere Bedeutung zu als heute. Kein Wunder, dass sich, je nach gesellschaftlichem Milieu, schon früh bevorzugte Treffpunkte in der Stadt herauskristallisiert hatten. Am spektakulärsten gelegen war sicherlich das bis heute bestehende Restaurant ›Kappeli‹ im Park der Esplanade unweit des Hafens. Nach dem großen Brand von 1808 angelegt, hatte die Esplanade bei Ausgang des Jahrhunderts in etwa ihr heutiges Aussehen gewonnen und war für Helsinki geworden, was der Newski-Prospekt für St. Petersburg, die Champs-Elysées für Paris oder ›Unter den Linden‹ für Berlin waren. Seit sich auch in Finnland herumgesprochen hatte, dass Bauen nicht nur der staatlichen oder kirchlichen Repräsentation dienen, sondern auch ein äußerst lukratives Unternehmen sein konnte, waren vor allem entlang der nördlichen Esplanade prachtvolle Geschäftshäuser mit großen Schaufensterfronten in großer Zahl emporgeschossen. Die Straße selbst war neu gepflastert und die 1888 eingerichtete Pferdestraßenbahn zur Jahrhundertwende durch eine elektrische ersetzt worden. Auch die alte Gasbeleuchtung wurde modernisiert; hohe gusseiserne Kandelaber erhellten nun nächtens Boulevard und Park. Letzterer, jetzt nicht länger umzäunt, wurde, vor allem wenn die Musik aufspielte, zur bevorzugten Flaniermeile des Hauptstadtbürgertums und ›Kappeli‹, inzwischen auf tausend Sitzplätze erweitert, zum beliebtesten Treffpunkt.[370]

Nicht nur in Geschäfts- und Politikerkreisen, sondern auch unter Künstlern und Intellektuellen war der unumstritten legendärste Treffpunkt der Stadt ein ebenfalls unmittelbar an der Esplanade gelegenes Hotel, das ›Kämp‹. 1887 eröffnet, war das ›Kämp‹ – und ist seit 1999 wieder – ein Grand Hôtel internationalen Zuschnitts, wie es in ganz Finnland kein zweites gab und gibt. Bei seiner Gründung hatten die entsprechenden, freilich meist größeren Häuser in London und Paris, in Berlin und Wien, in Stockholm und St. Petersburg Pate gestanden. Betont kosmopolitisch im

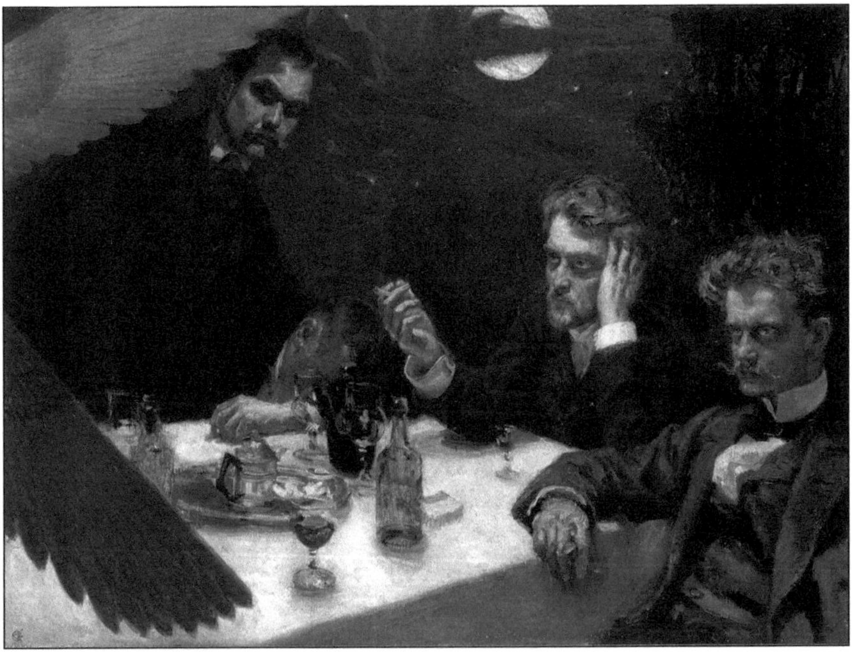

Umtrunk im Hotel ›Kämp‹ (v.l.n.r.): Der Maler Axel Gallén und die Komponisten Oskar Merikanto, Robert Kajanus sowie Jean Sibelius (Gemälde von Axel Gallén: ›Symposion‹ 1894)

Zuschnitt – alle Speisekarten und Informationen waren auch auf Französisch gehalten – signalisierte das ›Kämp‹ das neue, Europa zugewandte Selbstbewusstsein der finnischen Eliten. Entsprechend gestalteten sich die Variété- und Unterhaltungsprogramme des Hauses. Wer wollte, konnte die ›Nelson sisters‹ aus den USA erleben oder eine junge Primadonna namens Margherita Caponsacchi, die später als Cellistin berühmt werden sollte. Mal lud ein Wiener Damenorchester zum Tanz, mal lauschte man der besonders beliebten Musik- und Gesangstruppe ›Emilio Colombo‹ aus Italien. Gespielt wurde, was im Europa jener Jahre beliebt war: Verdi, Johann Strauss und Louis Ganne, Walzer, Märsche und Mazurkas.[371]

Nicht zuletzt war das weltoffene ›Kämp‹ auch eine Bastion des Jungfinnentums. Hier pflegten sich zum Beispiel die Herausgeber und Mitarbeiter von ›Päivälehti‹ zu treffen. Auch kam sich in den unteren Restauranträumen bei Punsch, Likör und anderen schweren Getränken die einschlägige Literatur- und Kunstszene der Hauptstadt näher, wenn man im Qualm der Zigarren gemeinsame Projekte ausheckte oder über Kunsttheorien stritt.[372] Es sind neben vielen anderen die schon bekannten Namen, die uns bei alledem wiederbegegnen: die Gebrüder Aho, Järnefelt und Leino, dazu Musiker wie Sibelius, Robert Kajanus und Oskar Merikanto, Maler wie Pekka Halonen und Axel Gallén. Letzterer hat die Runde 1894 in einem berühmt-berüchtigten Gemälde verewigt, das unter dem Titel ›Symposion‹ die Teilnehmer zu fortgeschrittener Stunde mit schwerem Kopf und in kaum mehr diskussionsfähigem Zustand zeigt. Bei aller feucht-fröhlichen Ungezwungenheit, die das Klima solcher Runden bestimmte, – bisweilen ging es im ›Kämp‹ auch ernster und durchaus politisch zu. So etwa wurde hier nach Erlass des Februarmanifests 1899 die legendäre Petition an den Zaren formuliert und einige Jahre später, im November 1902, die Widerstandsorganisation ›Kagal‹ gegründet, der auch Otto Tuomi angehörte.[373]

Führer der neuen Arbeiterbewegung wiederum, wie etwa Ottos früherer Mentor A. B. Mäkelä, verkehrten bevorzugt im nördlich der ›langen Brücke‹ gelegenen Stadtteil Hakaniemi, wo Gaststätten wie ›Juttutupa‹ noch heute das Flair früher sozialistischer Aufbruchsstimmung erahnen lassen. Denkbar, dass Otto, hätte es ihn hierher verschlagen, auch einem jungen russischen Revolutionär namens Uljanow begegnet wäre. Wladimir Iljitsch Lenin nämlich, wie er sich inzwischen nannte, hielt sich 1905/06

wiederholt in der finnischen Hauptstadt auf, wo er sich im Februar 1906 unter anderem mit Maxim Gorki traf.[374]
Nicht nur ›Juttutupa‹, ›Kappeli‹ und das ›Kämp‹, auch etliche andere Orte, an denen sich die hauptstädtische Gesellschaft traf, sind bis heute beliebte Adressen geblieben. Zum Beispiel war das Restaurant ›König‹ in der Mikonkatu neben dem ›Kämp‹ seinerzeit einer der angesagtesten Künstlertreffs. Im Café ›Ekberg‹ am Bulevardi traf sich die gehobene bürgerliche Gesellschaft schon seit 1862. Wesentlich jünger war die ›Confiserie Franco-Russe‹, die 1891 in der Kluuvikatu ihre Pforten öffnete und schon in ihrem Namen weltläufiges Hauptstadtflair versprach. Ihr Gründer, Karl Fazer, war der Sohn eines aus der Schweiz eingewanderten Kürschners und hatte sein Konditorenhandwerk in Berlin, Paris und St. Petersburg erlernt. Heute steht der Name Fazer für das größte Süßwarenimperium des ganzen Landes, und auch das ›Café Fazer‹ existiert nach wie vor am selben Ort.

30. Abschied von Ständestaat

> *22. Dezember. Feierliche Eröffnung des Landtages. Ich hörte die diversen Begrüßungsreden der einzelnen Stände und nahm am Gottesdienst in der Nikolaikirche[375] teil. Der Predigt fehlte das Geistreiche, die Liturgien empfand ich als leer, die Choräle als eintönig. Die ganze Feier erschien mir wie eine Parade, sodass man beim Heraustreten aus der Kirche erst einmal tief frische Luft schöpfte und sich des Sonnenscheins erfreute, den man wochenlang nicht gesehen hatte. Vielleicht kommt man in Zukunft ja doch mit einfacheren Feiern aus.*
> *Die im Festsaal gehaltenen Reden waren meines Erachtens schwach. Trauer und Wut früher fanden stärkere Worte als die Zufriedenheit heute. Ein Grund dafür ist sicher die gegenwärtige Unsicherheit hinsichtlich der Zukunft. Das Wissen darum, dass dies der letzte Ständetag ist, und die Besorgnis darüber, wie die kommenden Abgeordneten ihr Erbe pflegen werden, belasten die Gefühle und dämpfen die Rede.*[376]

Der letzte finnische Landtag, dessen Eröffnung die Frauenrechtlerin Tekla Hultín hier so kritisch beschreibt und dem anzugehören Otto Tuomi nunmehr die Ehre hatte, war eine altmodische Veranstaltung. Zwar bestand er,

Im 1891 erbauten Ständehaus in Helsinki tagten bis 1906 die nicht-adligen Stände des finnischen Landtages

seit Zar Alexander I. ihn erstmals noch während des Krieges mit Schweden 1809 nach Porvoo einberufen hatte, erst kaum ein Jahrhundert und tagte gar erst seit 1863, mithin seit vier Jahrzehnten regelmäßig, doch hatten sich die Regeln ständischer Repräsentation seit Jahrhunderten nur wenig geändert. Wie schon im alten schwedischen Reichstag waren vier Stände vertreten: erstens der Adel, der sein Vorrecht keiner Wahl, sondern privilegierter Geburt verdankte und zweitens der Klerus, dessen Vertreter sich teils aus der Geistlichkeit, teils aber auch aus gelehrten Kreisen von Universität und Gymnasien rekrutierten. Komplizierter war die Wahl der Abgeordneten des dritten und vierten Standes. Während sich die Stimmenzahl beim bürgerlichen Stand nach Beruf und Steueraufkommen richtete, war sie im Bauernstand von der Größe des Hofes abhängig. Wer also als bäuerlicher Kleinpächter, als Knecht oder städtischer Geringverdiener weder über Landbesitz noch über ein nennenswertes Einkommen verfügte, war im Landtag nicht repräsentiert. Er gehörte nicht zum Volk, das der Landtagsordnung von 1869 zufolge im Landtag vertreten sein sollte.

Das Problem war, dass sich im Laufe des 19. Jahrhunderts durch den Wandel der Bevölkerungsstruktur immer weniger Menschen vom Landtag repräsentiert sahen, aufgrund zunehmender Bildung aber immer mehr ihren Anspruch darauf anmeldeten. Adel und Geistlichkeit, deren Zahl sich nur mäßig vermehrte, waren von solchem Wandel naturgemäß nur wenig betroffen, wesentlich stärker schon der bürgerliche Stand, dessen Wählerbasis sich innerhalb von kaum drei Generationen (von 1805 bis 1890) um fast das Siebenfache vermehrt hatte. Dramatischer noch war, dass die grundbesitzende Bauernschaft – der vierte Stand – nicht mehr, wie noch zu Beginn des Jahrhunderts, die große Masse der Bevölkerung verkörperte. Diese bestand nun aus besitzloser Landbevölkerung und städtischer Arbeiterschaft. Deren Anteil an der Gesamtbevölkerung hatte sich nämlich im Laufe des Jahrhunderts verzehnfacht, sodass sich nunmehr über siebzig Prozent aller Finnen – von den ohnehin nicht wahlberechtigten Finninnen ganz zu schweigen – durch Niemanden im Landtag vertreten sahen.[377] Kein Wunder also, dass die Unzufriedenheit groß war und die Frage einer Ausweitung des Wahlrechts immer wieder diskutiert wurde. Seit den 1880er Jahren waren aus dem Kreis der jungfinnischen Liberalen auch bereits Stimmen laut geworden, die für ein allgemeines und gleiches Wahlrecht plädierten. Im April 1905, also noch vor dem großen Generalstreik, hatten sich weit über dreißigtausend Menschen auf dem Senatsplatz von Helsinki versammelt, um für das allgemeine Wahlrecht zu demonstrieren.

Kaum überraschend ging es bei den Beratungen des Landtages denn auch vor allem – wenngleich bei weitem nicht nur – um diese Frage. Diskussionsgrundlage war eine aus den revolutionären Unruhen erwachsene Regierungsvorlage zur Ausweitung des bisherigen Männerwahlrechts. Aus Kreisen des Bauernstandes wurden auch Vorschläge zur Einführung eines Frauenwahlrechts gemacht, während von bürgerlicher Seite gar die völlige Umwandlung des bestehenden vierständigen Landtags in ein modernes Zweikammerparlament gefordert wurde. Über all dies entbrannte eine naturgemäß erbitterte Auseinandersetzung, ging es doch letztlich um nicht weniger als die Abschaffung einer seit hundert Jahren bestehenden politischen Ordnung. Dabei vertraten die Konservativen die Auffassung, dass es angesichts der drohenden Russifizierung doch in erster Linie darum gehen müsse, »unsere von den Vätern ererbte, gesetzmäßige Gesellschaftsordnung zu bewahren [...]. Das finnische Volk muss heute alle seine Kräfte konzentrieren, nicht um neue Rechte zu erlangen, sondern um zu bewahren, was es bisher besaß; demnach ist die Verbesserung der Zusammensetzung des Parlaments durch Erweiterung des Wahlrechts als weniger wichtige Aufgabe anzusehen.«[378] Demgegenüber machten die reformorientierten Kräfte geltend, »dass es gerade unter solchen Verhältnissen, in denen alle Kräfte des Volkes zu seiner Rettung beitragen müssen, besonders wichtig wäre, so breiten Kreisen wie nur möglich Gelegenheit zu geben, sich direkter als bisher an dieser Arbeit zu beteiligen.«[379]

Das Ergebnis der von wiederholten Demonstrationen sozialistischer Kreise begleiteten Beratungen war ein Kompromiss, der freilich sehr viel stärker die Handschrift der Reformer denn der Konservativen erkennen ließ: Verabschiedet wurde eine Wahlgesetzvorlage, derzufolge ein Einkammerparlament gemäß einem freien, allgemeinen, gleichen und geheimen Verhältniswahlrecht von allen Männern und Frauen ab 24 Jahren gewählt werden sollte.

Dem Zaren blieb, nachdem er in seiner früher erwähnten Novemberproklamation bereits freie Wahlen in Aussicht gestellt hatte, kaum eine andere Möglichkeit als der Vorlage zuzustimmen. Dies umso weniger, als die Autorität des Herrschers im fernen St. Petersburg noch längst nicht wiederhergestellt war. Ein Vorgang von symbolischer Bedeutung veranschaulicht schlaglichtartig die momentane Schwäche der russischen Herrschaft: Im selben Monat, da der Landtag sein großes Reformprogramm verabschiedete, überführten Studenten der Kaiserlichen Alexander-Universität zu Helsinki die Gebeine Eugen Schaumans – jenes Mannes also, der zwei Jahre zuvor den verhassten russischen Generalgouverneur Bobrikow ermordet hatte – in feierlichem Geleit von Helsinki nach Porvoo, um sie dort in einem Grab der Familie öffentlich beizusetzen. Noch im selben Jahr wurde dem Vater Schaumans ein von Eero Järnefelt erstelltes Porträt seines Sohnes geschenkt. Die antirussische Widerstandsbewegung ›Kagal‹ hatte es in Auftrag gegeben und durch eine Spendensammlung finanziert.[380]

Mit der großen Parlaments- und Wahlrechtsreform von 1906 hatte der finnische Landtag wahrlich Bedeutendes geschaffen. Nicht nur hatte er sich mit einem Schlag von einem vordemokratisch feudalen Repräsentationsorgan zu einem modernen, im Wesentlichen bis heute fortbestehenden Einkammerparlament verwandelt, sondern zugleich das weltweit umfassendste – weil allgemeine aktive und passive – Wahlrecht für Frauen eingeführt.[381] Ein Beispiel, dem 1913 zunächst Norwegen und Island, 1915 dann auch Dänemark folgen sollten, bevor sich ihm erst nach Ende des Ersten Weltkriegs nach und nach auch die meisten der übrigen europäischen Länder anschlossen. Zu Recht ist darauf hingewiesen worden, dass es ausgerechnet Länder der Peripherie waren, in denen sich am schnellsten durchsetzte, was uns heute selbstverständlich erscheint, während Frauen dort, wo sie – wie etwa in England – am erbittertsten um ihre Rechte kämpften, ihre politische Gleichberechtigung erst vergleichsweise spät erstritten.[382]

Was Finnland angeht, so war der frühe Emanzipationserfolg freilich kein Zufall. Frauenemanzipation und nationale Emanzipation gegenüber Russland waren hier nur zwei Seiten derselben Medaille. Gerade in der jungfinnischen Bewegung und im Widerstand gegen das Februarmanifest von 1899 hatten Frauen von Anfang an eine maßgebliche Rolle gespielt. In örtlich unterschiedlichem Ausmaß, vor allem in den industriellen Zentren, hatten sie sich auch am Generalstreik 1905 aktiv beteiligt. In Tampere zum Beispiel, einem der Zentren des Aufruhrs, stellten sie neun der insgesamt vierundzwanzig Mitglieder des Streikkomitees.[383] Während in diesem Fall der Einfluss der Arbeiterbewegung ursächlich war, war das politische und gesellschaftliche Engagement der bürgerlichen Frauen Folge einer vergleichsweise frühen weiblichen Bildungsemanzipation. Wie anderswo auch hatten Mädchen in Finnland je nach Stand traditionell entweder Hausunterricht erhalten oder aber private Mädchenpensionate mit dem Ziel besucht, ›salonfähig‹ zu werden. Auch die seit den 1840er Jahren eigens eingerichteten Mädchenschulen waren nicht darauf bedacht, intellektuelle Fähigkeiten und beruflichen Ehrgeiz ihrer Schülerinnen zu fördern, sondern diese auf vermeintlich frauenspezifische Lebenssituationen vorzubereiten. Wie schon an früherer Stelle dargelegt, änderte sich dies erst mit Einführung des staatlichen Schulwesens durch Uno Cygnaeus. Bereits 1891, zu einer Zeit also, da in Deutschland viele der Auffassung waren, dass Frauen dem Lehrberuf »körperlich, geistig und nervlich nicht gewachsen« seien[384], stellten diese in Finnland mehr als die Hälfte aller Volksschullehrer. Fünf

Jahre zuvor war mit Lucina Hagman (die 1907 als eine der ersten Frauen ins Parlament gewählt werden sollte) eine Frau zur Leiterin der Finnischen Oberschule bestellt worden, die vehement für eine Koedukation von Jungen und Mädchen eintrat. Tatsächlich sollte die Oberschule sehr bald zum Modell einer weiterführenden Schule werden, die Jungen und Mädchen gleichermaßen offenstand und ihnen gleiche Bildungschancen eröffnete.[385] Auch war es ein finnischer Wissenschaftler, der sich in jener Zeit als einer der ersten in Europa für eine uneingeschränkte Gleichberechtigung von Frauen einsetzte. In seinem erstmals 1891 erschienenen Werk ›The History of Human Marriage‹ hatte Edvard Westermarck, ein erst neunundzwanzigjähriger Philosoph und Sozialanthropologe, aus naturgeschichtlicher Sicht nicht nur für ein modernes Ehe-, Ehescheidungs- und Abtreibungsrecht plädiert, sondern auch das volle Wahlrecht für Frauen, deren gleichberechtigte Ausbildung und wirtschaftliche Unabhängigkeit gefordert. Auch für die Rechte homosexueller Minderheiten hatte sich der heute als Begründer der finnischen Soziologie und ›Einstein der Ethik‹ gefeierte Wissenschaftler damals schon stark gemacht.[386]

Tatsächlich wurde in Finnland schon vor Beginn des neuen Jahrhunderts eine Reihe juristischer Beschränkungen aufgehoben, welche die Berufstätigkeit von Frauen beeinträchtigt hatten: Unverheiratete Frauen über fünfundzwanzig Jahren wurden für gesetzlich mündig erklärt, handwerkliche Zunftgesetze reformiert, die Gewerbefreiheit für beide Geschlechter eingeführt. Der Schriftsteller Ángel Ganivet Garcia, der von 1896 bis 1898 als spanischer Konsul in Helsinki lebte, zeigte sich verblüfft darüber, mit welcher Konsequenz finnische Frauen das männliche Joch abgeschüttelt hätten und von ihrer Freiheit Gebrauch machten: Unverheiratete Señoritas lebten, ähnlich wie junge Männer, ganz auf sich allein gestellt! Sie pflegten, so der Diplomat, einen völlig ungezwungenen Umgang mit dem anderen Geschlecht, begäben sich sogar ohne Begleitung in die Wohnung alleinstehender Männer. Wenn sie diesen dort zum Beispiel Fremdsprachenunterricht erteilten, denke sich niemand etwas dabei; sie wären eben Sprachlehrerinnen und nichts anderes. Und obwohl die Verlobung auch in Finnland einen hohen Stellenwert genieße, könne sie doch ohne Schaden für die Frau von beiden Seiten wieder gelöst werden. Im übrigen gebe es durchaus auch platonische Freundschaften zwischen den Geschlechtern, die auf einem wesentlich tieferen Einvernehmen beruhten als so manche Verlobung in Spanien.[387]

Was den Repräsentanten einer der traditionalistischsten Länder Europas schier fassungslos machte, begeisterte eine englische Reisende vollauf. Die schon erwähnte Mrs. Tweedie zeigte sich allenfalls überrascht, dass die fortschrittlichsten Ideen über das Zusammenleben von Männern und Frauen ausgerechnet in einem derart abgelegenen und wenig beachteten Land wie Finnland plötzlich zum Durchbruch kämen: »Diese endlose Geschlechterfrage wird nie diskutiert. Es gibt keine Geschlechter in Finnland, Männer und Frauen sind praktisch gleich, und auf dieser Grundlage gestaltet sich die Gesellschaft.«[388] Das war natürlich übertrieben und spiegelt eher die Unzufriedenheit mit den Verhältnissen im spätviktorianischen Königreich als die tatsächlichen Gegebenheiten in Finnland. Auch hier nämlich waren verheiratete Frauen, wie schon erwähnt, nach wie vor der Vormundschaft ihres Mannes unterworfen. Immerhin aber hatten sie das Recht erwirkt, über ihr selbstverdientes Einkommen frei zu verfügen. Unverheirateten Frauen und Witwen, die über ein eigenes steuerpflichtiges Vermögen verfügten, war überdies bereits die Teilnahme an Kommunalwahlen gestattet worden.[389]

Schließlich wurde Frauen 1901 endlich auch der gleichberechtigte Zugang zum Universitätsstudium garantiert, das ihnen bis dahin nur mittels einer Sondergenehmigung gestattet war. Ein entsprechender Antrag war im finnischen Landtag bereits 1885 eingebracht worden, damals jedoch am Widerstand insbesondere des zweiten Standes, dem die Geistlichen und Gelehrten des Landes angehörten, gescheitert. Es sei gefährlich, so hatte damals noch ein namhafter Vertreter der älteren Generation gewarnt, Frauen an der Universität Seite an Seite mit Männern studieren zu lassen, »weil unsere Männer Frauengesellschaft nicht gewohnt sind, sondern ein Kneipenleben führen«, bei dem man sie doch nicht neben Frauen sitzen lassen könne.[390]

Die mittlerweile erreichten Fortschritte machten es den Gegnern der Wahlrechtsreform schwer, sich in der Debatte von 1905/06 noch Gehör zu verschaffen. Es liege nämlich, so erklärte denn auch ein zeitgenössischer Befürworter, »eine absurde Inkonsequenz darin, dass eine Frau z.B. ein Geschäft führen, einen Hof bewirtschaften darf und folglich Steuern an die

Kommune und an den Staat zahlt; dass sie die Universität besuchen, dort Prüfungen ablegen und akademische Titel erwerben darf, dass man sie als Lehrerin, Ärztin, Postbeamtin u.ä. einstellt, sie jedoch gleichzeitig von einer so einfachen und vergleichsweise geringes Wissen erfordernden Tätigkeit wie der Wahl eines Vertreters ausschließt.«[391]
Auch Otto Tuomi setzte sich mit Verve für die Einführung des Frauenwahlrechts ein. Unter anderem machte er dabei während einer Debatte des Landtags über das neue Wahlgesetz geltend, dass sich doch gerade auch die weibliche Jugend im Kampf gegen die Politik der Russifizierung engagiert habe, indem sie zum Beispiel vielerorts junge Männer, die den gesetzeswidrigen Musterungsbefehlen der Obrigkeit Folge leisteten, verflucht und ihnen Liebesentzug angedroht hätten: »Welch schönes Beispiel für das Staatsverständnis der jungen Frauen. Haben sie sich nicht das Stimmrecht verdient?«[392]

31. Frauen ins Parlament!

Am 15. und 16. März 1907 fanden in Finnland, und damit erstmals in Europa allgemeine, freie, gleiche und geheime Wahlen statt. Rund zehnmal mehr Menschen als an vergangenen Wahlen durften sich daran beteiligen; über siebzig Prozent von ihnen – neunhunderttausend von insgesamt knapp 1,3 Millionen Erwachsenen – gaben auch tatsächlich ihre Stimme ab. Wäre es nach Otto Tuomi gegangen, wäre deren Zahl noch um einiges größer gewesen. Er nämlich hatte sich der Forderung der Sozialdemokraten angeschlossen und im Landtag (vergeblich) dafür plädiert, das Mindestwahlalter auf einundzwanzig Jahre festzusetzen. Die (schließlich verabschiedete) Altersgrenze von vierundzwanzig Jahren schließe, wie er den Abgeordneten vorrechnete, rund einhundertsiebzigtausend Menschen und damit nicht weniger als vierzehn Prozent der Wahlbevölkerung vom Stimmrecht aus.[393]
Vom Streit über dererlei Modalitäten war an den Wahltagen nichts mehr zu spüren. Stattdessen allerorten stille Freude, großer Ernst und das Bewusstsein, einen »neuen Abschnitt in der Entwicklungsgeschichte unseres Landes« zu erleben[394]. Die jungfinnische Aktivistin Tekla Hultin vermerkte damals in ihrem Tagebuch:

Die ersten demokratischen Parlamentswahlen: ein Wahlbüro in Kuopio 1907 (Kulutrhistorisches Museum Kuopio / Foto: Victor Barsokevitsch)

> *Mit welch großen Hoffnungen wurden doch diese Tage erwartet! […] Schon morgens herrschte vor fast allen Wahllokalen ziemliches Gedränge und es bildeten sich Schlangen, aber Ordnung und Stille waren vorbildlich. Alle schienen die tiefe Bedeutung des Vorgangs zu begreifen. Nachbarn in der Schlange tauschten einige Worte, aber von Agitation war nichts mehr zu spüren. Die Schlange der Wähler spiegelte die Zusammensetzung der Gesellschaft in ihrer Gesamtheit glaubhaft wider. Alle sozialen Schichten und beide Geschlechter waren vertreten. […] In der Menge sah man viele alte Frauen, die den ganzen Winter über kaum vor der Tür gewesen waren. Dr. C. begleitete seine vierundachtzigjährige Mutter und am folgenden Tag seine zweiundachtzigjährige Tante. Rührende Geschichten wurden von Menschen erzählt, die direkt vom Krankenbett zur Stimmabgabe gekommen waren. Selbst die Bewohner von Alten- und Blindenheimen haben an der Wahl teilgenommen.*

So groß die Vorfreude, so groß war, zumindest unter den Jungfinnen, die Enttäuschung. Der Ausgang der Wahl bot nämlich einige Überraschungen. Sieger wurden mit Abstand die Sozialdemokraten, die allein achtzig der zweihundert zu vergebenden Sitze errangen. Auch die Anpassungspolitiker der alten Finnischen Partei konnten große Erfolge verbuchen, während die jungfinnische und die schwedische Partei vergleichsweise schlecht abschnitten; auch Otto Tuomi war im neuen Parlament nicht mehr vertreten. Es rächte sich nunmehr, dass die beiden letztgenannten Parteien, obgleich sie die Motoren der ganzen Reformbewegung gewesen waren, auf dem Lande kaum Anhänger besaßen. Ihre Wählerklientel beschränkte sich weitgehend auf das schmale städtische Bürgertum.

Der Umstand, dass erstmals in Europa Parlamentssitze von Frauen eingenommen wurden, fand auch außerhalb des Landes Beachtung. Insbesondere die deutsche Sozialdemokratie begann sich für die Erfahrungen finnischer Frauen in der Politik zu interessieren. In einer aktualisierten Auflage seiner erstmals 1879 in Zürich erschienenen Schrift ›Die Frau und der Sozialismus‹ nimmt zum Beispiel kein geringerer als August Bebel ausdrücklich Bezug auf das finnische Vorbild. Konservative Vorbehalte gegen die ›unästhetische‹ Vorstellung, womöglich schwangere Frauen auf der Rednertribüne des Reichstages ansehen zu müssen, suchte er zu entkräften, indem er finnische Erfahrungen zitierte[395]:

> *Die Hälfte der weiblichen Abgeordneten Finnlands sind Mütter respektive Ehefrauen [...]. Von den verehelichten sozialdemokratischen Volksvertreterinnen wurden drei während der bisherigen Landtagstätigkeit Mütter, und zwar ohne andere störende Folgen, als dass dieselben den Sitzungen einige Wochen fernblieben. Ihre Schwangerschaft während der parlamentarischen Tätigkeit wurde allgemein als etwas Natürliches aufgefasst, war also weder etwas Wunderbares noch Aufsehenerregendes. Man könnte viel eher davon sprechen, dass dieser Umstand auf die Versammlung erzieherisch gewirkt hat.*

Wer nun waren die insgesamt neunzehn Frauen im Alter zwischen Anfang zwanzig und Anfang fünfzig, die 1907 voller Stolz und Tatendrang in das neue Parlament, die Eduskunta, einzogen? Die weitaus meisten von ihnen kamen aus der sozialdemokratischen oder der Finnischen Partei. Viele waren zuvor als Lehrerinnen tätig gewesen, einige aber auch als Verkäuferin, Weberin oder Dienstmädchen; nicht selten brachten sie auch Erfahrungen aus der Gewerkschaftsarbeit, der Landfrauen- oder Anti-Alkoholbewegung mit. Einige wie Alexandra Gripenberg, Dagmar Neovius oder die schon erwähnte Lucina Hagman waren bereits vor ihrer Wahl als engagierte Frauenrechtlerinnen oder im Kampf gegen die Russifizierung landesweit hervorgetreten. Andere sollten sich erst in Zukunft einen Namen machen, wie zum Beispiel Miina Sillanpää, die einst als Dienstmädchen angefangen hatte und später der unabhängigen finnischen Republik als erste Ministerin diente. Woher auch immer sie kamen, was auch immer aus ihnen werden sollte, – sie alle dürfte spätestens am Tage ihrer erstmaligen Wahl ein Gefühl ähnlich dem beschlichen haben, das eine von ihnen wie folgt beschrieb:

> *Nun ist er gekommen, der große Tag! Mit Begeisterung begrüßen wir, was wir nie geglaubt hätten, mit eigenen Augen sehen, mit eigenen Ohren vernehmen zu dürfen: Dass die Stände Finnlands einvernehmlich und freudig mit einem Schritt vor ganz Europa, ja fast vor die ganze Welt getreten sind, die Frau aus ihrem Zustand der Erniedrigung zum Menschen erhoben und ihr das Recht gegeben haben, in den gemeinsamen Angelegenheiten unseres Vaterlandes ihre eigenen Gedanken und ihren eigenen Willen zum Ausdruck zu bringen, der Frau das Wahlrecht gegeben haben.*
> *Dieses junge, unbekannte Volk aus dem fernen dunklen Norden, von dessen Existenz man bis vor kurzem noch nicht einmal wusste, dieses Volk der großen Trauer, Armut und harten Erfahrungen tritt mutig vor das ganze stolze Europa. Und das alte, erwachsene Europa geht hinter uns auf dem ausgetretenen Weg her, und die Frau steigt auf und die Menschheit erhebt sich und die Völker gehen nebeneinander als Brüder.*

Mit diesen Sätzen, in feierlichem Ton gehalten, beginnt eine im Herbst 1906, also noch vor den ersten Wahlen zur Eduskunta erschienene Broschüre ›Wozu verpflichtet das Frauenstimmrecht?‹[396] Sie ist ein flammender Aufruf an alle Frauen zum aktiven Handeln. Das ihnen verliehene Wahlrecht dürfe nicht das Ende, sondern müsse der Anfang einer Entwicklung sein, die Frauen und Männer zu vereinten Anstrengungen zusammenführe: »Die Vergangenheit war eine Geschichte der Männer. Die Zukunft gehört Frau und Mann gemeinsam. Es muss die Geschichte der Menschwerdung

Europas erste Parlamentarierinnen, Helsinki 1907 (Stadtmuseum Helsinki)

der Menschheit sein.« [397] Die Autorin hieß Hilma Räsänen und war zu jener Zeit Volksschullehrerin in Yläsommee (russisch: Swerdlowo), einem unweit Wyborg gelegenen Dorf. (Einer ihrer damaligen Schüler war Johannes Virolainen[398], der sich nach dem Zweiten Weltkrieg als einer der namhaftesten Politiker und mehrfacher Ministerpräsident Finnlands einen Namen machen sollte). Nur wenige Monate nach Veröffentlichung ihrer Schrift fand sich die aus Kuopio stammende Tochter eines Gefängniswärters, kaum dreißigjährig, zu ihrem eigenen Erstaunen als eine der ersten weiblichen Abgeordneten auf den harten Bänken des neuen finnischen Parlaments wieder. Im Unterschied zu ihren Kolleginnen war Hilma die einzige Frau in der (vom späteren finnischen Staatspräsidenten Kyösti Kallio geführten) Fraktion des Landwirtebundes (maalaisliitto).[399] Davon abgesehen freilich war der Weg, der sie in die Eduskunta geführt hatte, nicht ganz untypisch. Zuvor nämlich war die ebenso tatkräftige wie eigenwillige junge Frau, nachdem sie das Lehrerseminar im ostfinnischen Sortavala absolviert (und einen Heiratsantrag Otto Tuomis ausgeschlagen[400])

hatte, für jeweils wenige Jahre in verschiedenen ländlichen Schulbezirken tätig gewesen und hatte sich dort vor allem in der Temperenzbewegung (Raittiusliike) engagiert.
Die Kampagne gegen den Alkohol hatte in der zweiten Hälfte des 19. Jahrhunderts von Irland und den britischen Inseln ihren Ausgang genommen und sich über die meisten Länder Europas ausgebreitet. Nirgends freilich kam ihr, von ihren Ursprungsländern abgesehen, eine vergleichbar große politische und gesellschaftliche Bedeutung zu wie in Skandinavien. Auch und gerade in Finnland nämlich war der Alkoholismus zu einem gravierenden Problem geworden, das grundsätzlich alle gesellschaftlichen Milieus betraf, insbesondere aber das besitzlose ländliche Lumpenproletariat sowie das sich langsam auch in Finnlands Städten herausbildende Industrieproletariat. So etwa hatte Minna Canth bereits Mitte der 1870er Jahre in einem Zeitungsartikel den Schnaps als »größten Feind unseres Landes« angeprangert und auf das Elend der leidtragenden Familien – Frauen und Kinder zumeist – aufmerksam gemacht.[401] Im Laufe der Jahre rang sich auch Otto Tuomi zu einer ähnlichen Position durch. In einem gegen Ende des Jahrhunderts veröffentlichten Beitrag beklagt er die alte Regel, wonach jeder, der Alkohol selber tragen konnte, auch berechtigt war, ihn zu bekommen, somit auch Kinder. Er nennt den Alkohol ein »den Menschen erniedrigendes« Ding, das langfristig gesehen nur noch in Apotheken erhältlich sein solle.[402] Ohne es zu ahnen, kam er mit dieser Forderung jener Praxis nahe, wie sie in Finnland für den Verkauf von Alkohol seit den 1930er Jahren bis auf den heutigen Tag vorgeschrieben ist.

In ihren Zielen gingen die Temperenzvereine freilich weit über den Kampf gegen den Alkoholmissbrauch hinaus und entwickelten sich zu einflussreichen Lebensreformbewegungen. In Finnland hatten sich die ›Freunde der Enthaltsamkeit‹ (›raittiuden ystävät‹) schon 1853 organisiert und seit den 1880er Jahren vor allem in den Städten rasch neue Mitglieder – darunter auch Hilma Räsänen – gewinnen können. Damit wurde die Bewegung zur ersten zivilgesellschaftlichen Massenorganisation des Landes.[403] Um 1905, auf dem Höhepunkt ihrer Entwicklung, gehörten etwa fünfzigtausend Finnen dieser oder anderen, kleineren Temperenzgesellschaften an. Über das ganze Land verbreitet, existierte ein engmaschiges Netz vieler hundert

Ortsvereinigungen.[404] An deren Spitze standen, da der Alkoholismus ein Problem vorwiegend der Männer war, oftmals Frauen. So wurde die ›raittiusliike‹ auch zu einem Motor der finnischen Emanzipationsbewegung und für manche ihrer Repräsentantinnen zum Sprungbrett einer politischen Karriere.

Wie groß der Einfluss der Temperenzbewegung auf die Politik war, zeigte sich im übrigen schon bald nach Zusammentritt des neuen Parlaments 1907. Zu den ersten Maßnahmen der Eduskunta nämlich gehörte die Verabschiedung einer Gesetzesinitiative zur Einführung der Prohibition, für die sich auch die Abgeordnete Hilma Räsänen mit Nachdruck einsetzte. Tatsächlich eingeführt wurde das entsprechende Gesetz freilich erst 1919, nach Erringung der staatlichen Unabhängigkeit. Wie anderswo auch, nährte dann die Prohibition den Schmuggel und das organisierte Verbrechen. Helsinki zum Beispiel erlebte in jenen Jahren eine der gewaltreichsten Perioden seiner Geschichte. Nach einem Volksentscheid 1932 – dem einzigen in der finnischen Geschichte bis zur Frage der EU-Mitgliedschaft im Jahre 1994! – wurde die Prohibition daher wieder abgeschafft. An seine Stelle trat das bis auf den heutigen Tag fortbestehende staatliche Alkoholmonopol.[405]

Hilma Räsänen im Jahr ihrer Wahl zur Abgeordneten (1907)

Hilma Räsänen gehörte dem Parlament nur kurze Zeit an; bereits 1907 legte sie aus nicht näher bekannten Gründen ihr Mandat nieder. An parlamentarischem Engagement hat sie es bis dahin sicherlich nicht fehlen lassen. Neben der Alkoholpolitik war ihr besonders daran gelegen, die Stellung der Frau im

Allgemeinen, und im Besonderen das Los lediger Mütter und ihrer unehelichen Kinder zu verbessern. Wie auch Vertreterinnen anderer bürgerlicher Parteien suchte sie dabei nach parteiübergreifenden Lösungen. Eine parteipolitische Akzentuierung, wie sie seitens der Linken mit der Verknüpfung von Arbeiter- und Frauenfrage betrieben wurde, lehnte sie ab.[406] Sie fürchtete, dass eine derartige Verknüpfung das weibliche Stimmpotential zersplittern würde. Stattdessen träumte sie davon, »dass wir alle nur Menschen sind ohne Ober- und Unterschicht, Frauen, die sich zusammenfinden durch gemeinsame Freude.«[407] Was sie sich vorstellte, war ein temporärer Wahlrechtsbund aller Frauen: »Er würde zu keiner Partei gehören, sondern wäre ein Bund, dem sich Frauen aus verschiedenen Parteien und unterschiedlichen Volksschichten anschließen würden, die sich dieser Sache ungeachtet ihrer politischen Ansichten annehmen. Der Zweck des Bundes wäre ausschließlich das Bekanntmachen des Wahlrechts der Frauen.«[408]
Hinter der Idee verbarg sich ein durchaus traditionelles Leitbild gesellschaftlicher Rollenverteilung: Hüter des häuslichen Heims war auch für Hilma Räsänen vor allem die Frau. »Der Mann ist der Verstand, die Frau das Herz, – das sind bekannte Wahrheiten.«[409] Gerade darum aber war ihr so wichtig, dass Frauen Politik als eigenes Anliegen verstanden. Deren Haltung zu den großen Fragen der Menschheit – etwa zur Temperenz-, zur Sittlichkeits- und Friedensidee – sei nämlich eine oftmals andere als jene der Männer. Wenn Frauen sich nun allerdings auf den Lorbeeren des erkämpften Wahlrechts ausruhten und Politik weiterhin als Sache der Männer missverstünden, so seien sie an ihrem Unglück selbst schuld.

32. Hilma und Otto

Hilma Räsänens Kampf für eine gleichberechtigte politische und gesellschaftliche Stellung der Frau bei gleichzeitiger Idealisierung ihrer traditionellen Rolle als Mutter und Hüterin des häuslichen Herdes steht in einem eigentümlichen Kontrast zu ihrem persönlichen Leben. Nicht nur, dass sie vielleicht aus Sorge um den Verlust ihrer persönlichen Unabhängigkeit die Ehe mit Otto Tuomi einst ausgeschlagen hatte und Zeit ihres Lebens unverheiratet blieb, – sie wurde auch Ottos Geliebte, nachdem dieser längst anderweitig verheiratet war. Der fragmentarisch überlieferte Briefwechsel zwischen beiden aus den Jahren von 1911 bis 1920 zeigt uns das Bild eines Paares, das weder zusammenfinden noch voneinander lassen kann. Was beide in einer *amour fou* zusammenband, kann nur vermutet werden. Ottos geradezu ›unfinnische‹ Eloquenz in Verbindung mit seinem zweifellos großen Empathievermögen und der Fähigkeit zur Zärtlichkeit mögen die acht Jahre Jüngere angesprochen haben. Sie selbst war, den wenigen überlieferten Fotos nach zu urteilen, keine Schönheit im landläufigen Sinne, kam aber in ihrer Beleibtheit Ottos Ideal von Weiblichkeit sicherlich nahe. Auch wusste sie ihn wohl auch durch die Stärke ihres Charakters zu beeindrucken; überdies teilten sie ein von jungfinnischem Fortschrittsdenken geprägtes Weltbild.

Gleichwohl war das Verhältnis zwischen beiden nach den Maßstäben der Zeit eine Unmöglichkeit. Für Hilma, die sich als Feministin verstand, war das diskrete Verhältnis mit Otto, einem verheirateten Mann, im Grunde unerträglich. Immer wieder drängt sie ihn zur Scheidung, stellt ihm Ultimaten, führt ihm die alltägliche Demütigung vor Augen, die sie erleidet, wenn er wieder einmal am Arm seiner Gattin gesehen wird.[410] Otto seinerseits schwankt zwischen der Liebe seines Lebens und der Loyalität zu seiner Familie. Selma, seine Ehefrau, die ihm erst wenige Jahre zuvor einen Sohn geschenkt hat, mag offenbar in eine Scheidung nicht einwilligen, und Otto mag sie nicht durch allzu beharrliches Drängen verletzen.[411]

Als sich in späteren Jahren der Lebensmittelpunkt Ottos wie auch Hilmas zunehmend nach Helsinki verlagerte, während Selma im einst gemeinsamen Haus in Kuopio wohnen blieb, schien sich eine für die beiden Liebenden erträgliche Existenzgrundlage abzuzeichnen. In der Unioninkatu 6 bezog man Anfang der 1920er Jahre zwei einander benachbarte Wohnungen, – das Äußerste an Nähe, das sich eine unverheiratete Frau und ein verheirateter Mann gestatten durften, ohne einen offenen Skandal zu riskieren. Aber auch der so sehnsüchtig angestrebten Zweisamkeit war kein Glück beschieden. Schon bald trennt man sich unter nicht näher geklärten Umständen. Während sich Otto in den folgenden Jahren einer anderen Frau zuwendet, wird Hilma, die ihren Beruf als Lehrerin mittlerweile krankheitsbedingt hat aufgeben müssen, in den folgenden Jahren wiederholt als Autorin und Übersetzerin in Erscheinung treten. Ihre gescheiterte Beziehung mit Otto Tuomi und ein vermutlich aus einer anderen Beziehung stammendes Kind, das, von ihr in fremde Obhut gegeben, früh verstarb, beschäftigten sie bis zu ihrem Tode im Jahr 1955. In einem 1932 veröffentlichen Buch ›Unsere Nerven und unser Schicksal‹[412] hat sie diese Erfahrungen verarbeitet.

Was Otto Tuomi angeht, so wandte er sich schon sehr bald nach der Trennung von Hilma einer anderen Frau zu. Den spärlich überlieferten Zeugnissen zufolge möchte man an eine Torschlusspanik des nunmehr über Fünfzigjährigen glauben, der sich nach zwei gescheiterten Beziehungen offenbar nach einem bürgerlichen Familienleben sehnt. Jedenfalls sehen wir ihn schon 1922 in häuslicher Gemeinschaft mit einer rund dreißig Jahre jüngeren Frau, die ihm – dem städtischen Adressbuch zufolge – lediglich als ›taloudenhoitaja‹ den Haushalt führt. Dass sie ihm noch vor Ablauf desselben Jahres eine Tochter (und in den folgenden Jahren weitere Kinder) gebiert, belegt indes, dass die Beziehung zu Otto schon sehr früh eine wesentlich engere war. Erst als nach der Geburt des dritten Kindes Ottos Ehefrau Selma, die sich im fernen Kuopio schon des längeren als »Witwe«(!) bezeichnet[413], endlich in eine Scheidung einwilligt, kann Otto die Ehe mit der Mutter seiner Kinder eingehen. Zu diesem Zeitpunkt sollten ihm noch drei Jahre zu leben bleiben.

Mit der Zeit verliert sich Ottos Spur in der Geschichte. Nach und nach hatten sich alle seine Träume und Hoffnungen zerschlagen. Schon bald nach Beginn des neuen Jahrhunderts war klar geworden, dass er kein finnischer Émile Zola werden würde. Auch seine berufliche Zukunft als Journalist war schon bald verspielt und die als Politiker endete, bevor sie recht begonnen hatte. Umso erfolgreicher schien er dafür auf Feldern, die sich abseits öffentlicher Aufmerksamkeit bestellen ließen. Als Geschäftsmann brachte er es bis zum Ersten Weltkrieg (von dem Finnland weitgehend unberührt blieb) zu einem beträchtlichen Vermögen. Als Finnland im Dezember des Jahres 1917 unabhängig wurde, hatte er sich von allen öffentlichen Ämtern getrennt, nannte zwei Häuser in Helsinki sowie ein Landgut im nahe gelegenen Loppi sein eigen und führte das Leben eines »freien Bauern.«[414] Nochmals einige Jahre später sehen wir ihn als Besitzer eines Gutes in

Kirkkonummi, wo er sich von einem livrierten Kutscher im Doppelspänner fahren ließ.[415]

Die Quellen seines Wohlstands liegen freilich im Dunkeln. Ganz sicher spielten Aktien- und Immobilienhandel eine Rolle. Möglicherweise stammte sein Vermögen zumindest teilweise aus Spekulationsgewinnen, wie sie zum Beispiel mit Eisenbahnobligationen erzielt werden konnten. Überdies war vor allem Helsinki, wo Otto nunmehr immer häufiger anzutreffen war, in den Jahren vor und während des Ersten Weltkriegs, aber auch in der sich anschließenden Prohibitionszeit dank weit verbreiteter Korruption ein Ort, an dem sich Geld schnell verdienen, eventuell aber auch noch schneller wieder verlieren ließ. Jedenfalls scheint Otto sich der brüchigen Grundlagen seines Reichtums bewusst gewesen zu sein. So lesen wir in einem Brief vom Jahresende 1917 an seinen Bekannten Eero Erkko, den Herausgeber der Tageszeitung ›Helsingin Sanomat‹: »Wie wird das wohl weitergehen? Jetzt habe ich 400 bis 500 Tausend, morgen vielleicht nichts.«[416]

Im Nachhinein klingen Ottos Worte geradezu prophetisch. Im Bürgerkrieg 1918, der sich der finnischen Unabhängigkeitserklärung anschloss und zu den zwar kurzen, aber besonders blutigen Auseinandersetzungen in der Geschichte des Landes gehört, sehen wir ihn auf Seiten jener bürgerlichen ›Weißen‹, die durch eine sozialistische Revolution alles zu verlieren fürchteten. Dies mag angesichts seines Wohlstands kaum verwundern, ist aber insofern bemerkenswert, als Jungfinnen und Arbeiterbewegung bis zum Generalstreik von 1905 noch eine im Wesentlichen gemeinsame Front gegen die russische Autokratie gebildet hatten.

Am Ende siegte die Revolution zwar nicht, aber Otto verlor dennoch (fast) alles. Was für die Quellen seines Reichtums gilt, gilt mehr noch für seine Vermögensverluste während der späten zwanziger Jahre: Die Ursachen lassen sich nur erahnen. Spekulationsverluste sowie der weitgehende Zusammenbruch des Aktienmarktes infolge der Wirtschaftskrise dürften viel dazu beigetragen haben. Auch hatte er offenbar eine Reihe hochriskanter Bürgschaften übernommen und neben Hilma Räsänen auch eine ganze Reihe bedürftiger Künstler immer wieder großherzig unterstützt. Obwohl er selbst alle literarischen Ambitionen längst aufgegeben hatte, schätzte er nämlich auch weiterhin den Umgang in einschlägigen Kreisen. Der Dichter Eino Leino gehörte in jenen Jahren ebenso zu seinem Bekanntenkreis wie der Maler Jalmari Ruokokoski und der Bildhauer Eemil Halonen, der berühmt war, seit er als gerade Fünfundzwanzigjähriger anlässlich der Pariser Weltausstellung 1900 die Reliefs im Finnischen Pavillon hatte gestalten dürfen. (Nun gestaltete er den Kopf von Ottos Tochter). Der Komponist Leevi Madetoja und seine Frau, die Schriftstellerin L. Onerva, eine langjährige Gefährtin Eino Leinos, waren Ottos Nachbarn, als er in den zwanziger Jahren in der Arkadiankatu 20 in Helsinki lebte.

Die schweren Vermögensverluste und, dadurch bedingt, das Schwinden jeder Zukunftsperspektive für seine schnell wachsende Familie scheinen Otto Tuomi schwer belastet zu haben. Am 30. November 1930 starb er, gerade einundsechzigjährig, im Marienhospital Helsinki an den Folgen einer Herzerkrankung. Nachrufe würdigten ihn als Journalisten und Schriftsteller, als engagierten jungfinnischen Reformer und menschenfreundlichen Zeitgenossen. Für Gerüchte, wonach es sich bei seinem Tod um einen Freitod gehandelt habe, gibt es keinen Anhalt, wohl aber darf vermutet werden, dass der wirtschaftliche Absturz, den er erleben musste, ihm auch gesundheitlich schwer zusetzte.

Als Otto Tuomi starb, hinterließ er eine schwangere Witwe mit fünf Kindern sowie Schulden in Höhe von annähernd einer Million Finnmark. Ihre vier Jungen übergab die überforderte Mutter armen Bauersfamilien zur Pflege. Nur die älteste Tochter behielt sie bei sich; eine weitere Tochter, deren Name in der Familie unerwähnt blieb, verstarb in jungen Jahren geistig umnachtet in einer Heilanstalt. Familiäre Gespräche über Otto wurden fortan vermieden.

Nachwort

Otto Tuomi war im Getriebe der Geschichte nur eines von ungezählten Rädchen. Doch so, wie wir ein komplexes Räderwerk nur verstehen, wenn wir Beschaffenheit und Funktion seiner Einzelteile studieren, so verstehen wir auch die Entwicklung der Gesellschaft nur, wenn wir uns deren einzelne Glieder und ihr Zusammenwirken vor Augen führen.

Auf unser Thema angewandt bedeutet dies, dass sich Ottos Leben auf zwei ganz unterschiedliche Weisen interpretieren lässt. Für sich allein betrachtet, aus individual-biographischer Sicht, mag es uns nur sehr bedingt als geglückt erscheinen, sehen wir doch einen Menschen vor uns, der, gemessen an seinen Absichten und Plänen, in fast jeder Hinsicht gescheitert ist. Nicht nur zerplatzte nach vielversprechenden Anfängen sein Traum, ein großer Schriftsteller zu werden; auch seine Karriere als Journalist fand, bedingt durch äußere Umstände, ein vorzeitiges Ende. Als Geschäftsmann brachte er es in späteren Jahren dann zwar zu erheblichem Wohlstand, büßte am Ende aber auch diesen ein. Nicht einmal im privaten Leben blieb der Mann, dessen Freundlichkeit im persönlichen Umgang so sehr gerühmt wurde, vom Scheitern verschont. Nicht nur verlief seine erste Ehe unglücklich, auch die Liebe seines Lebens erwies sich als unerfüllbarer *amour fou.* Seine Flucht in eine zweite Ehe bescherte ihm zwar für kurze Jahre ein Familienleben, stürzte die Familie aber mit seinem Tod in eine Katastrophe.

Im Zusammenhang unserer Betrachtung wichtiger und aufschlussreicher ist indes eine andere Perspektive. Wenn wir uns nämlich vom Blick auf die Person selbst lösen, um sie in einem weiteren kulturgeschichtlichen Zusammenhang zu betrachten, so stellt sich uns ihr Leben in ganz anderem Licht dar. Dann nämlich erscheint Otto Tuomi charakteristisch für eine Generation, die erstmals in der finnischen Geschichte in ihrer Mehrheit auf eine materiell gesicherte Existenz hoffen durfte. Eine Generation, der erstmals die Chance geboten wurde, sich auch ohne ererbte Standesprivilegien eine respektable bürgerliche Existenz zu erarbeiten. Mehr noch: Es war die Generation, aus der ein finnischsprachiges Bürgertum von nennenswerter Breite überhaupt erst erwuchs. Natürlich hatte es auch in den Jahrzehnten zuvor immer wieder Menschen – Männer zumeist – gegeben, denen trotz ihrer Herkunft aus einfachsten Verhältnissen durch Glück und Geschick eine bürgerliche Bildung und Ausbildung zuteil wurde. Aber erst Ottos Alterskohorte – die Generation der in den 1860er Jahren Geborenen – begann allmählich von den Segnungen der Moderne zu profitieren. Neben der zunehmenden Freiheit von Hunger erwies sich dabei vor allem die um sich greifende Alphabetisierung der Bevölkerung als Grundlage für den Aufbau einer selbstbestimmten Nation. Bildung wurde, wie Ottos Beispiel zeigt, zum Schlüssel für den Aufstieg eines ganzen Landes aus Armut und Unmündigkeit. In keinem Jahrhundert und keinem Jahrzehnt zuvor gab es in Finnland eine vergleichbar große Zahl von Männern und Frauen, deren Namen noch heutigen Generationen geläufig sind.[417] Allein drei spätere Staatspräsidenten – Ståhlberg, Svinhufvud und Mannerheim –, dazu eine Vielzahl anderer namhafter Politiker, Verwaltungsbeamter und Offiziere, Unternehmer und Publizisten, Künstler und Wissenschaftler wurden in jenem Jahrzehnt geboren.[418] Vor diesem Hintergrund überrascht denn auch kaum, dass ›Bildung‹ (ungeachtet aller zwischenzeitlichen Veränderungen des Begriffsinhalts) in Finnland bis heute als die wichtigste gesellschaftliche Ressource angesehen wird.

Der Aufstieg des Einzelnen aus dem gesellschaftlichen Nichts zum geachteten Mitglied eines neuen nationalen Bildungsbürgertums war freilich, auch dies zeigt das Beispiel Otto Tuomis, kein durch die neuen Bildungsinstitutionen allein schon vorgezeichneter Weg. Vielmehr bedurfte es des Glücks, an dieser oder jener Station des Lebensweges in ein Umfeld zu geraten, das dem eigenen Werdegang dienlich war. Otto wurden derart glückliche Zufälle wiederholt zuteil. Wäre er nur wenige Jahre früher geboren, hätte er keine reguläre Schule besuchen können. Wäre er nach seiner vierjährigen Volksschulzeit in Iisalmi geblieben, wäre aus ihm vielleicht, dem Beispiel des Vaters folgend, ein biederer Dorfschuster geworden. Allein die Tatsache, dass er zur Berufsausbildung nach Kuopio geschickt wurde, dass ausgerechnet diese Stadt ein Zentrum des literarischen Aufbruchs in Finnland bildete, und dass er dort ins Blickfeld zunächst der Brofeldt-Brüder, dann auch Minna Canths und anderer geriet, erklärt die Rolle, die – wie bescheiden auch immer – Otto Tuomi für die Formierung einer nationalen finnischen Identität bürgerlichen Zuschnitts spielen durfte. Anders ausgedrückt: Es waren kleine, aber eng geknüpfte Netzwerke, die nicht nur die Entwicklung des Einzelnen förderten, sondern in einem meist städtischen Umfeld – neben Helsinki etwa in Turku, Wyborg oder eben Kuopio – die Bildung kultureller Biotope begünstigten. Diese wiederum strahlten dank sich modernisierender Kommunikationsstrukturen (Post, Eisenbahn, Presse) zunehmend auf das weitere Umfeld aus, befruchteten sich wechselseitig und ließen so allmählich einen landesweiten Kultur- und Bildungsraum entstehen. Die mit diesem Prozess einhergehende Herausbildung einer spezifisch nationalfinnischen Identität führte, auch dafür ist das Beispiel Otto Tuomis charakteristisch, fast zwangsläufig zu einer Politisierung der Gesellschaft. Zunächst der sogenannte Sprachenstreit, später die Frage, wie auf die drohende Russifizierung des Landes angemessen zu reagieren sei, sowie schließlich die Wahlrechtsdiskussion und der Kampf gegen den Alkoholmissbrauch stießen jeweils öffentliche Debatten an, aus denen heraus sich schrittweise ein modernes politisches Parteiensystem entwickelte.

Mit der Herausbildung spezifisch finnischer Institutionen in Politik und Gesellschaft und der Festigung einer eigenen nationalen Identität in der von uns betrachteten Scharnierzeit vom ›großen Hunger‹ 1868 bis zur Wahlrechtsreform 1905/07 war die politische Kultur Finnlands auf ein Gleis gesetzt worden, das sich bis auf den heutigen Tag als tragfähig erweisen sollte. Jedenfalls ist es kaum einer anderen der jungen Nationen Europas in vergleichbarer Weise gelungen, ihren demokratischen Charakter über das gesamte 20. Jahrhundert hinweg ungebrochen zu bewahren. Dabei hat es an Risiken und Gefährdungen wahrlich nicht gefehlt. So setzte bereits kurz nach der Wahl zur ersten Eduskunta eine zweite Welle der Russifizierungspolitik ein, die ihr definitives Ende erst mit den Revolutionen des Jahres 1917 fand. Der Sturz des Zaren beraubte nicht allein Russland seines Kaisers, sondern auch Finnland seines Großfürsten. Dessen Person hatte die Klammer zwischen beiden Ländern gebildet. Ohne sie fiel nach finnischer Auffassung die höchste Autorität an die Regierung in Helsinki (nach anderer Auffassung an die Eduskunta als Repräsentantin des Volkes) zurück. Damit war, verfassungsrechtlich gesehen, der Weg frei zur staatlichen Unabhängigkeit Finnlands.

Was in der Theorie klar schien, sollte sich in der Praxis als beschwerlich erweisen. Vor allem zeigte sich nun, dass die soziale Frage, deren Sprengkraft sich schon im Generalstreik von 1905 angedeutet hatte, nach wie vor ungelöst war. Die Folge war ein kurzer, aber ungemein blutiger Bürgerkrieg im Frühjahr 1918, in dem auch die Frage der künftigen Staatsform – Monarchie oder Republik? Parlamentarismus oder Rätesystem? – zur Debatte stand.

Auch in den folgenden Jahrzehnten der bürgerlichen Republik war der Fortbestand der parlamentarischen Demokratie mehr als einmal gefährdet. Wie alle jungen Staaten, die nach Ende des Ersten Weltkrieges aus der Konkursmasse der zerfallenden Vielvölkerstaaten entstanden waren, war auch Finnland zeitweise der Gefahr ausgesetzt, in ein autoritär regiertes Regime abzugleiten, vermochte ihr aber letztlich als eines der wenigen neuen Staatsgebilde zu widerstehen. Während des Zweiten Weltkrieges dann drohte das Land gleich mehrfach zwischen den beiden beherrschenden Diktaturen der Epoche, der Sowjetunion und Deutschland, zerrieben zu werden. Eine Reihe glücklicher Umstände – darunter auch seine strategisch periphere Lage – sowie eine geschickte Diplomatie bewahrten Finnland abermals vor dem Schicksal fast aller anderen vergleichbaren Staaten. Als neben London und Moskau einzige Hauptstadt eines aktiv kriegführenden europäischen Landes blieb Helsinki in jenen Jahren von feindlichen Truppen unbesetzt. Mehr noch: Als einziger europäischer Anrainer der Sowjetunion entging Finnland nach Ende des Krieges der Zwangsumwandlung in eine ›Volksdemokratie‹. Zwar erlegte man sich im Zeichen der so genannten ›Finnlandisierung‹ mit Rücksicht auf die Interessen des sowjetischen Nachbarn gewisse Beschränkungen in der Innen- und Außenpolitik auf, vermochte aber einmal mehr die Substanz seiner seit 1907 erprobten politischen Kultur zu erhalten. Es war diese Kontinuität bürgerlicher Selbstbestimmung und Demokratie, die es dem Land dann nach dem Ende des Kalten Krieges gestattete, sich problemloser und harmonischer als andere Nachbarstaaten der früheren Sowjetunion in die Europäische Union einzufügen.

Studiofoto 1895:
sitzend rechts der Fotograf Victor Barsokevitsch, links Otto Tuomi, dahinter seine spätere Ehefrau Selma Bergroth
(Kulutrhistorisches Museum Kuopio / Foto: Victor Barsokevitsch)

Anhang

Zeittafel

1808/09	Im sog. ›Finnischen Krieg‹ fällt Finnland, bislang ein Teil des schwedischen Reiches, an Russland. Auf dem Landtag zu Porvoo huldigen die finnischen Stände dem Zaren als neuem Großfürsten von Finnland.
1812	Helsinki wird Finnlands neue Hauptstadt.
1831	Gründung der Finnischen Literaturgesellschaft.
1835	E. Lönnrot veröffentlicht eine erste Fassung des Kalevala.
1843	J. V. Snellman wird Schulrektor in Kuopio (bis 1849).
1848	J. L. Runeberg veröffentlicht den ersten Teil von ›Fänrik Ståls sägner‹.
1850	An der Universität Helsinki wird erstmals ein Lehrstuhl für finnische Sprache und Literatur eingerichtet.
1862	Eröffnung der ersten finnischen Eisenbahnlinie zwischen Helsinki und Hämeenlinna.
1863	Der finnische Landtag wird erstmals seit 1809 wieder einberufen. – Finnisch soll zur zweiten, mit dem Schwedischen gleichberechtigten Verwaltungssprache werden.
Ab 1866	Uno Cygnaeus begründet das moderne staatliche Volksschulwesen.
1868	Höhepunkt der finnischen Hungerkrise.
1869	*Otto Häggblom (später: Tuomi) wird in Iisalmen Kauppala geboren.*
1870	Mit ›Die sieben Brüder‹ veröffentlicht Aleksis Kivi den ersten großen Roman in finnischer Sprache.
1878	Erstmals in Finnland absolviert eine Frau ihr Universitätsexamen (im Fach Medizin).
1884	Alexander Järnefelt wird Gouverneur in Kuopio (bis 1888). – Juhani Aho gelingt mit seiner Novelle ›Rautatie‹ (›Die Eisenbahn‹) der Durchbruch als Schriftsteller.
1889	In Helsinki wird die Zeitung ›Päivälehti‹ gegründet (später: ›Helsingin Sanomat‹).
1890	*Otto Tuomi tritt als Mitarbeiter von Pekka Brofeldt in die Redaktion der Zeitung ›Savo‹ ein (später: ›Uusi Savo‹).*
1891	Nationales Sängerfest in Kuopio.
1893	*Ottos Tuomis ›Pieniä kertomuksia‹ erscheinen als Buch.* – Arvid Järnefelt veröffentlich seinen Roman ›Isänmaa‹.
1897	Minna Canth stirbt 53-jährig in Kuopio.
1899	Das sog. ›Februarmanifest‹ des Zaren läutet eine verschärfte Russifizierungspolitik ein (›Erste Unterdrückungsperiode‹); Proteste in Finnland und ganz Europa.

1899/1900	Jean Sibelius komponiert die ›Finlandia‹.
1900	Finnland ist auf der Pariser Weltausstellung erstmals mit einem eigenen Pavillon vertreten.
1900/01	*Otto Tuomis Ambitionen als Romancier und Dramatiker scheitern.*
1903	›Uusi Savo‹ und andere Zeitungen werden verboten, zahlreiche Journalisten, Politiker und Intellektuelle in die Verbannung geschickt. *Otto Tuomis Karriere als Jounalist endet.*
1904	Generalgouverneur Bobrikow wird in Helsinki ermordet.
1904/05	Der russisch-japanische Krieg endet mit einer Niederlage Russlands.
1905	Revolution in Russland. Generalstreik in Finnland; Einberufung des letzten ständischen Landtages.– *Otto Tuomi wird Ratsherr in Kuopio und Abgeordneter des bürgerlichen Standes im Landtag.*
1907	Erste demokratische Wahlen von Frauen und Männern zur neuen ›Eduskunta‹.
1908	Beginn der ›Zweiten Unterdrückungsperiode‹ in Finnland.
1914	Beginn des Ersten Weltkriegs.
1917	Revolutionen in Russland; Abdankung des Zaren.
1918	Im Gefolge der finnischen Unabhängigkeitserklärung kommt es in Finnland zum Bürgerkrieg.
1930	*Otto Tuomi stirbt in Helsinki.*

Anmerkungen

Vorwort

1 Karl Immermann, Memorabilien, zit. nach: Ders., Werke in fünf Bänden, hrsg. von Harry Maync. Leipzig 1906, Bd. V, S. 239.

2 In der neuen zehnbändigen finnischen Nationalbiographie findet Otto Tuomi keine Erwähnung. Lexikalische Informationen über ihn finden sich, von einem kurzen Wikipedia-Eintrag abgesehen, hingegen in: Hirvonen, Suomen kirjailijat, S. 796; Suomen Sanomalehtimiehet, S. 53; Nordenstreng, Porvarissäädyn Historia. Bd. V, S. 346f. In Eino Leinos 1910 erschienener Geschichte der finnischen Literatur wird Tuomi, der sich zu dieser Zeit bereits von der Literatur abgewandt hatte, unter den Naturalisten kurz erwähnt. Im deutschsprachigen Raum ist mir sein Name nur in Meyers Konversationslexikon von 1905 unter dem Stichwort ›Finnische Sprache und Literatur‹ begegnet. Dort heißt es von ihm, er habe sich »allmählich zum Kunstnovellisten« ausgebildet.

3 Särmä, Salattu rakkaustarina.

1.

4 Turpeinen, Nälkä; zusammenfassend auch Jutikkala, Katovuodet.

5 Vihola, Leipäviljasta lypsykarjaan, S.11.

6 Vgl. zu den diesbezüglichen Forschungen von Andrew Newby Anniina Wallius, 150 vuotta sitten 200 000 suomalaista menehtyi – muistatko syyn? (https:// yle.fi/uutiset/3-9738085, aufgerufen am 4.8.2017).

7 Mäkinen/ Uusi-Hallila, Minna Canth, S. 60.

8 Runeberg, Unser Land, zit. aus: Finnländische Rundschau 1 (1901), H.1, S. 4.

9 Molarius, Nicht vom Brot allein, S. 52.

10 Reiseführer »Finnland« (1928), S. XVII.

11 Vihola, Leipäviljasta lypsykarjaan.

2.

12 Baedeker, Russland (1888), S. 214.

13 Turpeinen, Nälkä, S. 266; Räisänen, Iisalmen historia, S. 188ff.

14 Aho, Muistatko?, S. 29.

15 Ebd. S. 29f.

16 Räisänen, Iisalmen historia, S. 173, 190f.

17 Vgl. Havu, Kauppis-Heikki, S. 21.

18 In seinem mehrbändigen Roman »Täällä Pohjantähden alla« (1959-62) hat Väinö Linna ihnen ein literarisches Denkmal gesetzt.

19 Matti Peltonen, Suomalainen maatalouskysymys. In: Haapala, Talous, valta ja valtio, S. 190-194.

20 John Paterson, in Übersetzung zit. nach Lurcock, ›Not So Barren or Uncultivated‹, S. 137.

21 Für Informationen hierzu und zum Folgenden danke ich Herrn Dr. med. Raimo Jauhola (Rovaniemi).

22 Michael Wexonius, zit. nach: Alho, Kulturlexikon, S. 269.

3.

23 Über die Umstände seines Todes gibt es verschiedene Versionen; vgl. Michajlowitsch, Die Fürsten Dolgorukij, S. 60ff.

24 So der französische Gesandte in einem Brief nach Paris, zit. nach ebd., S. 66.

25 Zum Kontext vgl. Kirby, Baltic World, S. 34ff.

26 Hårdstedt, Suomen Sota.

27 Am 19.11.1808 in der Konvention von Olkijoki. Ein entsprechender Friedensvertrag zwischen Russland und Schweden, der die Abtretung Finnlands besiegelte, wurde erst im September 1809 in Hamina (Fredrikshamn) geschlossen.

28 Jussila/Hentilä/Nevakivi, Politische Geschichte, S. 25ff. sowie Hecker-Stampehl, 1809 und die Folgen.

4.

29 Mügge, Erich Randal. Näheres dazu bei Dieter Hermann Schmitz, Verherrlicht und instrumentalisiert: der Finnische Krieg und die deutschen Demokraten. In: Schweitzer, Zweihundert Jahre, S. 157-170.

30 Zu Runeberg vgl. die 2004 erschienenen Biographien von Majamaa/Paulaharju sowie von Matti Klinge. Eine deutschsprachige Biographie ist leider noch immer ein Desiderat.

31 Vgl. dazu Robert Schweitzer, Turning defeat into victory. In: Ders., Finnland, das Zarenreich und die Deutschen, S, 652-669.

32 Runeberg, Fähnrich Stahl, S. 62.

33 ‹Laulu Johan Ludvig Runebergin muistoksi’, in: ›Concept No.1‹, Gedicht Nr. 20 (NL OT).

5.

34 So z.B. war in Teilen Deutschlands eine allgemeine Schulpflicht bereits im 17., in Preußen im 18. Jhdt. eingeführt worden. 1787 wurde mit dem

preußischen Oberschulkollegium eine entsprechende staatliche Aufsichtsbehörde geschaffen. Auch in Österreich war bereits 1774 eine allgemeine Schulordnung mit sechsjähriger Unterrichtspflicht eingeführt worden, die im Reichsvolksschulgesetz von 1869 auf acht Jahre ausgedehnt wurde.

35 Der Volksunterricht in Finnland (in: Finnländische Rundschau, 2.Jg., 1903), S. 40 und 32; Kurth, Geschichte der finnischen Schule, S.20.

36 Der Volksunterricht, ebd. S. 33.

37 Johan Häggblom wurde erst 1861 als Neunzehnjähriger wenige Monate vor Bestellung des Aufgebots konfirmiert.

38 Kivi, Die sieben Brüder, Drittes Kap., S. 61.

39 Vgl. zum Folgenden Iisalo, Science of Education in Finland, hier v.a. S. 52ff.

40 Suhonen, Sata Suomalaisen kulttuurin vuotta, S. 182.

41 Zit. nach Kurth, Geschichte der finnischen Schule, S. 59.

42 So Alec Tweedie (1896); vgl. Lurcock, No particular hurry, S. 148.

43 Kurth, Geschichte der finnischen Schule, S.58.

44 1 finnische Mark entsprach seinerzeit etwa 80 deutschen Pfennigen.

45 Brief Jannes an Otto vom 25.8.1886 (NL OT).

46 Der Volksunterricht in Finnland (in: Finnländische Rundschau 2.Jg.,1903), S. 35ff.; Kurth, Geschichte der finnischen Schule, S.49ff.

47 Savon Historia, Bd. IV, S. 461 sowie Heikkinen/ Leino-Kaukiainen, Yhteiskunta ja koulutus, in: Dies., Valistus ja koulunpenkki, S. 22ff.

48 1890 waren es 13,5 % der städtischen und nur 9% der Schüler auf dem Lande; vgl. Suhonen, Sata Suomalaisen kulttuurin vuotta, S. 181.

49 Kuopion Historia, Bd. III, S. 416.

50 Ernest Young, zit. nach Lurcock, No particular hurry, S. 226.

6.

51 Savon Historia, Bd. IV, S. 448.

52 Räisänen, Iisalmen historia, S. 280-286.

53 Voßschmidt, Das Kalevala und seine Rezeption.

54 Das Sampo war ein rätselhafter, bisweilen als Himmelsachse, als Weltenbaum oder als Zaubermühle gedeuteter Gegenstand, der seinem Besitzer magische Kräfte oder auch Wohlstand zuwachsen ließ.

55 Juhani Aho, zit. nach Pekka Suhonen, Juhani Ahon luonnonmaisema ja kulttuurimaisema. In: Krogerus, Realismista Symbolismiin, S. 30f.

56 Zu den diversen Interpretationen vgl. Kalevala. Das finnische Epos, S.423ff.

(Kommentar von Hans Fromm).
57 ›Muinoisia‹ (1882), in: ›Concept No.1‹, S. 19f., Nr. 26 (NL OT).
58 Suhonen, Sata Suomalaisen kulttuurin vuotta, S. 182.
59 Zu Topelius vgl. Klinge, Idylli ja uhka.
60 Johan Härkönen, zit. nach Räisänen, Iisalmen historia, S. 366.
61 Brief der Mutter an Otto vom 11.3.1886 (NL OT).
62 Brief Jannes an Otto vom 25.8.1886 und 30.10.1887; Brief des Vaters vom 13.11.1886 (NL OT).
63 Otto Tuomi, Erinnerungen, 11.7.1887 (NL OT).
64 Otto Tuomi, Juhani-Setä, in: ›Tapio‹, 5.-23.5.1888.
65 Otto Tuomi, Rakkauden kirje, in: ›Uusi Savo‹ vom 28.11.1891.
66 Otto Tuomi, Kansakoulu, erstmals in: ›Wapaita Aatteita‹ (›Freie Gedanken‹), H. 10 (Oktober 1890), S. 312-316 (Wiederabdruck in ›Savo‹ vom 31.1.1891).

7.

67 Tarvainen, Savolainen sielunpaimen, S. 10.
68 Dies und das nachstehende Zitat von Mannermaa, zit. nach: ebd. S. 14f.
69 Juhani Aho, Ensimmäinen onkeni, zit. nach: ebd. S. 17.
70 Brofeldt erlebte den Tod nicht nur seiner ersten Frau (1899), sondern auch von dreien seiner zehn Kinder.
71 Tarvainen, Savolainen sielunpaimen, S. 23ff.
72 Zit. nach: Kellberg, Pekka ja Kalle. In: Realismista Symbolismiin, S. 21; das folgende Zitat nach ebd.
73 Ebd. S. 30.
74 ›Kauppis-Heikin todellinen elämäkerta‹ aus dem Jahre 1885, abgedr. bei Makkonen, Karheita kertomuksia, S. 257ff. – Über H. G. Th. Brofeldt verfaßte Kauppinen später eine unvollendet gebliebene Biographie, die 1920 posthum unter dem Titel »Paimen ja Lampaat« veröffentlicht wurde.
75 In der Zeitschrift ›Valvoja‹, von der später noch die Rede sein wird.
76 ›Tarinoita‹ (1886).
77 ›Mäkijärveläiset‹ (1887).
78 Vgl. die Biographie von Havu, Kauppis-Heikki.
79 Brief vom 10.11.1883, abgedr. in: Jahrbuch für finnisch-deutsche Literaturbeziehungen 32 (2000), S. 206.

8.

80 Die folgenden Ausführungen nach Emil Nerwander, Keisari Aleksanteri I:n matkoilta Kuopiosta Iisalmeen. In: Uusi Kuvalehti 1900, No. 9, S. 115f., und No. 10, S. 127f.

81 Vgl. dazu ›Iisalmen-Kuopion Rautatie‹. In: Uusi Kuvalehti 1901, No. 19, S. 247f.

82 Nachstehender Bericht aus: Deutsche Verkehrszeitung. Organ für das Post-, Telegraphen- und Eisenbahnwesen und für die Interessen der deutschen Verkehrsbeamten, Bd. VIII (Berlin 1884), No.5, S. 56f.

83 1 nordische (bzw. schwedische) Meile = 10,67 Kilometer.

84 1 Werst = 1,068 Kilometer. 10 Werst entsprachen also einer Nordischen Meile bzw. knapp elf Kilometern.

85 Vgl. Rissanen, Iisalmen entisen pitäjän historia, S. 457.

86 Tuomi, Erinnerungen, 18.7.1887 (NL OT).

87 Ebd.

88 Tuomi, Erinnerungen, 11.7.1887 (NL OT).

89 Vgl. Suomen Historian Kartasto (2007), S. 163.

9.

90 Tacitus, Germania, Kap.46 (Grenzvölker im Osten).

91 Vgl. dazu Milan, Fennen und Finnen.

92 »The manners of the people were so revolting that one hesitates in giving the description of anything so disgusting«; Edward Daniel Clarke, zit. nach Lurcock, ›Not so barren…‹, S. 2.

93 Nachweise bei Lurcock, ebd. S. 2.

94 Puschkin, Der eherne Reiter (1833), Prolog.

95 De Staël, Mémoires, S. 556 (dt. zit. nach Luigi de Anna in: Jahrbuch für finn.-dt. Literaturbeziehungen 1990, S. 85).

96 Zu diesen Ausnahmen, die sich am ehesten im russisch-baltischen Raum finden, vgl. Schweitzer, Zweihundert Jahre.

97 Zit. nach Varpio, Reiseliteratur, S. 17.

98 Helsingin Sanomat, 21.7.2003 (Qu: Päivälehti, Juli 1903); Finnland im Anfang des XX. Jahrhunderts, S. 306ff., 310.

99 Heute dreiundvierzig Kilometer.

100 Baedeker, Russland (1897), S. 203f.

101 Vesterinen, Saimaan kanava; vgl. auch Klaus Reichel in: Deutsch-Finnische Rundschau 169 (2016), S. 15f.

102 Kuopion Historia, Bd.III, S. 178f.

103 Vgl. beispielhaft Kukkonen, Victor Barsokevitsch, sowie Jantunen, Valokuvaaja.

10.

104 Baedeker ›Russland‹ (1888), S. 213f.

105 Tuomi, Tagebuch, 30.5.1887 (NL OT).

106 Ebd., 11.6.1887.
107 Tuomi, Erinnerungen, 18.7.1887 (NL OT).
108 Tuomi, ›Concept Nr. 1‹, Bl. 73 (NL OT); dort auch weitere Beispiele.
109 Das ›Kanteletar‹ ist wie das ›Kalevala‹ eine von Elias Lönnrot zusammengestellte Sammlung finnischer Volksdichtung. Sie besteht aus 652 Liedern mit insgesamt über 22.000 Versen.
110 Tuomi, Tagebuch (NL OT).
111 Mäkinen, kirjastojen historia, S. 235; Goss, Sibelius, S. 119, spricht von insgesamt 1.500 Bibliotheken im Jahr 1900.
112 Kuopion Historia, Bd. III, S. 451ff.
113 Lt. (finn.) Wikipedia-Artikel ›Kuopion kaupunginkirjasto‹ (Stand: 17.9.2019).
114 Vgl. Tuomi, Tagebuch/Leseliste (NL OT).
115 Tuomi, Tagebuch, 29.5.1887.
116 Ebd. 17.6.1887.
117 Ebd. 30.5.1887.
118 Insgesamt sind 54 Gedichtüberschriften im Tagebuch vermerkt.
119 Vgl.,auch zum Folgenden, ›Concept Nr. 1‹ (NL OT).
120 Lauluja Anakreonilta ynnä myös Laulu Sapfolta. Greekan kielestä suomentanut ja lyhykäisesti selittänyt Er. Aleksander Ingman. Helsinki 1834.
121 Tuomi, Tagebuch, 30.5.1887.
122 Ebd. 23.6.1887.
123 Ebd. 9.7.1887.
124 Tuomi, Erinnerungen, 16.7.1887 (NL OT).
125 Tuomi, Tagebuch, 30.5.1887.
126 Kuopion tuomioseurakunnan rippikirjat, 1886-92 (Landesarchiv Joensuu, Mikrofiche).

11.

127 Kuopion Historia, Bd. III, S. 31.
128 Tuomi, Tagebuch, 3.7.1887 (NL OT).
129 Ebd., 22.6.1887.
130 Kuopion tuomioseurakunnan rippikirjat, 1886-92 (Landesarchiv Joensuu, Mikrofiche).
131 Brief Jannes an Otto vom 25.8.1886 (NL OT)
132 Tuomi, Tagebuch, 5.7.1887 (auch für das folgende Zitat).
133 Tuomi, Tagebuch, 27.6.1887.
134 So in Ottos Erzählung ›Peloittipahan kuolema‹ (in: ›Tapio‹, 18.-28.8.1888).
135 Tuomi, Tagebuch, 9.7.1887.

136 Ebd. 22.6.1887.
137 Otto Tuomi, ›Junankuljettaja‹ (in: ›Uusi Kuvalehti‹, 1893, Nr. 26).
138 Vgl. in diesem Sinne Kasimir Leino in: Finsk Tidskrift 35 (1893), Heft 2, S. 481f.
139 Tuomi, Tagebuch, 22.6.1887.

12.

140 Savolainen, Snellman als Vordenker, S. 80.
141 Nenonen, Köyhien tyttöjen koulu.
142 Brief Snellmans an J. R. Reiff vom 21.12.1843, abgedr. in: Jahrbuch für finnisch-deutsche Literaturbeziehungen 38 (2006), S. 95-97, hier S. 96. Vgl. zum Hintergrund auch Granit, Muistelmia.
143 Zit. nach: Savolainen, Snellman als Vordenker, S. 79. Vgl. im übrigen Manninen, Bildung, Sittlichkeit, Persönlichkeit.
144 Zit. aus: Snellman, Språkstriden (Fragment, 1873, online: http://snellman.kootutteokset.fi/sites/default/files/12330.pdf; abgerufen: 22.7.2019).
145 Zit. nach Klinge, Nordische Universität, S. 362.
146 Vgl. J. V. Snellman in Literaturbladet 1861, Nr. 12. Der Abdruck des Beitrages war seinerzeit durch die Zensur um fast ein Jahr verzögert worden.

147 Brief Johan Jakob Nervanders an Snellmann vom Frühjahr 1846 (online: http://snellman.kootutteokset.fi/en/dokumentit/johan-jakob-nervanderilta-26; abgerufen: 22.7.2019).
148 Brief Nervanders (ebd.); vgl. ferner August Sohlman, Det unga Finland. En kulturhistorisk betraktelse. Helsingfors 1880, S. 12.
149 Zur Frühgeschichte der finnischen Schriftsprache vgl. Lehikoinen/ Kiuru, Kirjasuomen kehitys.
150 Zit. nach Kirby, Finland and Russia, S. 45 (Dok. 23).
151 Dazu eingehend Liikanen, Fennomania ja kansa.
152 Zit. nach Frenckell-Thesleff, Minna Canth, S. 287.
153 Zum damaligen Streit über die ›rassischen‹ Wurzeln des finnischen Volkes vgl. Kemiläinen, Mongoleja vai Germaneja.
154 Eine zeitgenössische Darstellung des Sprachenkampfes für das deutschsprachige Publikum bot Buch, Finnland und seine Nationalitätenfrage.
155 Snellman, zit. nach Halmesvirta, Land unter dem Nordlicht, S. 117.
156 Minna Canth, zit. nach Yrjänä/Keskisarja, Alexander Järnefelt, S. 223 und 224.
157 Kuopion Historia, Bd.III, S. 30f.

158 Yrjänä/Keskisarja, Alexander Järnefelt, S. 237-241.
159 Kuopion Historia, Bd.III, S. 31.

13.

160 Vuorikari, Juhani Ahon Kuopio, S. 19ff.
161 Suhonen, Sata Suomalaisen kulttuurin vuotta, S. 181.
162 Kuopion Historia, Bd. III, S. 416-439, sowie Savon Historia, Bd. IV, S. 441f.
163 Kuopion Historia, Bd. III, S. 416.
164 Kuopion Kauppaoppilaitos, S. 21.
165 Selma Tuomi, Yhtä ja toista Kuopion kauppakoulun alkuvuosilta. In: Kuopion Kauppaoppilaitos, S. 73ff.
166 SLH, Bd. 7 (1988), S. 111 ff. (Nr. 943).
167 Zu Mäkelä vgl. den Beitrag von E. Salomaa in Soikkanen, Tiennäyttäjät, Teil I, S. 207-236.
168 Rytkönen, Päivälehden historia, Bd. 2 (1946), S. 423 (Liite IV.).
169 Leino-Kaukiainen, Lehdistö suomennos-kirjallisuuden julkaisijana, S. 150.
170 Hatje, Von der königlichen Postzeitung, S. 215.
171 Savolainen, Snellman als Vordenker, S.80ff.
172 Diese und die folgenden Angaben nach Tommila/Salokangas, Sanomia kaikille, S. 77ff.
173 SLH, Bd. 6, S. 359-361.
174 Brief Pekka Brofeldts an Otto Häggblom vom 11.(?) 1.1888 (NL OT) sowie Nachruf auf Otto Tuomi in: ›Savo‹, 5.12. 1930.
175 Vgl. Nummi, Aika Pariisissa.
176 Juhani Aho, ›Yksin‹. Helsinki 1890. Dt. Ausg. u.d.T.: ›Einsam‹. Leipzig 1902 (Neueste Ausgabe: Paderborn 2012).
177 Goss, Sibelius, S. 126.
178 E. Katila: E. O. Sjöberg, Päivälehden toimitussihteeri. In: Päivälehden muisto, S. 164.
179 Hierzu und zum Folgenden vgl. Ottos Brief an Juhani Aho vom 29. 3. 1891 (SKS-Archiv: Juhani Aho: Kirjeenvaihtoa, Mikrofilm 1967:7).
180 Ebd.

15.

181 Beispiele solcher Finnlandreisen der Zaren bei Tuomi-Nikula, Keisarit.
182 Der Schweizer Schriftsteller und spätere Nobelpreisträger Carl Spitteler hat das Ereignis mit seiner launigen Erzählung »Das Bombardement von Åbo« (1889) in der deutschsprachigen Literatur bekannt gemacht.
183 Kuopion Historia, Bd.III, S. 165.

16.

184 Vgl. ›Savo‹ Nr. 114 vom 28.9.1889 (›Sawon rata‹ und ›Rautatiejuhlia‹) sowie Kuopion Historia, Bd.III, S. 139ff.

185 Thomas Gray, zit. nach Schivelbusch, Eisenbahnreise, S. 15.

186 Vgl. die hervorragende Darstellung bei Schivelbusch, ebd. (hier v.a. Kap.3).

187 Suomen Historian Kartasto (2007), S. 161.

188 Die folgenden Ausführungen in Anlehnung an Alameri, Eisenbahnen, S. 15ff.

189 Snellman, Finlands inre Kommunikationer. In: Literaturblad, Nr. 5 (Mai 1856), in Übersetzung zit. nach: Ausstellungstext im Eisenbahnmuseum (Rautatiemuseo) Hyvinkää (Stand: August 2017).

190 Zit. nach Alameri, Eisenbahnen, S. 18.

191 Rund zwei Drittel aller Güter wurden immer noch mit Flößen transportiert; erst mit weitem Abstand folgten die Bahn (17%), die Binnenschifffahrt (12%) und Pferdetransporte (5%); vgl. Suomen Historian Kartasto (2007), S. 161.

192 Savon Historia, Bd. IV, S. 777 (Liite 13).

193 ›Savo‹, Nr. 114 vom 28.9. 1889 (›Sawon rata‹).

194 Niemi, Juhani Aho, S. 70.

195 Zacharias Topelius, zit. nach Varpio, Reiseliteratur, S. 17.

196 Die deutsche Erstausgabe erschien 1922 u.d.T. ›Die Eisenbahn‹.

197 Aho, Die Eisenbahn (1986), S. 101f.

198 Eine Postfahrt in Finnland, S. 56.

199 Ernest Young, zit. nach Lurcock, No particular hurry, S. 241.

200 Ebd. S. 241f.

201 Waineman, Summer tour, S. 99.

17.

202 Dabei wird im Finnischen meist zwischen einer Ersten (1899-1905) und einer Zweiten Unterdrückungsperiode (1908-1917) unterschieden.

203 Vgl. Werner, Verfolgungen, S. 102.

204 Näheres bei Jussila/Hentilä/Nevakivi, Politische Geschichte, S. 86ff.

205 Parmanen, Taistelujen kirja, S. 103.

206 Savon Historia, Bd. IV, S. 782 (Liite 16).

207 Zum Gesamtvorgang vgl. eingehend Tommila, Suuri adressi.

208 Jutikkala, Geschichte Finnlands, S. 317.

209 Kallas, Päiväkirjat, in englischspr. Auszügen abgedr. in: Hawkins/Lehtonen, Literary companion, S. 90ff.

210 Uusi Savo, 6.4.1899 (›Kirje Kuopiosta‹).

211 Vgl. z.B. Uusi Savo vom 1.6. und vom 17.6.1899 (›Kirje Kuopiosta‹).

212 Uusi Savo, 9.9.1899 (›Kirje Kuopiosta‹).

213 Zu Bobrikows Politik grundlegend Polvinen, Imperial Borderland.
214 Leino-Kaukiainen, Sensuuri.
215 Paasivirta, Finland and Europe, S. 178ff.
216 Aho, Pour ma Finlande, sowie zum Kontext Clerc, Feeling for Justice.
217 Kirby, Concise History, S. 126.
218 Finnländische Rundschau 1 (1901), S. 1f. – Zu Brausewetters Engagement vgl. Hagen, Entdeckung Finnlands, sowie Jänicke, Brausewetters Finnländisches Abenteuer.
219 Minzès, Staatsstreich, sowie einige Jahre später Rudolf Eucken, Finnlands drohender Untergang, In: Habermann, Finnland.
220 Zu Eucken vgl. Wenzel, Freund und Förderer.
221 Manfred Menger, Saksan Pro-Finlandia adressi.
222 Zum Folgenden eingehend Polvinen, Imperial Borderland.

18.

223 Vgl. die systematische Erörterung der verfassungsrechtlichen Streitpunkte bei Schweitzer, Government in Finland and Russia's Borderland Policy. In: Ders., Finnland, das Zarenreich und die Deutschen, S. 498-516.
224 Leo Mechelin, Précis du Droit public du grand-duché de Finlande, zit. nach: Goss, Sibelius, S. 114.
225 Zu deren Geschichte vgl. Screen, Finnish Army, S. 11f.
226 Vgl. den entsprechenden Vermerk in Ottos Konfirmationsakte (Landesarchiv Joensuu: Kuopio tuomioseurakunnan rippikirjat, 1886-92).
227 Screen, Finnish Army, S. 18, ferner Luntinen, Sotilasmiljoonat, S. 6-34.
228 Vgl. zum Folgenden Klinge, Keisarin Suomi, S. 380ff.
229 Savon Historia, Bd. IV, S. 660.
230 Näheres dazu bei Vares, Varpuset.

19.

231 Kuopion Historia, Bd.3, S. 367.
232 Leino-Kaukiainen, Lehdistö suomennos-kirjallisuuden julkaisijana, S. 155.
233 Uusi Savo, 13.5.1899 (›Kirje Kuopiosta‹).
234 Vgl. auch Paasivirta, Finland and Europe, S. 183ff.
235 Gemeint ist der von uns früher erwähnte Pfarrer Theodor Brofeldt.
236 Brief Selma Tuomis an Antti J. Aho vom 1.6.1946 (SKS Kirjallisuusarkisto, Helsinki, Box 269). Vgl. auch die ganz ähnliche Darstellung bei Havu, Kauppis-Heikki, S. 80f. (Anm. 1).
237 Savon Historia, Bd.IV, S. 656.
238 Das Folgende zit. nach Brofeldt, Menneitä muistoja, S. 33.
239 Uusi Savo, 28.10.1899 (›Kirje Kuopiosta‹)

240 Roos, Kansallislakko, S. 47.
241 Korolainen, Viittavälit, S. 137ff.
242 Entscheidung des Provinzgouverneurs vom 29.9.1905 (Landesarchiv Joensuu: Kuopion Lääninhallituksen Lääninkanslian I Arkisto, Kirjekonseptit 1905/ Daa 98)
243 Vgl. Zetterberg, Viisi Laukausta Senaatissa.

20.

244 Savon Historia, Bd. IV, S. 286ff.
245 So Mrs. Alec Tweedie 1896; vgl. Lurcock, No particular hurry, S. 149.
246 Baedeker ›Russland‹ (1897), S. 209f. sowie die Bemerkungen bei Waineman, A summer tour, S. 130. Die Route ist im Sommer noch heute empfehlenswert!
247 Savon Historia, Bd. IV, S. 286.
248 Topelius, Matkustus Suomessa, S. 67.
249 Brief M. Canths an Elli Canth vom 10.8.1893, abgedr. In: Kannila, Minna Canthin kirjeet, S. 634f. (Dok.442). Vgl. auch Maijala, Minna Canth, S. 130f.
250 Nachstehende Ausführungen und Zitate nach undatiertem Brief Otto Tuomis an Hilma Räsänen [nach 1905] (SKS Archiv, Bestand ›Helle Kannila‹).
251 Ebd.
252 Ebd.
253 Ebd.

21.

254 Das Stück erschien auch in deutscher Fassung: ›Sylvi‹. Schauspiel. Übersetzt von Emilie Stein. Hamburg (um 1908). Eine Neuübersetzung von Nadine Erler ist als PDF-Datei online verfügbar.
255 ›Savo‹ Nr. 99 vom 28.8.1885. (Savon Historia Bd. IV, S. 132).
256 Kovan onnen lapsia (Kinder eines harten Schicksals). 1888.
257 Lassila, Geschichte, S. 88.
258 Otto Tuomi, undat. Brief an Hilma Räsänen (SKS-Archiv, Bestand ›Helle Kannila‹).
259 Ebd.
260 Zum Folgenden Frenkell-Thesleff, Minna Canth, Kap. I bis IV.
261 Dazu eingehend Nummela, Toiselta Kantilta.

22.

262 Juhani Aho, zit. nach Haavikko, Salonki, in: Krogerus, Realismista symboolismiin, S. 46.

263 Juhani Aho, zit. nach Haavikko, ebd. S. 48.
264 So Haavikko, ebd. S. 62.
265 Zum Folgenden Maijala, Minna Canth, hier v.a. Kap.4.
266 Zit. nach Maijala, ebd. S. 155.
267 Zit. nach Haavikko, Salonki, S.51.
268 Minna Canth, Mikä on naisasian lopullinen ohjelma? In: Nuori Suomi, Bd. III (1893), wiederabgedr. In: Mällinen, Nuoren Suomen Ytimessä, S. 80-84. Eine gute Auswahl Canthscher Texte zur Frauenfrage findet sich auch bei Ahola, Mitä Minna Canth todella sanoi, S. 95-145.
269 So u.a. auch ein so fortschrittlich denkender Mann wie Alexander Järnefelt; vgl. Yrjänä/Keskisarja, Alexander Järnefelt, S. 362f.
270 Zit. nach Heittunen/ Uusi-Hallila, Juhani Aho, S. 31.
271 Vgl. in diesem Sinne die Aho-Biographie des Sohnes Antti J. Aho (1951).

23.

272 Minna Canth, zit. nach Yrjänä/Keskisarja, Alexander Järnefelt, S. 223f.
273 Elisabeths Onkel war der Bildhauer Peter Clodt von Jürgensburg (1805-1867), ihr Bruder der Maler Michail Clodt von Jürgensburg (1832-1902).
274 Zum Folgenden Talas, Elisabeth Järnefeltin kirjeitä, S. 7-27.
275 Brief an J. Aho vom 8.5.1885, zit. nach: Julkunen, Pikkukaupungin parempi väki, S.33.
276 Hanna Asp, Minna Canth (1948), S. 83, zit. nach: Krogerus, Realismista Symbolismiin, S. 56.
277 Hierzu und zum Folgenden Yrjänä/ Keskisarja, Alexander Järnefelt, S. 206ff.
278 Lappalainen, Salonkielämää, S. 95ff.
279 Abgedruckt bei Talas, Elisabeth Järnefeltin kirjeitä.
280 Diese Meinung vertritt z.B. Lappalainen, Salonkielämää. Vgl. im übrigen Yrjänä/Keskisarja, Alexander Järnefelt, S, 211-215.
281 Im Original: »Inhoittavaisuuden saakka mahtava, aivan täydellinen vanjuschka«; Zitate nach Yrjänä/Keskisarja, ebd., S. 367.

24.

282 SLH Bd.8, S. 410ff.
283 So die Herausgeber, zit. nach Maijala, Minna Canth, S. 320.
284 Zit. nach ebd. S. 321.
285 Zit. nach ebd. S. 323.
286 Nummela, Toiselta Kantilta, S. 143f.
287 Zit. nach Maijala, Minna Canth, S. 324.
288 Vgl. einhehend Nokkala, Tolstoilaisuus.

289 Kolehmainen, Finland's Tolstoy, S. 534.
290 Zum Folgenden neben Kolehmainen (ebd.) v.a. Niemi, Arvid Järnefelt, hier v.a. Kap. III.
291 Kolehmainen, ebd., S. 540.
292 Hellman, Finnish visitors, S. 76.
293 Niemi, Arvid Järnefelt, S. 120.

25.

294 Vgl. hierzu und zum Folgenden eingehend Kero, Suureen länteen.
295 Kuopion Historia, Bd. III, S. 42.
296 Wilson, Matti Kurikka, S. 53.
297 Kolehmainen, Harmony Island.
298 Wilson, Matti Kurikka, S. 58ff. und 61ff.
299 Ebd. S. 55.
300 Kolehmainen, Harmony Island.
301 Otto Tuomi, Brief an Juhani Aho vom 10. Mai 1900 (SKS-Archiv: Juhani Aho, Kirjeenvaihtoa, Mikrofilm 1967:5).
302 Unter seinem Pseudonym ›Kaapro Jääskeläinen‹ verfasst, erschienen Mäkeläs Erinnerungen an Sointula 1907 in Helsinki unter dem Titel »Muistoja ›Malkosaarelta‹«.
303 Otto Tuomi, Brief an Juhani Aho vom 10. Mai 1900.
304 Zu Järnefelts Drama »Sointula« (1924) vgl. Niemi, Arvid Järnefelt, S. 198f.

26.

305 Leino, Elämäni kuvakirja, S. 252f.
306 Lassila, Geschichte, S. 93.
307 Undat. Brief Otto Tuomis an Hilma Räsänen (SKS Archiv, Bestand ›Helle Kannila‹).
308 Nachstehende Ausführungen und Zitate nach ebd.
309 Vgl. Otto Tuomi, Vanha Sotilas. In: ›Päivälehti‹ vom 29.7.1893, S. 3f. sowie die Kurzmeldung der Redaktion ebd. am 30.7.1893, S. 2.
310 Vgl. zu ›Valvoja‹ SLH, Bd.8, S. 406ff.
311 SLH, Bd.8, S. 27ff.
312 Mällinen, Nuoren Suomen ytimessä, hier v.a. die Beiträge von Mällinen (S. 51-56) und E. Erkko (S. 120-125).
313 Juhani Aho, Brief an Eliel Aspelin-Haapkylä vom 6.12.1893, abgedr. in: Niemi, Juhani Ahon kirjeitä, S.171 (Dok. 170).
314 Kasimir Leino in: Finsk Tidskrift 35 (1893), S. 481f.
315 Söderhjelm, Finska Novellister, S.12. Vgl. darin (S. 207-217) auch Otto Tuomis Erzählung ›Till himmeln‹.

316 Schoolfield, Finland's Literature, S. 99 sowie Rossi, Naturalisme finlandais, Kap. 7.
317 Otto Tuomi, Brief an Juhani Aho vom 6. Juni 1901 (SKS-Archiv: Juhani Aho, Kirjeenvaihtoa; Mikrofilm 1967:5).
318 Niemi, Arvid Järnefelt, S. 86ff. sowie Rossi, Le naturalisme finlandais, S. 229ff.

27.

319 ›Kirje Kuopiosta‹, in: ›Uusi Savo‹, 30.12.1899.
320 In ›Uusi Savo‹ vom 2.2.1901.
321 Im Nachlass Otto Tuomis findet sich nur eine sehr viel spätere Abschrift des ersten Aktes von der Hand eines Sohnes.
322 Veistäjä, Suomen Teatteri, S. 29.
323 Vgl. ebd., S. 322.
324 Siehe die Kritiken in ›Aamulehti‹ vom 17.2., in ›Tampereen Uutiset‹ vom 19.2. sowie einem nicht näher bezeichneten Blatt vom 4.2.1901 (NL OT).
325 Teuvo Pakkala, ›Vaaralla‹, erschienen 1891.
326 Teuvo Pakkala, Brief an Otto Tuomi vom 18.1.1901, abgedr. in: Bäckström, Teuvo Pakkala, S. 179ff. (Dok. 149).
327 Otto Tuomi, Brief vom 29. Mai 1901 an Juhani Aho (SKS-Archiv: Juhani Aho, Kirjeenvaihtoa; Mikrofilm 1967:5).
328 Otto Tuomi, Brief an Juhani Aho vom 6. Juni 1901 (SKS-Archiv: ebd.).
329 Otto Tuomi, Brief an Juhani Aho vom 3. August 1901 (SKS-Archiv: Juhani Aho, Kirjeenvaihtoa; Mikrofilm 1967:5).
330 Brief des Otava-Verlages vom 23.5.2006 an den Verfasser.
331 Tapiola. Sarja Kertomuksia y.m. – Ulosantaja: Otto Tuomi. Kuopio 1901 und 1902.
332 ›Savo v. 1910‹, in: ›Otava‹, Nr. 303 vom 31.12.1909 (Titelseite).
333 ›Johtokunnan vuosikertomus tilivuodelta 1903‹. Kuopio 1904 (Landesarchiv Joensuu: Kuopion kaupungin anniskelu oy., Sign.:1)
334 So bei Bekanntgabe seiner Eheschließung in ›Uusi Savo‹ vom 14. Juni 1902.

28.

335 Brief von Aune Krohn vom 6.11.1905, zit. nach: Maarit Leskelä-Kärki, Repeämiä Fennomaaniperheessä. In: Haapala, Kansa Kaikkivaltias, S. 335.
336 Der Durchbruch der repräsentativen Demokratie, S. 11.
337 Zum Ereignishintergrund in Russland vgl. Hildermeier, Revolution, sowie Figes, Tragödie.
338 Siehe Dritter Teil, Kap. 25.
339 Parmanen, Taistelujen kirja, Bd.4, S. 249f.

340 Hella Wuolijoki, Ylioppilasvuodet Helsingissä (1945), in engl. Auszügen abgedr. in: Hawkins/Lehtonen, Helsinki, S. 95.
341 Vgl. Wuolijoki, ebd. S. 96f.
342 Zur Bedeutung Mechelins vgl. Stubb, Rätt som argument.
343 Zum Folgenden Jussila/Hentilä/Nevakivi, Politische Geschichte, S. 94-101.
344 Zit. nach Klinge, Nordische Universität, S. 509f.
345 Jussila, Nationalismi. S. 141ff.
346 Tuomisto, Aikain myrskyssä, S. 373. Tuomisto zufolge (ebd. S. 93) war 1905 auch Otto Tuomi Mitglied des Arbeitervereins.
347 ›Kuka on Työmies?' (in: ‹Tapio', 26.9.1888)› sowie ‹Kirje Kuopiosta‹ (in: ›Uusi Savo‹, 27.2.1900).
348 Zu den Vorgängen in Kuopio vgl. eingehend Tuomisto, Aikain myrskyssä, S. 91ff. sowie Parmanen, Taistelujen kirja, Bd. 4, S. 244ff.
349 Exemplare der Streikzeitung (Lakkolehti) finden sich im Archiv der Arbeiterbewegung, Helsinki.
350 Tuomisto, Aikain myrskyssä, S. 94 sowie eingehend Parmanen, Taistelujen kirja, Bd.4, S. 251ff.
351 ›Pohjois-Savo‹, Nr. 132 vom 27.11.1905 (›Kuopion uutisia: Peruslaillisten waalikokous‹).

29.

352 Zacharias Topelius, Die unreife Frucht einer Hauptstadt (1885), zit. nach Jänicke, Europa erlesen, S. 99f.
353 Einen guten Überblick über die Entwicklung Helsinkis gibt Kent, Helsinki. A cultural history.
354 Waineman, Summer tour, S. 312.
355 Zit. nach Eucken, Finnlands Not, S. 191.
356 Runar Schildt (1912), zit. nach Keel, Operette.
357 Juhani Aho, Helsinkiin! (1889), zit. nach Jänicke, Europa erlesen, S. 110f.
358 Vgl. Numminen, Tango.
359 Zu den bedeutendsten Ausnahmen gehört v.a. die Malerin Helene Schjerfbeck, wie die 2016 erschienene Biographie von Barbara Beuys belegt.
360 Umfassend dazu das dreibändige Werk: Tietoa, taitoa, asiantuntemusta.
361 So z.B. hatten 1910 bereits 38% der Einwohner Helsinkis Zugang zu den in Mode gekommenen Wasserklosetts; vgl. Sipilä, Helsingin pimeä puoli, S. 92f.
362 Vgl. z.B. Waineman, Summer tour, S.11.
363 Hietala, Berlin als Vorbild.
364 Waineman, Summer tour, S. 11.
365 Jantunen, Victor Barsokevitsch, S. 119.

366 Tweedie, Through Finland (abgedr. in Hawkins/ Lehtonen, Helsinki, S. 82-89).
367 Waineman, Summer tour, S. 11.
368 Annie Margaret Clive-Bayley, zit. nach Lurcock, No Particular Hurry, S. 144f.
369 Juhani Aho, Maan sydämeen, zit. nach Kirby, Baltic World, S. 204.
370 Lilius, Esplanadi, S. 137ff. (engl. Text). Waineman (Summer tour, S. 20) spricht von ›Kappeli‹ als »the Mecca of every stranger to Helsingfors.«
371 Kent, Helsinki, S. 186ff. sowie Kolbe, Kämp, S. 48f.
372 Kolbe, Kämp, S. 52-59.
373 Kolbe, Kämp, S. 59ff.

30.

374 Vgl. Kent, Helsinki, S. 57f.
375 Name der Domkirche am Senatsplatz
376 Hultín, Päiväkirjani, Bd. I, S. 318 (22.12.105).
377 Suomen Historian Kartasto (2007), S.170.
378 Rein, Stimmrecht der Frauen, S. 121.
379 Rein, ebd.
380 Hultín, Päiväkirjani, Bd. I, S. 318 (24.12.1906).
381 Das aktive Frauenwahlrecht war in Neuseeland und Australien bereits 1893 bzw. 1902 eingeführt worden.
382 Irma Sulkunen, Finnland – Pionier des Wahlrechts für Frauen. In: Hentilä, Frauenwahlrecht, S. 11f.
383 Vgl. die Beiträge von Irma Sulkunen, Naisten voitto, und von Minna Harjula, Suurlakon tyttäret, in: Haapala (u.a.), Kansa kaikkivaltias, S. 75-96 bzw. 121-136.
384 So z.B. der Untertitel zum Beitrag ›Frauen im Lehrberuf?‹, abgedr. in: Schul-Anzeiger für Unterfranken und Aschaffenburg, 4.10.1898, S. 1.
385 Anne Ollila, Die Zeit der weiblichen Angestellten. In: Rahikainen/ Vainio-Korhonen, Frauenarbeit, S. 151ff. und 158.
386 Vgl. Westermarck, History of Human Marriage, sowie die Biographie von Timosaari, Edvard Westermarck.
387 Ganivet, Cartas Finlandesas (Online-Ausgabe), Bl. 31.
388 Tweedie, Through Finland in Carts (1898), zit. nach: Books from Finland 1994, S. 123.
389 Der Durchbruch der repräsentativen Demokratie, S. 9.
390 Agathon Meurman, zit. nach Yrjänä/Keskisarja, Alexander Järnefelt, S. 365. Vgl. im übrigen Savon Historia, Bd. IV, S. 132f. sowie Rahikainen/ Vainio-Korhonen, Frauenarbeit, S. 14.
391 Rein, Stimmrecht der Frauen, S. 123.

392 Porvarissäädyn Pöytäkirja valtiopäivillä Helsingissä, Bd. IV: Vuosina 1905-1906, Zweiter Teil, S. 573 (28.5.1906).

31.

393 Porvarissäädyn Pöytäkirja valtiopäivillä Helsingissä, Bd. IV: Vuosina 1905-1906, Zweiter Teil, S. 571f. (28.5.1906).
394 Dieses und das nachstehende Zitat aus Hultín, Päiväkirjani, S. 405f. (15./16. März 1907).
395 Bebel, Die Frau, S. 339, Fußnote 9.
396 Räsänen, Naisten äänioikeus, S. 3.
397 Ebd. S. 14.
398 Vgl. dessen Erinnerungen an Hilma Räsänen in: Virolainen, Polun varrelta, S. 53f.
399 Der ›Maalaisliitto‹ war eine Abspaltung der jungfinnischen Partei und eine Vorgängerin der heutigen Zentrumspartei ›Keskusta‹.
400 Brief Ottos an Hilma vom 15.1.1914 (NL OT).
401 Wilja (=Minna Canth), Maamme suurin vihollinen. In: ›Keski-Suomi‹ 1875, Nr. 11 (Wiederabdruck in: Tuovinen, Taisteleva Minna, S. 50f.).
402 ›Ajatuksia viinapuodin edustalla‹ (in: Uusi Kuvalehti, 1899, Nr. 22).
403 Eingehend dazu Sulkunen, Raittius Kansalaisuskontona.
404 Ahonen, Raittiuden voima.
405 Taipale, Social Innovations, S. 127ff.
406 Virolainen, Polun varrelta, S. 53.
407 Räsänen, Naisten äänioikeus, S. 12.
408 Ebd.
409 Ebd. S. 9.

32.

410 Brief Hilmas an Otto vom 31.12.1913 (NL OT).
411 Briefe Ottos an Hilma vom 12.9.1913 und 15.1.1914 (NL OT).
412 Räsänen, Hermomme ja kohtalomme.
413 So im Adressbuch von Kuopio 1923.
414 Brief an Eero Erkko vom 9.12.1917 (Eero Erkon Helsingin Sanomiin liittyvä arkisto, kotelo A 10).
415 Brief an Eero Erkko vom 16.5.1924 (ebd.)
416 Brief an Eero Erkko vom 9.12.1917 (ebd.).

Nachwort

417 So das Ergebnis einer Auswertung von 500 Kurzbiographien aus: Kolbe, Suomen Kulttuurihistoria, Bd. 5.

Quellen und Literatur

Archive:

Nachlass Otto Tuomi, Privatbesitz (NL OT)
Archiv der Finnischen Literaturgesellschaft, Helsinki (SKS Archiv)
Archiv der Arbeiterbewegung, Helsinki
Archiv des Kulturhistorischen Museums Kuopio
Stadtarchiv Kuopio
Landesarchiv Joensuu
Verlagsarchiv ›Otava‹, Helsinki
Zeitungsarchiv ›Helsingin Sanomat‹, Helsinki

Zeitungen, Zeitschriften und Jahrbücher:

Finnländische Rundschau
Jahrbuch für Finnisch-deutsche Literaturbeziehungen
Savo / Uusi Savo
Päivälehti
Tapio
Wapaita Aatteita
Uusi Kuvalehti
Uusi Suomi – Joulualbumi
Valvoja

Bücher und Aufsätze:

Aho, Antti J: Juhani Aho I-II. Elämä ja teokset. Porvoo 1951.

Aho, Juhani: Pour ma Finlande! Avec un Essai sur la Littérature finlandaise par René Puaux. Paris/ Lausanne 1903.

Aho, Juhani: Muistatko? Helsinki 1984 (Erstausgabe 1920).

Aho, Juhani: Die Eisenbahn. Rostock 1986 (finn. Erstausgabe 1884).

Ahola, Suvi: Mitä Minna Canth todella sanoi? Helsinki 2019.

Ahonen, Jukka: Raittiuden voima: Raittiuden ystävät, 1853-2003. Helsinki 2003.

Alameri, Mikko: Eisenbahnen in Finnland. Wien 1979

Alho, Olli (Hrsg.): Kulturlexikon Finnland. Helsinki 1998.

Bäckström, Maija-Liisa (Hrsg.): Teuvo Pakkala. Kirjeet 1882-1925. Jyväskylä 1982.

Baedeker, Karl: Russland. Handbuch für Reisende. Ausgaben Leipzig 1888 und 1897.

Bebel, August: Die Frau und der Sozialismus. Stuttgart 1910 (50. Auflage).

Beuys, Barbara: Helene Schjerfbeck. Die Malerin aus Finnland. Berlin 2016.
Brofeldt, Pekka: Menneitä muistoja. In: SAVO. 50-vuotisjulkaisu. Kuopio 1928.
Buch, Max: Finnland und seine Nationalitätenfrage. Stuttgart 1883.

Clerc, Louis: A Feeling for Justice: French Reactions to the ›Finnish Cause‹ between 1890 and 1917. In: Journal for Baltic Studies 38, No. 2 (Juni 2007), S. 235-254.

Das Finnische Parlament. Helsinki 1999.
Der Durchbruch der repräsentativen Demokratie in Finnland. Helsinki 2006.

Eine Postfahrt in Finnland. In: Deutsche Verkehrszeitung. Organ für das Post-, Telegrafen- und Eisenbahnwesen und für die Interessen der deutschen Verkehrs-Beamten, VIII (Berlin 1884), Nr.5.
Eucken, Rudolf: Finnlands Not. In: Nord und Süd. Deutsche Halbmonatsschrift 34 (1910), Bd. 132, S. 189-195.

Figes, Orlando: Die Tragödie eines Volkes. Die Epoche der Russischen Revolution 1891 bis 1924. Berlin 2011.
Finnland im Anfang des XX. Jahrhunderts. Hrsg. im Auftrag des Ministeriums der Auswärtigen Angelegenheiten. Helsingfors 1919.
Frenkell-Thesleff, Greta von: Minna Canth. Keuruu 1994 (finn. Erstausgabe 1944).

Görgen, Annabelle/ Gassner, Hubertus (Hrsg.): Helene Schjerfbeck 1862-1946. München 2007 (Ausstellungskatalog).
Goss, Glenda Dawn: Sibelius. A composer's life and the awakening of Finland. Chicago/ London 2009.
Ganivet, Ángel: Cartas Finlandesas. Madrid (?) 1905 (Online-Ausgabe: Biblioteca virtual universal, 2003).
Granit, Bruno: Muistelmia Joh. Vilh. Snellmanin elämästä Kuopiossa. Kuopio 1886 (Neudruck 2005).

Haapala, Pertti, u.a. (Hrsg.): Kansa Kaikkivaltias. Suurlakko Suomessa 1905. Helsinki 2008.
Haapala, Pertti (Hrsg.): Talous, valta ja valtio. Tutkimuksia 1800-luvun Suomesta. Tampere 1999.
Habermann, Wilhelm (Hrsg.): Finnland und die öffentliche Meinung Europas. Einige Beiträge zur Beleuchtung der jüngsten Phase des finnländischen Verfassungskampfes. Berlin 1910.
Hagen, Manfred: Die ›Entdeckung‹ Finnlands in der deutschen Öffentlichkeit seit

1899. In: Edgar Hösch (Hrsg.), Finnland-Studien. Wiesbaden 1990, S. 151-165.
Halmesvirta, Anssi: Land unter dem Nordlicht. Eine Kulturgeschichte Finnlands. Darmstadt 2013.
Hårdstedt, Martin: Suomen Sota 1808-1809. Helsinki 2007.
Hatje, Ann-Katrin: Von der königlichen Postzeitung zum »Swänska Argus«. Ein Überblick über die schwedische Presse im 17. und 18. Jahrhundert. In: Martin Welke/Jürgen Wilke (Hrsg.), 400 Jahre Zeitung. Die Entwicklung der Tagespresse im internationalen Kontext. Bremen 2008.
Havu, I[lmari]: Kauppis-Heikki. Elämäkerrallis-kirjallinen tutkimus. Porvoo 1925.
Hawkins, Hildi/ Lehtonen, Soila (Hrsg.): Helsinki: A literary companion. Helsinki 2000.
Hecker-Stampehl, Jan (u.a. Hrsg.): 1809 und die Folgen. Finnland zwischen Schweden, Russland und Deutschland. Berlin 2011.
Heikkinen, Anja/ Leino-Kaukiainen, Pirkko (Hrsg.): Valistus ja koulunpenkki. Kasvatus ja koulutus Suomessa 1860-luvulta 1960-luvulle. Helsinki 2011.
Heittunen, Anne/ Uusi-Hallila, Tuula: Juhani Aho – vastakohtien tasapainoa. Helsinki 2011.
Hellman, Ben: »Your wretched native country…« Finnish visitors to Leo Tolstoy. In: Tolstoy Studies Journal XXIII (2011), S. 74-84.
Hentilä, Marjaliisa (Hrsg.): Von heute an für alle! Hundert Jahre Frauenwahlrecht. Berlin 2006.
Hietala, Marjatta: Berlin und andere deutsche Städte als Vorbild für die Stadtverwaltungen von Helsinki und Stockholm um die Jahrhundertwende. In: Brunn, Gerhard/ Reulecke, Jürgen (Hrsg.): Blicke auf die deutsche Metropole. Essen 1989, S. 201-220.
Hildermeier, Manfred: Die Russische Revolution 1905-1921. Frankfurt a. M. 1989.
Hirvonen, Maija (Hrsg.): Suomen kirjailijat 1809 – 1916. Helsinki 1993.
Hultín, Tekla: Päiväkirjani kertoo, Bd.I: 1899-1914. Helsinki 1935.

Iisalo, Taimo: The Science of Education in Finnland 1828-1918. Helsinki 1979.

[Jantunen, Pirjo, Hg.]: Valokuvaaja Victor Barsokevitsch – Kuvia vanhasta Kuopiosta. Kuopio 2010.
Jänicke, Gisbert: Ernst Brausewetters Finnländisches Abenteuer. Berlin 2006.
Jänicke, Gisbert (Hrsg.): Europa erlesen: Helsinki/Helsingfors. Klagenfurt 2010.
Julkunen, Jutta: Pikkukaupungin parempi väki. Elesabeth Järnefelt ja sivistyneistönaisten sosiaaliset verkostot Kuopiossa 1884-1888. Universität Helsinki, November 2000 (Unveröff. Pro-Gradu-Arbeit).

Jussila, Osmo: Nationalismi ja vallankumous venäläis-suomalaisissa suhteissa 1899–1914. Helsinki 1979.
Jussila, Osmo/ Hentilä, Seppo/ Nevakivi, Jukka: Politische Geschichte Finnlands seit 1809. Berlin 1999.
Jutikkala, Eino: Geschichte Finnlands. Stuttgart 1964.
Jutikkala, Eino: Katovuodet. In: Suomen Maatalouden Historia, Bd. 1. Helsinki 2003, S. 504-513.
Juva, Einar W.: Suomen kansan aikakirjat. IX. Teil: 1899-1917. Helsinki 1932.

Kalemaa, Kalevi: Matti Kurikka, legenda jo eläessään. Porvoo/Helsinki 1978.
Kalevala. Das finnische Epos des Elias Lönnroth. Übersetzt von Lore und Hans Fromm. München 1979.
Kannila, Helle (Hrsg.): Minna Canthin kirjeet. Helsinki 1973.
Keel, Aldo: Operette, Bürgerkrieg und starke Frauen. Runar Schildt (1888-1925), der literarische Entdecker Helsinkis. In: Neue Zürcher Zeitung (online, aufgerufen am 30.11.2006).
Kellberg, Aarno: Pekka ja Kalle, Brofeldtin veljekset. In: Realismista Symbolismiin. Kuopio suomalaisen kulttuurin polttopisteenä 1890-luvun taitteessa. Kuopio 1994.
Kemiläinen, Aira: Mongoleja vai Germaneja?: rotuteorioiden Suomalaiset. Helsinki 1985.
Kent, Neil: Helsinki. A Cultural History. Northampton/Mass. 2014.
Kero, Reino: Suureen Länteen: siirtolaisuus Suomesta Yhdysvaltoihin ja Kanadaan. Turku 1996.
Kirby, D. G. (Hrsg.): Finland and Russia 1808-1920. From Autonomy to Independence. A Selection of Documents. London 1975.
Kirby, David: The Baltic World 1772-1993. Europe's Northern Periphery in the Age of Change. London/ New York 1995.
Kirby, David: A Concise History of Finland. Cambridge 2006.
Kivi, Aleksis: Die sieben Brüder. Roman. Aus dem Finnischen übersetzt von Edzard Schaper. Zürich [1964].
Klinge, Matti: Eine nordische Universität. Die Universität Helsinki 1640-1990. Helsinki 1992.
Klinge, Matti: Keisarin Suomi. Espoo 1997.
Klinge, Matti: Idylli ja uhka: Topeliuksen aatteita ja politiikkaa. Porvoo 1998.
Klinge, Matti: Poliittinen Runeberg. Juva 2004.
Klinge, Matti: Iisalmen ruhtinaskunta: Modernin projekti sukuverkostojen periferiassa. Helsinki 2006.
Koja, Stephan (Hrsg.): Nordlicht. Finnlands Aufbruch zur Moderne, 1890-1920. München 2005 (Ausstellungskatalog).

Kolbe, Laura (Hrsg.): Suomen Kulttuurihistoria. 5 Bde., Helsinki 2002-2004.
Kolbe, Laura: Kämp – hotelli ja sen kaupunki. Helsinki 2016.
Kolehmainen, John I.: Harmony Island: A Finnish utopian venture in British Columbia. In: British Columbia Historical Quarterly 5 (1941), S. 111–123.
Kolehmainen, John I.: When Finland's Tolstoy met his Russian master. In: The American Slavic and East European Review 16 (1957), No.4, S. 534-541.
Korolainen, Aulis: Viittavälit. Poimintoja Savon vaiheilta ja kannanotoista vuosilta 1878-1968. Kuopio 1968.
Krogerus, Tellervo (Hrsg.): Realismista symbolismiin. Kuopio suomalaisen kulttuurin polttopisteenä 1890-luvun taitteessa. Kuopio 1994.
Kukkonen, Jukka: Victor Barsokevitsch, Valokuvia 1893-1927. Helsinki 1987.
Kuopion Historia, vol. III: Kunnallishallinnon uudistamisesta sen demokratisointiin 1875-1918. Verfasser: Ilkka Nummela. Kuopio 1989.
Kuopion kauppaoppilaitos 1887-1937: muistojulkaisu. Opettajien ja entisten oppilasten toimittama koulun 50-vuotismuistojuhlaan 30.8.1937. Kuopio 1937.
Kurth, Judith: Die Geschichte der finnischen Schule. Von den Anfängen der Volksbildung bis zur Einrichtung der Gesamtschule. Diss. phil. (unveröff.), Dortmund 2005.
Lappalainen, Tarja: Salonkielämä. Rakkautta, riitoja ja kirjoittamisen paloa. Tallinn 2014.
Lassila, Pertti: Geschichte der finnischen Literatur. Tübingen 1996.
Lehikoinen, Laila/ Kiuru, Silva: Kirjasuomen kehitys. Helsinki 1989.
Leino, Eino: Suomalaisen Kirjallisuuden Historia. Helsinki 1910.
Leino, Eino: Elämäni kuvakirja. Erään aikansa lapsen muistoja, mielialoja ja mietelmiä. Ensimmäinen nide (1878-95). Helsinki 1925.
Leino-Kaukiainen, Pirkko: Sensuuri ja sanomalehdistö Suomessa vuosina 1891-1905. Helsinki 1984.
Liikanen, Ilkka: Fennomania ja kansa. Joukkojärjestäytymisen läpimurto ja Suomalaisen puolueen synty. Jyväskylä 1995.
Lilius, Henrik: Esplanadi 1800-luvulla. Rungsted Kyst (Dänemark) 1984.
Luntinen, Pertti: Sotilasmiljoonat. Helsinki 1984.
Lurcock, Tony: ›Not So Barren or Uncultivated‹. British travellers in Finland, 1760-1830. London 2010.
Lurcock, Tony: No particular hurry. British travellers in Finland, 1830-1917. London 2013.

Maijala, Minna: Herkkä, hellä, hehkuvainen: Minna Canth. Helsinki: 2014.
Majamaa, Raija/ Paulaharju, Marjut: J. L. Runeberg: Suomen runoilija. Helsinki 2004.

Mäkinen, Ilkka (Hrsg.): Suomen yleisten kirjastojen historia. Helsinki 2009
Mäkinen, Kirsti/ Uusi-Hallila, Tuula: Minna Canth: taiteilija ja taistelija. Porvoo/ Helsinki 2003.
Makkonen, Anna: Karheita kertomuksia. Tampere 2002.
Mällinen, Teuvo (Hrsg.): Nuoren Suomen Ytimessä. Näkökulmia nuorsuomalaisuuteen ja Nuori Suomi-abumiin. Jyväskylä 1994.
Manninen, Juha: Bildung, Sittlichkeit, Persönlichkeit. Eine ideengeschichtliche Perspektive. In: Häntsch, Carola (Hrsg.), Philosophieren im Ostseeraum. Beiträge des nord- und osteuropäischen Forums für Philosophie Greifswald. Wiesbaden 2004, S. 109-119.
Menger, Manfred: Saksan Pro Finlandia-adressi 1899. Den tyska adressen Pro Finlandia 1899. In: Kansallisarkisto/Riksarkivet (Hrsg.): Pro Finlandia. Suomen tie itsenäisyyteen, 2. Helsinki 2015, S. 256–263.
Marjomaa, Ulpu (Hrsg.), 100 Faces from Finland. A biographical kaleidoscope. Helsinki 2000.
Michajlowitsch, Großfürst Nikolaj: Die Fürsten Dolgorukij, die Mitarbeiter Kaiser Alexanders I., in den ersten Jahren seiner Regierung. Straßburg i.E. 1902.
Milan, Karl: Fennen und Finnen: Tacitus' Fennenschilderung im Vergleich mit Lappenschilderungen späterer Zeiten. Jyväskylä 2001.
Minzès, Dr. Boris: Staatsstreich in Finnland und national-russische Eroberungspolitik. Ergebnisse einer Studienreise in Finnland. Auch ein Beitrag zur Friedenskonferenz. Berlin 1899.
Molarius, Päivi: Nicht vom Brot allein... Essen in der finnischen Literatur. In: Jahrbuch für finnisch-deutsche Literaturbeziehungen 44 (2012), S. 51-64.
Mügge, Theodor: Erich Randal. Historischer Roman aus der Zeit der Eroberung Finnlands durch die Russen im Jahre 1808. Frankfurt a.M. 1856.

Nenonen, Maija-Liisa: Kuopion Köyhien Tyttöjen Koulu vv. 1846-1872. In: Aarni X (=Kuopion Isänmaallisen Seuran toimituksia, vol 10). Kuopio 1958, S. 22-83.
Niemi, Juhani: Juhani Aho. Helsinki 1985.
Niemi, Juhani (Hrsg.): Juhani Ahon kirjeitä. Helsinki 1986.
Niemi, Juhani: Arvid Järnefelt. Kirjailija ajassa ja ikuisuudessa. Helsinki 2005.
Nokkala, Armo: Tolstoilaisuus Suomessa: Aatehistoriallinen tutkimus. Helsinki 1958.
Nordenstreng, Sigurd: Porvarissäädyn Historia Suomen Valtiopäivillä, 1809-1906, Bd. V. Helsinki 1926.
Now the Light comes from the North. Art Nouveau in Finland. Berlin o.J. [2002] (Ausstellungskatalog).
Nummela, Ilkka (s. unter Kuopion Historia).
Nummela, Ilkka: Toiselta Kantilta. Minna Canth liikenaisena. Helsinki 2004.

Nummi, Jyrki: Aika Pariisissa. Juhani Ahon ranskalainen kausi 1889-1890. Helsinki 2000.
Numminen, M[auri] A[ntero]: Tango ist meine Leidenschaft. Berlin 2014.

Paasivirta, Juhani: Finland and Europe. International Crises in the Period of Autonomy 1808-1914. Minneapolis 1981.
Päivälehden muisto 1889-1929. Hg.: Helsingin Sanomat. Helsinki 1929.
Parmanen, Eino I.: Taistelujen kirja: kuvauksia itsenäysyystaistelumme vaiheista sortovuosina. Bd. 1, Porvoo 1936, und Bd. 4, Porvoo 1941.
Polvinen, Tuomo: Imperial Borderland. Bobrikov and the Attempted Russification of Finland, 1898-1904. London 1995.
Porvarissäädyn Pöytäkirja valtiopäivillä Helsingissä, IV: Vuosina 1905-1906. Helsinki 1906.

Rahikainen, Marjatta/ Vainio-Korhonen, Kirsi (Hrsg.): Arbeitsam und gefügig. Zur Geschichte der Frauenarbeit in Finnland. Berlin 2007.
Räisänen Tauno: Iisalmen kaupungin historia 1860-1930. Iisalmi 1959.
Räsänen, Hilma: Mihin naisten äänioikeus velvoittaa? Helsinki 1906.
Räsänen, Hilma: Hermomme ja kohtalomme. Yksilöiden ja yhteiskunnan suuri kysymys. Porvoo 1932.
Räsänen, Leena: Elli ja Ferdi – Kirjeitä Pohjois-Savosta vuosilta 1897-1911. Kuopio 2001.
Rein, Thiodolf: Das staatliche Stimmrecht der Frauen (aus Valvoja 1905), auf Deutsch abgedr. in: Jahrbuch für finnisch-deutsche Literaturbeziehungen 38 (2006), S. 121-128.
Reiseführer »Finnland«, bearbeitet von Gerhard Mueller-Reichau. Berlin 1928.
Rissanen, Santeri: Iisalmen entisen pitäjän historia. Pohjois-Savon kirjapaino 1927.
Roos, Sigurd: Kansallislakko Suomessa. Kuopion kaupunki ja lääni. Kuopio 1910.
Rossi, Riikka: Le naturalisme finlandais. Une conception entropique du quotidien. Helsinki 2007.
Runeberg, Johan Ludvig: Fähnrich Stahl. Mit Zeichnungen von Albert Edelfelt. Deutsch von Wolrad Eigenbrodt. Helsingfors 1955.
Rytkönen Alli: Päivälehden historia, Bde. 1-3. Helsinki 1940-1949.

Särmä, Sari [= Seija Tuohesmaa], Salattu rakkaustarina: muistelmat tähtien takaa... . Jyväskylä 2007.
Savolainen, Raimo: J.V. Snellman als Vordenker der Nation. In: Jahrbuch für finnisch-deutsche Literaturbeziehungen 38 (2006), S. 73-86.
Savon Historia, vol. IV: Uudistuksiin Heräävä Savo 1870-1918. Verfasser: Hannele Wirilander. Savon säätiö 2008.

Schivelbusch, Wolfgang: Geschichte der Eisenbahnreise. Zur Industrialisierung von Raum und Zeit im 19. Jahrhundert. Frankfurt a.M. 2000.
Schoolfield, George: Helsinki of the Czars. Finland's Capital: 1808-1918. Columbia, SC 1996.
Schoolfield, George (Hrsg.): A History of Finland's Literature. Lincoln, Nebraska 1998.
Schweitzer, Robert: Finnland, das Zarenreich und die Deutschen. Gesammelte Studien zum europäischen Nordosten. Helsinki/Lübeck 2008.
Schweitzer, Robert (Hrsg.): Zweihundert Jahre deutsche Finnlandbegeisterung. Berlin 2010.
Screen, J.E.O.: The Finnish Army, 1881-1901: Training the Rifle Battalions. Helsinki 1996.
Sipilä, Jarkko: Helsingin Pimeä Puoli. 100 karua tapausta. Helsinki 2018.
SLH (s. unter Suomen Lehdistön Historia!).
Söderhjelm, Werner (Hrsg.): Finska Novellister. Helsingfors 1894.
Soikkanen, Hannu (Hrsg.): Tiennäyttäjät: Suomen työväenliikkeen merkkimiehiä Ursinista Tanneriin. Helsinki 1967.
Spitteler, Carl: Das Bombardement von Åbo. Göttingen 1996 (Erstauflage 1889).
Staël, Germaine de: Mémoires. Dix années d'exile. Paris 1843.
Stubb, Elisabeth: Rätt som argument: Leo Mechelin och finska frågan 1886-1912. Helsingfors 2012.
Suhonen, Pekka (u.a.): Sata Suomalaisen kulttuurin vuotta – 1870-luvulta nykyaikaan. Porvoo/Helsinki 1974.
Sulkunen, Irma: Raittius Kansalaisuskontona. Raittiusliike ja järjestäytyminen 1870-luvulta suurlakon jälkeisiin vuosiin. Helsinki 1986.
Suomen Historian Kartasto. Atlas, bearb. von Pertti Haapala und Raisa Maria Toivo. Helsinki 2007.
Suomen Lehdistön Historia [= SLH]. 10 Bde., hrsg. von Päiviö Tommila. Kuopio 1985-1992.
Suomen Sanomalehtimiehet v. 1900. Elämäkerrallisia tietoja. Helsinki 1900.

Taipale, Ilkka (Hrsg.): 100 Social Innovations from Finland. Falun 2013 (2. Aufl.).
Talas, Suvisirkku (Hrsg.): Elisabeth Järnefeltin kirjeitä, 1881-1929. Helsinki 1996.
Tarvainen, Olavi: Savolainen sielunpaimen. Muistelmia rovasti H. G. Th. Brofeldtista. Porvoo 1962.
Tietoa, taitoa, asiantuntemusta: Helsinki eurooppalaisessa kehityksessä 1875-1917. 3 Bde., Helsinki 1992.
Timosaari, Niina: Edvard Westermarck, totuuden etsijä. Helsinki 2017.
Tommila, Päiviö/Salokangas, Raimo: Sanomia kaikille. Suomen lehdistön historia. Helsinki 1998.

Tommila, Päiviö: Suuri adressi. Juva 1999.
Topelius, Z[acharias]: Matkustus Suomessa. Hrsg. Von Aarni Krohn. Hämeenlinna 1984.
Tuomi, Otto: Pieniä kertomuksia. Helsinki 1893.
Tuomi, Otto (Hrsg.): Tapiola. Sarja Kertomuksia y.m. Kuopio 1901/1902.
Tuomi-Nikula, Jorma & Päivi: Keisarit kesälomalla Suomessa. Helsinki 2002.
Tuomisto, Tero: Aikain myrskyssä... Kuopion sosiaalidemokraatisen työväenyhdistyksen historia. Bd. 1, Iisalmi 1982.
Tuovinen, Eila: Taisteleva Minna. Minna Canthin lehtikirjoituksia ja puheita 1874-1896. Helsinki 1994.
Turpeinen, Oiva: Nälkä vai tauti tappoi : kauhunvuodet 1866-1868. Helsinki 1986.
Tweedie, Alec: Through Finland in Carts. London 1898.

Valokuvaaja Victor Barsokevitsch 1863-1933. Kuvia vanhasta Kuopiosta. Kuopio 2010.
Varpio, Yrjö: Die finnische Reiseliteratur. In: Jahrbuch für finnisch-deutsche Literaturbeziehungen 45 (2013), S. 14-40.
Vares, Vesa: Varpuset ja pääskyset: Nuorsuomalaisuus ja Nuorsuomalainen puolue 1870-luvulta vuoteen 1918. Helsinki 2000.
Veistäjä, Verneri: Viipurin ja muun Suomen Teatteri. Helsinki 1957.
Vesterinen, Jukka: Saimaan kanava. Suomen sininen kunnianauha. Helsinki 2014.
Vihola, Teppo: Leipäviljasta lypsykarjaan. Maatalouden tuotantosuunnan muutos Suomessa 1870-luvulta ensimmäisen maailmansodan vuosiin. Helsinki 1991.
Virolainen, Johannes: Polun varrelta. Helsinki 1993.
Voßschmidt, Liisa: Das Kalevala und seine Rezeption im 19. Jahrhundert: Eine Analyse von Rezeptionsdokumenten aus dem deutschen Sprachraum. Frankfurt a. M. 1989.
Vuorikari, Outi: Juhani Ahon Kuopio, 1872-1903. Kuopio 2011.

Waiboer, Adriaan E. (Hrsg.): Northern Stars and Southern Lights. The Golden Age of Finnish Art. 1870-1920. Dublin 2008 (Ausstellungskatalog).
Wainemann, Paul: A summer tour in Finland. London 1908.
Wegner, Bernd: »Viimeisiä herrainpäiväin miehiä«: Otto Tuomi (1869-1930) als Journalist, Schriftsteller und homo politicus. In: Vares, Vesa (Hrsg.): Einfluss, Vorbilder, Zweifel. Studien zu den finnisch-deutschen Beziehungen vom Mittelalter bis zum Kalten Krieg. Tampere 2006, S. 79-89.
Wenzel, Katrin: »Ein Freund und Förderer der finnländischen Nation«. Rudolf Euckens Rolle in der deutschen Pro Finlandia-Bewegung 1899-1910. In:

Die große Stadt – Das kulturhistorische Archiv von Weimar-Jena, Bd. 2 (2009), S. 284-307 und Bd. 3 (2010), S. 45-58.
Werner, A.: Verfolgungen der finnländischen Presse. In: Finnländische Rundschau 1 (1901), S. 100-112.
Westermarck, Edvard: The History of Human Marriage. 2 Bde., London 1891.
Wilson, Donald J.: Matti Kurikka: Finnish-Canadian intellectual. In: BC Studies, no.20 (winter 1973–74), S. 50–65.
Wirilander, Hannele (s. unter: Savon Historia!).

Yrjänä, Jouni/ Keskisarja, Teemu: Alexander Järnefelt — kenraali ja suomalaisuustaistelija. Helsinki 2009.

Zetterberg, Seppo: Viisi Laukausta Senaatissa. Eugen Schaumanin elämä ja teko. Helsinki 1986.

Personenregister

(Sofern nicht anders erwähnt, sind alle Personen finnischer Herkunft; die Namen ›Otto Häggblom‹ bzw. ›Otto Tuomi‹ sind nicht aufgeführt)